BIOKAPITAL

Andreas Weber
BIOKAPITAL

Die Versöhnung von
Ökonomie, Natur und Menschlichkeit

BERLIN VERLAG

Das Zitat auf S. 212 f. wurde entnommen aus Martha C. Nussbaum, *Gerechtigkeit oder Das gute Leben. Gender Studies.* Hg. von Herlinde Pauer-Studer. Aus dem Amerikanischen von Ilse Utz. © der deutschen Ausgabe Suhrkamp Verlag, Frankfurt am Main 1999.

© 2008 Berlin Verlag GmbH, Berlin
Alle Rechte vorbehalten
Umschlaggestaltung: Nina Rothfos & Patrick Gabler, Hamburg
Typografie: Birgit Thiel
Gesetzt aus der Century Schoolbook von Greiner & Reichel, Köln
Druck und Bindung: CPI – Ebner & Spiegel, Ulm
Printed in Germany 2008
ISBN 978-3-8270-0792-6

www.berlinverlage.de

*für meine Mutter, die Ökonomin, und
meinen Vater, den Ökologen*

»Nur Leben ist Reichtum.« John Ruskin[1]

»Der Tag ist nicht weit, an dem das ökonomische Problem in die hinteren Ränge verbannt werden wird, dort, wohin es auch gehört. Dann werden Herz und Kopf sich wieder mit unseren wirklichen Problemen befassen können – den Fragen nach dem Leben und den menschlichen Beziehungen, nach der Schöpfung, nach unserem Verhalten und nach der Religion.« John Maynard Keynes[2]

INHALT

Vorwort: Der Kaiser ist nackt 11

1 Einleitung: Glück als Kapital 13

2 Der wahre Wert des Lebens 23

3 Fortschritt und Gier 57

4 Ökonomie des Glücks 87

5 Wie das Leben wirtschaftet 117

6 Zehn Gebote für eine humanistische Wirtschaft
und ihre Umsetzung 147
    I Freiheit 148
    II Verbundenheit 152
    III Wahrheit 154
IV Grenzen 157
    V Bedingungslosigkeit 166
    VI Vielfalt 175
VII Produktivität 180
    VIII Unbestechlichkeit 184
    IX Wirklichkeit 188
X Ewigkeit 194

7 Anti-Utopie: Eine Politik des Lebens 197

Dank 207

Anmerkungen 209

Weiterführende Literatur 219

Wo Sie mehr erfahren und sich beteiligen können 225

Glossar 228

Register 235

VORWORT: DER KAISER IST NACKT

»*Zum ersten Mal hängt das physische Überleben der Menschheit von einer radikalen seelischen Veränderung des Menschen ab. Dieser Wandel im ›Herzen‹ des Menschen ist jedoch nur in dem Maße möglich, wie drastische ökonomische Veränderungen eintreten, die ihm die Chance geben, sich zu wandeln, und den Mut und die Vorstellungskraft, die er braucht, um diese Veränderung zu erreichen.*«

Erich Fromm[3]

Wir sind heute in einer ähnlichen Situation wie die Menschen im Mittelalter: Wir halten unsere Sicht der Wirklichkeit für unerschütterlich – aber es ist nicht die Wirklichkeit, die wir sehen. Um das Jahr 1300 hätte ein Mensch, der das Adelssystem für einen Irrtum, das kirchliche Erlösungsversprechen für Heuchelei und die Idee, die Sonne kreise um die Erde, für Unsinn erklärt hätte, so gut wie niemanden gefunden, der seiner Meinung gewesen wäre. Und er hätte um sein Leben bangen müssen.

Heute mag sich das lächerlich anhören. Und doch glaubt auch unsere Gesellschaft an Dinge, die erwiesenermaßen falsch sind. Sie macht diesen Glauben zur Grundlage ihres Menschenbildes und ihrer ökonomischen Rechenweise. Unser aller Wohl hängt von einer Lüge ab. Wirft man einen Blick auf den Planeten, auf die täglich schwindenden Hunderte von Arten, auf die Hungerrekorde, auf die in den reichsten Ländern grassierende Unzufriedenheit und Verwahrlosung, so wird klar, dass aus dieser Lüge, unserer Lebenslüge, keine Wahrheit folgen kann. Nicht der Kapitalismus allein garantiert unseren Wohlstand.

Im Gegenteil: Der entfesselte Markt ist zu einer wirtschaftlichen Zeitbombe geworden. Ökonomen sehen heute, dass unser Weltbild an sein Ende gekommen ist, weil unsere Welt an ihr Ende zu kommen droht. Dieses Ende ist nicht mehr die düstere Prophezeiung notorisch schwarzsehender Ökos. Es ist eine Realität, die alle Menschen spüren, und nicht zuletzt die Wirtschaft. Es ist die Wirklichkeit, die sich in unerwarteten Dürren im mitteleuropäischen Frühjahr, in australischen Wassernotständen, in Tornados über Hamburg und im ausdörrenden blutigen Darfur manifestiert. Es ist die Wirklichkeit, die sich im Ende des Öls zeigt, das ausschließlich und allein unsere Wirtschaft treibt. Ohne Öl, das die Schiffe voranschiebt und somit 95 Prozent des Welthandels ermöglicht, ist die Globalisierung sofort vorbei.

Die schlechte Nachricht ist: Wir können so nicht weiterleben. Ändern wir unser Verhalten nicht, so werden wir von außen dazu gezwungen sein. Die gute Nachricht aber lautet: Das, was wir ändern müssen, wollten wir sowieso schon immer verbessern. Die Auswüchse mancher Irrtümer, die Inhumanität, die Gier, die lebensfeindliche Effizienz wollten wir schon lange aus unseren Gesellschaften vertreiben. Wir wussten nur nicht, wie.

Die Ökonomen sagten uns, die Unmenschlichkeit sei die Bedingung dafür, dass wir wirtschaftlichen Reichtum erarbeiten könnten und so endlich aller unserer Lasten ledig würden. Aber das ist nicht wahr. Wir können unsere Marktwirtschaft schon heute so verwandeln, dass sie der Natur hilft und uns zufriedener macht. Der Weg zu einer glücklicheren Gesellschaft heißt nicht Buße und Verzicht – sondern ein Hin zur wahren Menschlichkeit. Das ist das Thema dieses Buches.

1 GLÜCK ALS KAPITAL

»Die Geschichte westlichen Denkens seit der Aufklärung ist durch eine utopische Vision nach der anderen gekennzeichnet. Jede findet an ihrem Vorläufer etwas auszusetzen, verspricht dann aber ihrerseits die Aussicht auf einen anderen, wahreren – wissenschaftlicheren – Pfad zum Himmel auf Erden.«

Robert Nelson[4]

IN ZEITEN DES VON ALLEN SPÜRBAREN KLIMAWANDELS machen viele Menschen eine erstaunliche Entdeckung: Die Frage, was unserer Wirtschaft hilft, und die Frage, was der Natur guttut, stehen nicht länger auf zwei getrennten Blättern. Zum ersten Mal in der Geschichte der Neuzeit zeichnet sich ab: Nur Verhaltensweisen, die unsere Natur bewahren, werden langfristig überhaupt noch Wirtschaften ermöglichen. Ohne die Natur lässt sich nicht wirtschaften, nur *in ihr*.

Wir erkennen, dass zwischen ökologischer Krise, struktureller Arbeitslosigkeit und auch dem individuell empfundenen Mangel an Lebenserfüllung ein tieferer Zusammenhang besteht. Wirtschaftswachstum und größeres Lebensglück, Mehr und Besser gehen längst nicht mehr Hand in Hand. Im Gegenteil: Die Menschen haben sich mit ihrem Streben nach dem besseren Leben an den Rand des schlechten gebracht – und vielerorts ist die Lebensqualität *de facto* schon seit geraumer Zeit am Sinken. Wir haben heute die Schwelle der beginnenden Klimakatastrophe überschritten.

Diese Situation aber markiert einen Wendepunkt. Wir stehen zugleich am Beginn einer neuen Denkweise, am Beginn einer *ökologischen Ökonomie.* Heute zeigt sich, dass sich nur gemeinsam mit einer funktionierenden Natur wirtschaften lässt – und nicht gegen sie. Die ökologische Ökonomie löst jene Trennung zwischen Natur und Markt wieder auf, die den Erfolg – und die Zerstörungskraft – unseres Wirtschaftsdenkens ermöglicht hat.

Die Wirtschaft ist gar nicht der Feind der Natur. Deren Feind ist nur die *falsche* Wirtschaft, die kurzsichtige, dogmatische, lebensfremde Wirtschaft mit ihrem Modell vom gefühllosen *Homo oeconomicus,* der in kalter Rationalität und totaler Kenntnis aller Details seinen Nutzen beständig weiter maximieren will. Leider hat dieses Zerrbild die letzten 200 Jahre ökonomischen Handelns dominiert und den Menschen an den planetarischen Abgrund geführt.

Natürlich warnen Kritiker seit mehr als fünfzig Jahren, dass unsere Lebensweise moralisch und ökologisch falsch sei. Aber nun erkennen wir, dass sie auch nach den Maßstäben ihrer Befürworter ein Verlustgeschäft ist. Insofern ist die Erkenntnis heute eine andere als die wirtschaftsfeindliche Haltung der ersten Öko-Bewegung der 1970er und 1980er Jahre, die ja auch nie in den ökonomischen Kern der Gesellschaft vorzustoßen verstand.

Zugespitzt müssen wir fordern: Wir brauchen nicht weniger Wirtschaftsbewusstsein im Denken, sondern mehr. Wir müssen das ökonomische Kalkül nicht aus unseren Gefühlen heraushalten, sondern umgekehrt: endlich die fühlende, schöpferische Produktivität des Lebendigen zum Maßstab des ökonomischen Kalküls machen.

Dieses neue Denken will ich auf den folgenden Seiten beschreiben. Ich will Orte schildern, an denen es bereits Früchte trägt, Visionäre vorstellen, die es entwickeln, und Möglichkeiten zu einem neuen, sinnerfüllten Leben ausloten, die es enthält. Dieses Buch ist ein Versuch, über das tiefere Verhältnis des Menschen zur Natur nachzudenken, ein Buch über die Einheit der ökonomischen und ökologischen Kreisläufe. Es ist ein entschiedenes Plädoyer dafür, dass wir diese Einheit wiederfinden müssen, wenn wir auf der Welt nicht nur überleben, sondern dabei auch unser inneres Gleichgewicht wiedererlangen wollen.

Es geht nicht länger darum, Natur und Wirtschaft gegeneinander auszuspielen. Mit der Rettung der Natur soll nicht ein schöner Traum realisiert werden, eine unerreichbare Utopie. Vielmehr geht es um eine fundamentale Umkehrung unseres auf kurzfristige Effizienz gepolten Denkens. Wir müssen begreifen, *dass es die auf ungezügelten Fortschritt setzende und sich unausgesetzt vergrößernde Weltwirtschaft ist, die einer Utopie folgt.* Wir erkennen heute, dass ein immerwährend gesteigertes Wirtschaftswachstum nicht nur ökologisch schädlich ist – es ist schlichtweg ökonomisch falsch. Es klingt paradox: Die Wirtschaft *darf* gar nicht ins Unermessliche wachsen, damit es den Menschen besser geht. Was wieder wachsen muss, ist die Gesundheit der Biosphäre und die seelische Gesundheit der Menschen.

Dieses Buch soll diese revolutionäre und existenzielle neue Wirtschaft skizzieren. Es soll – im Wechsel von anschaulicher Reportage und analytischem Argument – zeigen, dass eine humane Wirtschaft eine natürliche Wirtschaft ist, die *mit* den Ökosystemen arbeitet. Die gequälte Erde, aber auch die Hunderte Millionen armer, unterernährter, allem Lebenssinn beraubter Menschen in den ärmsten wie in den reichsten Ländern brauchen einen *ökologischen New Deal* (Thomas Friedman). Eine *ökologische Ökonomie* vermag unsere Wirtschaft mit den Lebenssystemen der Erde zu versöhnen – und unser Bild von uns selbst mit den anderen Geschöpfen.

Kapital des Lebens: Die Dienste der Biosphäre

DIE VORHERRSCHENDE WIRTSCHAFTSAUFFASSUNG BEHARRT darauf, dass sie eine erschöpfende Beschreibung des Menschen gefunden hat, ein allgemeingültiges Modell, das unser Zusammenleben reguliert. Menschen sind in dieser Sichtweise mathematisch beschreibbare Partikel, gleichsam Atome, die nur einem Streben folgen: ihren Nutzen zu maximieren. Im Grunde hat unser Wirtschaftsdenken die Frage nach Sinn, nach Glück und nach Werten der Existenz ausgeklammert – genauso wie die Frage nach unserem Zusammenhang mit der übrigen lebenden Natur. Diese beiden Probleme gehören aber zusammen.

Lange Zeit haben Ökonomen die Natur – die Biogeosphäre – als eine außerhalb des Marktes liegende Ressource betrachtet. Natur kommt bis heute in Marktbilanzen kaum vor. Die Pioniere der ökonomischen Theorie im 19. Jahrhundert haben ihre damals neue Wissenschaft am Vorbild der Physik Newtons geformt, an einem starren System objektiver Gesetzmäßigkeiten. Sie haben dabei den Markt, das heißt die gesamte Welt menschlichen Wirtschaftens, gleichsam als *Blackbox* konzipiert, in die Stoffe hineinfließen und aus der Abfälle herauslaufen.

Diese Sicht liegt dem Wirtschaftsdenken bis heute zugrunde. Doch der Markt ist ein offenes System in einem anderen, größeren System: der Erde. In diese wird nur eine Sache »kostenlos« eingespeist, nämlich die Sonnenenergie, die alle Lebensvorgänge treibt. Alle anderen Verwandlungen von Stoffen, alle Abfälle aber bleiben im System erhalten. All seine Ressourcen, all seine Pufferkapazitäten sind real und endlich.

Ökonomen haben nicht gesehen, dass die Natur und ihre kostenlos erbrachten Dienste – Nahrung, Trinkwasser, Stoffkreisläufe, Biomasse, ein gedeihliches Klima, Stabilität durch Artenvielfalt – nicht eine ökonomische Ressource unter anderen sind, sondern dass sie überhaupt erst die Grundlage aller Wirtschaftsprozesse bilden. Fossile Brennstoffe, denen allein die Bewohner der Industrieländer die gigantische Steigerung ihres Lebensstandards verdanken, sind die über Jahrmillionen gespeicherten Leistungen vergangener Lebewesen und Ökosysteme. Trinkwasser ist das Produkt eines komplexen atmosphärischen Kreislaufs von Verdunsten, Kondensieren und Versickern, der alle

Landflächen und die Ozeane umfasst und in dem etwa die Regenwälder eine essenzielle Rolle spielen. Dass überhaupt stabile klimatische Verhältnisse herrsch(t)en, ist einem komplexen, selbstorganisierenden atmosphärischen System zu verdanken, das vornehmlich von Lebewesen – Pflanzen produzieren Sauerstoff, Tiere CO_2 – hervorgebracht wird.

Das Wachstum der Wirtschaft in den vergangenen Jahrhunderten und besonders in den letzten Jahrzehnten wurde zu großen Teilen durch den Ausverkauf dieser kostenlos angebotenen Lebensleistungen finanziert. Ihre Verluste haben sich bislang in keiner Bilanz niedergeschlagen, aber die Kosten kommen auf uns zu – und große Rückversicherer haben bereits ihre Volumina berechnet. Fast könnte man sagen: Die eigentliche Fehlentwicklung war es, dass überhaupt zwei verschiedene Wissenschaften des Haushaltens erfunden wurden. Ökologie und Ökonomie haben einander zu lange ignoriert. Es ist Zeit, beide in einer gemeinsamen Weisheit des »Lebenshaushaltes« zu vereinen.

Stetiges Wachstum ist nicht bloß schädlich, sondern falsch

DAS QUANTITATIVE WACHSTUM DES BRUTTOINLANDSPRODUKTS galt bisher als einziger Weg zum Wohlergehen – sozusagen als Synonym für Glück. Hatte der schottische Moralphilosoph Adam Smith nicht vor 200 Jahren prophezeit, dass allein die ungebremste Marktwirtschaft, das heißt ein Prozess, in dem jeder Einzelne seinen größtmöglichen ökonomischen Vorteil verfolgt, mit »unsichtbarer Hand« den Wohlstand aller steigern würde? Und hat Smith nicht recht behalten, wenn man sich den Aufstieg des Westens zu nie da gewesenem Reichtum anschaut? Hat die freie Marktwirtschaft nicht endgültig und für alle Zeiten ihren Sieg bewiesen, als sie Ende der 1980er Jahre das fast ein Jahrhundert lang konkurrierende Wirtschaftsmodell des Kommunismus in die Knie zwang?

Heute droht sich der Triumph des Westens als Pyrrhussieg zu entlarven. Die Idee des Marktes, wie sie Adam Smith zum ersten Mal entwickelte und wie sie die klassischen Ökonomen des 19. Jahrhunderts weiter ausarbeiteten, beruht auf stetigem Wachstum. Die Handelnden müssen ihren Profit vermehren, damit dieser neuen Investitionen zur Verfügung stehen kann. Überschüsse haben zu steigen, damit die Zinsen bedient werden können. Doch heute erkennen wir – und spüren es auch körperlich an einem bereits jetzt rapide umschlagenden Erdklima und einem in der Erdgeschichte nahezu beispiellosen Aussterben von Arten –, dass immerwährendes Wachstum unmöglich ist. Natürlich können getrennte Zweige der Biosphäre – einzelne Industrien, einzelne Länder – auf Kosten des Gesamtsystems größer werden. Aber das Ganze kann es nicht.

Die Vorstellung der Ökonomen, wonach der Wohlstand von demnächst sieben Milliarden Menschen allein von der »unsichtbaren Hand« des globalen Marktes herbeigezaubert werden könne, ist demnach eine physikalische Unmöglichkeit. Wirtschaftliches Wachstum mit diesem Ziel ist zum Scheitern verurteilt, weil die Lebenserhaltungssysteme des Planeten schon jetzt aus den Fugen geraten. Sie werden es nicht überleben, wenn sieben Milliarden Menschen ein Auto fahren und ein Einzelhaus bewohnen. Die Vorstellung vom numerischen Wachstum hat sich damit als das universelle Heilmittel, als das sie die Ökonomen ansahen, überholt. Heute zeigt sie ihr wahres Gesicht: das eines gefährlichen Strudels, in dem die Natur – und ein maßvolles Selbstbild des Menschen – unterzugehen drohen.

»Mehr« ist nicht länger »Besser«

DAS WIRTSCHAFTSWACHSTUM KOMMT ZUDEM IMMER weniger Menschen zugute. So kontrollieren heute 30 Supermarktketten ein Drittel des weltweiten Lebensmittelhandels. 350 Menschen auf der Erde besitzen die Hälfte allen Reichtums, während große Teile der Weltbevölkerung mit weniger als zwei Euro pro Tag auskommen müssen. Doch das Wohlergehen selbst der Menschen, die immer reicher werden, steigt nicht etwa, sondern sinkt. Seit den 1950er Jahren regelmäßig in den USA durchgeführte Umfragen zeigen, dass die Amerikaner heute signifikant weniger glücklich sind als vor einem halben Jahrhundert. Ihre Anfälligkeit für Depressionen hat sich in den vergangenen Jahrzehnten um 1000 Prozent gesteigert.

Inzwischen haben Mediziner sogar ein neues Krankheitsbild definiert: NDS, das »Nature Deficiency Syndrome«. Es befällt vor allem Kinder, die nicht mehr draußen spielen, sondern meist vor dem Bildschirm leben – Hyperaktivität und Schwermut sind einige der Symptome, auf Wiesenboden zu stolpern ein anderes. Doch Ernüchterung bewirken nicht allein psychologische Befragungen, sondern auch wirtschaftliche Berechnungen: Legt man nicht das Bruttoinlandsprodukt als Maßstab für den Wohlstand eines Volkes an, sondern ein Modell, das die Gesundheit der Natur und die Entfaltungsmöglichkeiten in einer Gesellschaft mit erfasst, so sind allein die Amerikaner zwischen 1951 und 1990 keinen Deut reicher geworden – sondern real ärmer.

Die Konsequenz daraus ist: Die Wachstumsphilosophie ist nicht nur *jetzt* nicht mehr angebracht. Sie ist generell nicht die adäquate Beschreibung unserer Rolle in der Welt. Der Vorrang der Wirtschaft vor allen anderen Belangen ist nicht nur schädlich – wie Ökologen seit dreißig Jahren behaupten. Er ist falsch. Unser bisheriges Verhalten ist nicht nur wirtschaftlich ungerecht – etwa gegenüber benachteiligten Völkern und gegenüber der Natur. Vielmehr wird klar: Was wir tun, *folgt einer naiven Ideologie.*

Die Neubewertung der Natur spielt darum eine Schlüsselrolle in *allen* zentralen Herausforderungen der Zukunft. Unser Wirtschaftssystem würde sich grundlegend wandeln, wenn wir den versteckten Bestandteil offenlegten, den Leistungen der

Biosphäre in den Wirtschaftsbilanzen einnehmen. So etwa die Artenvielfalt mit ihren seelischen, medizinischen und technischen Ressourcen und ihrer Fähigkeit, Abfallstoffe der Industrie zu entsorgen. Würde man solche lebenswichtigen Leistungen der Natur wirtschaftlich bewerten, dann wären die meisten Entwicklungsländer auf einmal nicht mehr bettelarm – und sie hätten einen wirksamen Anreiz, ihre Naturressourcen zu bewahren. Bisher aber verbrauchen wir gerade die Naturleistungen der ärmsten Länder ebenso nahezu kostenlos wie die fossilen Brennstofflager.

Auch die Landwirtschaft, die bisher vielerorts in regelrechter Konkurrenz zur Natur steht, könnte einen entscheidenden Beitrag zu einer produktiven Wirtschaft leisten und zugleich für mehr Wohlergehen, mehr Zufriedenheit und mehr natürliche Vielfalt sorgen. Ökologische Produkte, die ohne Einsatz von Chemie und mit viel Handarbeit hergestellt werden, verbrauchen wenig fossile Treibstoffe und erzeugen kaum CO_2. Zugleich aber lassen sich mit Bioprodukten im Prinzip weit höhere Gewinne erzielen, weil der Bauer sie lokal vermarkten kann und dabei die Kette der Zwischenhändler einspart, die im internationalen Lebensmittelhandel oft mehr als 95 Prozent der Gewinne einstreichen. Es ist kaum fassbar, aber wahr: Wenn wir unseren gesamten Landbau auf ökologische Bewirtschaftung umstellten, würden wir reicher, nicht ärmer – und könnten zugleich kostenlos die natürliche Vielfalt wiederherstellen.

Diese Wende der Sichtweise würde armen Ländern helfen – aber auch Regionen, die hierzulande in Armut und Rückständigkeit zu versinken drohen, wie viele Gegenden der ostdeutschen Bundesländer. Eine ökologische Ökonomie, so zeigen jetzt schon viele praktische Erfolge, stellt *das* Rezept gegen wirtschaftliche Stagnation und Niedergang in ländlichen Regionen dar. Aber das Entscheidende ist: Diese Art, das Land zu behandeln, macht die Menschen nicht nur gesünder und wohlhabender, sondern auch glücklicher. Psychologische Studien auf bäuerlichen Wochenmärkten haben gezeigt, dass hier die Menschen zehnmal mehr miteinander sprechen als in Filialen der großen Verbraucherketten. Das ökologisch bebaute Land ist produktiver – vor allem aber ist es Heimat. Die immer wieder beschworene »Nachhaltigkeitswende« verlangt einen schonenderen Umgang mit dem übrigen Leben auf dem Planeten. Doch sie scheitert bislang an unserem Irrglauben, dass mit den dafür erforderlichen Änderungen unser Leben schlechter würde. Wir müssen aber sehen, dass es erfüllter, gesünder und humaner sein könnte.

Wirtschaft: der Haushalt fühlender Wesen

DIE ÖKOLOGISCHE ÖKONOMIE ENTDECKT DEN MENSCHEN als komplexes Natur- und Kulturwesen wieder. Damit stellt sie infrage, was die Naturwissenschaften und die Ökonomie gleichermaßen seit 200 Jahren behaupten: dass der Mensch – wie alle Wesen – ein seelenloser Automat sei, der einzig und allein den Gesetzen der egoistischen Gier und der effizienten Optimierung gehorche. Es ist bezeichnend, dass sowohl in der Biologie als auch in der Marktwirtschaft die gleiche darwinistische Sicht auf unser Leben dominiert: Wir sehen uns als stumme Rädchen in einem Existenzkampf seelenloser Partikel – seien es die Gene aus dem Denken des britischen Evolutionsbiologen Richard Dawkins oder die Marktteilnehmer in der Auffassung des amerikanischen Wirtschaftswissenschaftlers Milton Friedman.

Die Biologie, die selbst an der Schwelle zu einem Paradigmenwechsel steht, kann heute entscheidende Impulse für die neue Art eines »holistischen«, eines ganzheitlichen Wirtschaftens geben. Sie entdeckt, dass die Ideen mechanischer Objektivität und blinden Wettbewerbs nicht ihre großen Fragen lösen können. Solche Fragen sind etwa: Was ist ein Lebewesen und wie bildet es sich? Wie hängt die Biosphäre in sich zusammen? Was ist der Mensch und in welchem Verhältnis steht er zur Natur?

Die Wissenschaft vom Haushalt des Lebendigen, die Ökologie, begreift zunehmend, dass nicht allein Effizienz und Auslese die Basis für den Erfolg des Lebens bilden, sondern ebenso Selbstorganisation und gegenseitige Hilfe. Ein Streben nach Harmonie und Wohlergehen prägt das Handeln aller Organismen.

Ich habe diese Sichtweise in meinem letzten Buch *Alles fühlt. Mensch, Natur und die Revolution der Lebenswissenschaften* beschrieben.[5] Die dort entfaltete neue Wissenschaft vom Leben akzeptiert, dass Subjektivität und Schönheit, Werte und Wahrheit im Erreichen oder Verfehlen der Lebensziele untrennbar zum Charakter der Biosphäre gehören. Die Vorstellung der Ökonomen vom rein rationalen Akteur entspricht nicht der Realität in der Natur. Die Biologie entdeckt heute vielmehr das Fühlen als Zentrum einer neuen Sicht auf die Lebewesen. Eine ökonomische Theorie, die demgegenüber auf den veralteten Überzeugungen des 19. Jahrhunderts von blinden Gesetzen und Organismen als stummen und wertlosen Maschinen beharrt, ist der Wirklichkeit unangemessen. Sie kann nicht anders, als diese verkennen und zerstören. Genau das ist das Dilemma der Welt.

Gesundheit, seelische Zufriedenheit, ökologisches Gedeihen und eine dauerhafte, gerechte und auf die Zukunft hin angelegte Ökonomie sind keine konkurrierenden Ziele, zwischen denen man sich entscheiden muss. Sie können nur Hand in Hand gehen. Denn das Problem des Lebens, allen Lebens, ist es immer, innerhalb einer grundsätzlichen Polarität zu vermitteln, die Gegensätze von Ordnung und Freiheit auszugleichen. Eine neue ökologische Wirtschaft macht sich diesen Grundsatz, der zu Bescheidenheit, Maß und Realismus mahnt, zu eigen. Nur ein Haushalten, das diese immerwährende Dynamik anerkennt, kann den Menschen und seine Natur wieder mit der Biosphäre versöhnen und zu mehr Wohlergehen auf unserem umkämpften kleinen Planeten führen. Es kann die gesuchte Wende hin zur Nachhaltigkeit schaffen – nicht als Rückschritt, sondern als Zugewinn. Ein solches Wirtschaften wäre Weisheit.

2 DER WAHRE WERT DES LEBENS

»Wenn man trotz vieler Jahre Forschens keine Antwort auf ein Problem gefunden hat, dann stellt man wahrscheinlich die falsche Frage. Die richtige Frage beantwortet sich in der Regel von selbst.«

Ferdinando Villa

»Geben Sie mir zehn Quadratkilometer von diesem Land«, sagt der Biologe Edgar Reisinger von der Thüringer Landesanstalt für Umwelt und Geologie und streckt seinen Arm über die Umgebung aus wie ein Feldherr kurz vor der entscheidenden Schlacht für eine große Eroberung. »Geben Sie mir zehn Quadratkilometer und Sie bekommen dafür eine Lizenz zum Gelddrucken.«

Wir stehen auf einer bewaldeten Kuppe am Nordhang des Thüringer Waldes. Vor uns laufen die Eichen und Buchen zu einer breiten Ebene hin aus, vertropfen als vereinzelte Büsche und geben einer weiten Prärie Raum, auf der sich in der Ferne einzelne Gruppen von großen Tieren abzeichnen – Pferdeherden und Rinder, deren Hörner manchmal im steigenden Licht aufblitzen. Gehölze lockern die Graslandschaft auf, Baumgruppen und Heckenreihen, die aus der Ferne mit Reif überzogen scheinen: Der Weißdorn steht in voller Blüte.

Die Sonne hat sich jenseits der Ebene über den Horizont gereckt und fährt mit ihren Lichtfingern behutsam das wellige Relief der Niederungen ab, gießt bläulichen Schimmer in die Schatten und legt einen Hauch von Ferne auf die Hügel, die jenseits des Tals aufsteigen, die sanfte Neigung immer wieder von Felsklippen durchbrochen. Kein Gebäude ist dort zu sehen, keine Spur bäuerlicher Ordnungsliebe: Das weite Weideland des

23

Tales steigt auf der gegenüberliegenden Seite wieder an. Hier liegt der noch selten genutzte Truppenübungsplatz Ohrdruf, der jedem Landbau entzogen wurde, lange bevor Spritzmittel und Kunstdünger auf den Markt kamen. Ein Fuchs huscht geduckt durch eine Senke. Von überall her klirren die Stimmen der Feldlerchen.

»Wenn man es richtig anfängt«, setzt Reisinger seine Gedanken fort, ohne die Augen vom Aufgang des Frühlingsmorgens zu lassen, »dann könnte man hier einen zweiten Krüger-Nationalpark erschaffen, eine Urlandschaft Europas mit allen großen Tieren, wie sie einmal unsere Landschaft prägten – mit Auerochsen, Wisenten, Wildpferden – und den dazugehörenden Raubtieren.« Es wäre die Wildnis, die am Ursprung unserer Kultur stand – und warum sollte sie nicht Menschenmassen anziehen wie anderswo, in Breiten, in denen das prähistorische Erbe präsenter ist, weil es nicht schon vor so langer Zeit umgestaltet wurde?

In Südafrika ist Natur – nicht überall, aber an vielen Orten – längst einer der wichtigsten Wirtschaftsmotoren. 11 Milliarden Euro pro Jahr werden mit der Sehnsucht der Menschen nach ursprünglicher Landschaft umgesetzt, nach einer Form und Tiefe von Wildnis, die es auch in Europa einmal gab, die aber hier schon seit Tausenden von Jahren verloren ist. 1,3 Millionen Beschäftigte im Kapstaat verdienen ihren Lebensunterhalt in irgendeiner Form mit dem Naturschutz. 16 Millionen Dollar wirft allein die Rooibos-Bushveld-Region des Krüger-Nationalparks jährlich ab – Tendenz steigend, denn anderswo wächst das Bedürfnis nach der dort schwindenden Fülle stetig an.

»Das Land hier wäre ideal, hier könnte man zeigen: Der Schutz der Vielfalt ist keine Wirtschaftsbremse, wie die meisten immer noch glauben«, sagt Reisinger. Ökologen wie er beginnen zu entdecken: Natur ist ein Wohlstandsfaktor – und in einer Zeit, in der die Biosphäre zunehmend bedroht ist, ist er längst der wichtigste. Nur blieb er bisher weitgehend unbemerkt.

Aber auf der Ebene des thüringischen Fleckens Crawinkel, vor der wir an diesem leuchtenden Landmorgen stehen, ist Reisinger mit seinen Visionen so weit wie wenige hierzulande in der Wirklichkeit angekommen. Das Land vor unseren Augen mit seinen verstreuten Herden gleicht nicht nur oberflächlich einer afrikanischen Savanne. Es kommt der damit verbundenen Idee vom grünen Kapital auch wirtschaftlich nahe. Hier – in diesem kleinen Ausschnitt der Biosphäre, umgeben von Kalkhängen von karger Anmut, blühendem Trockenrasen, alten Eichenhainen, sumpfigen Weihern und schattigen Bächen – wird bereits heute Geld damit verdient, dass Schönheit und Ursprünglichkeit zunehmen – und nicht wie allerorten damit, dass sie immer weiter den Anforderungen von Nutzenmaximierung, Zweckrationalität und Effizienz weichen müssen.

Der Mann, der sich für diese Perspektive begeistert, ist vierschrötig, zupackend, unkonventionell – ein Durchsetzer, der ausspricht, was er meint, und den Konventionen wenig schrecken. Heinz Bley, der von einer langen Linie von Landwirten aus dem Oldenburgischen abstammt, ist ein Pionier. Kein Öko, sondern ein Macher. Aber vielleicht gerade darum hat er sich anders als viele Kollegen nicht vom Naturschutz schrecken lassen, sondern verdient Geld damit.

Dass Bley nicht zu den armen Schluckern gehört, die sich im Namen eines Landbau-Ideals verzehren und selbst darben wie einst die halb verhungerten Kätner in jenen Zeiten, als alle Agrikultur automatisch ökologisch war, zeigt sein funkelnd neuer VW-Touareg auf dem weitläufigen Hof. Aber morgens um sechs besteigt Bley ein älteres 4x4-Modell zur täglichen Runde über seine 3000 Hektar. Als der Landwirt die Tür des Geländewagens zuschlägt, scheppert der abgerissene Außenspiegel gegen das Blech, in dem sich Plastikfolie statt einer Scheibe spannt. Erst gestern hatte ein Heckrind, die halbwilde Nachzüchtung eines Auerochsen, wie ein waidwundes Rhinozeros das Fahrzeug demoliert und dabei einen Angestellten knapp verfehlt.

Fließend wie Wogen treiben die Pferdeherden vom Fahrzeug weg, als Bley über die taufeuchten Wiesen schlingert. Der Chef der Agrar-GmbH im thüringischen Crawinkel fährt jeden Morgen auf Safari. Er hält seine Tiere nicht im Stall – nicht einmal im härtesten Winter. Die 500 Pferde und 1500 Rinder zwischen den Baum- und Heckengruppen der weitläufigen Senken sind aber auch nicht gewöhnliches Vieh. Die meisten gehören keinen hochgezüchteten Rassen an, sondern ähneln ausgestorbenen Ahnen. Wie die massigen Heckrinder mit ihren gebogenen Hörnern sind auch die Konik-Pferde, die aschfahlen Islandponys ähneln, eine halbwilde Rückkreuzung, die prähistorische Vorfahren abbilden soll. Dazwischen stehen Warmblut-Zuchtpferde – auch sie das ganze Jahr draußen. Dichtwollene Galloway-, Highland- und Deutsch-Angus-Rinder scheuchen beim gemächlichen Kräuterrupfen Kiebitze und andere Wiesenvögel auf. Stämmige Tarpane, Rückzüchtungen der letzten europäischen Wildpferde, verstecken sich hinter den fast 30 Kilometern Heckenlinien des Gebietes, dessen Gesamtausdehnung das Dreißigfache des Berliner Tiergartens beträgt.

Bley verdient sein Geld nicht damit, Schlachtvieh zu mästen. Seine urtümlichen Äser produzieren weniger Filets im Überfluss als eine Ware, die längst Mangel geworden ist: natürliche Vielfalt. Das Land des Bauern ist eine wilde Wiesenwelt, durchzogen von Senken und Tümpeln, zerteilt von Büschen voller Vögel und Insekten, ein Flickenteppich des Lebens, in dem viele Arten Heimat und menschliche Augen Halt und Struktur finden. Die Großtiere schaffen kauend ein Mosaik von unterschiedlichsten Landschaftsteilen. Sie lassen hier blumendurchwirkte Grasflächen übrig, trampeln dort sumpfige Löcher und »verbeißen« im Winter harte Stauden und holzige Büsche, die sonst die Landschaft langsam überwuchern und schließlich wieder zu Wald verwandeln würden.

Für den Ökologen Reisinger ist Bleys Bauernsavanne der Anbruch unserer sowohl wirtschaftlichen wie auch ökologischen Zukunft – genau wie eine Vielzahl ähnlicher, aber meist kleinerer Wildweide-Experimente in Deutschland und seinen Nachbarländern. Wo Heck-Rinder und Koniks eine »halboffene Weidelandschaft« schaffen, kehren ganz von allein die Naturelemente der bäuerlichen Vergangenheit Europas wieder, beobachten Ökologen – und mit ihr auch deren einstige Bewohner, die Schmetterlinge, Käfer, Vögel, Frösche und Fledermäuse. »Artenschützer haben viel zu lange darauf geschaut, einzelne Tiere und Pflanzen zu erhalten, nicht aber ein funktionierendes Ökosystem, das von alleine die richtigen Spezies an die richtigen Plätze verweist«, sagt Reisinger. Viele europäische Pflanzen sind daran gewöhnt, regelmäßig von großen gelben Zähnen abgeknabbert zu werden. Einige wachsen nach der Schur sogar besser, meint der Biologe: »Graslandschaften sind aufs Grasen angewiesen, sonst gehen sie kaputt.« Aber auch Insekten zeigen Anpassungen, die sie Wald- und Wiesenbiotopen zugleich zuweisen: Viele Käferlarven etwa nagen an Eichenholz, ihre Eltern aber laben sich an Blütenpollen.

Reisinger hat nicht nur biologische Indizien gesammelt, auch kulturelle. »Das Wort Acker ist verwandt mit Eiche«, meint der Forscher. »Deren Frucht heißt auf Englisch ›acorn‹ – ›dort wo der Acker ist‹«. Und Rotkäppchen pflückte bekanntlich für ihre Großmutter zwischen Bäumen Blumen – ein Indiz dafür, dass die Mär in der alten Hutelandschaft Mitteleuropas spielt. Hier grasten die Herden, von kleinen Jungs bewacht, frei auf den gemeinsam bewirtschafteten Allmendeweiden. Rinder wurden, wenn die Gräser knapp waren, in den Wald getrieben. Die Grenze Forst – Offenland hatte sich noch nicht in den Köpfen der Menschen festgesetzt. »Rinder und Pferde hatten in der Kulturlandschaft lange die gleiche Funktion wie ihre urtümlichen Vorfahren – wilde Esel, Tarpane, Auerochsen, aber auch Mammuts und Wollnashörner«, mutmaßt Reisinger. Jene Tiere also, mit denen alle mitteleuropäischen Ökosysteme gemeinsam evolviert sind und deren Einfluss darum nötig sein könnte, um das ursprüngliche ökologische Gewebe zu erhalten. Als »Large Herbivore Hypothesis«, Hypothese der großen Pflanzenfresser, bezeichnen Ökologen die Grundlage von Reisingers Theorie. Sie hat viele romantische Bewunderer, weil sie unsere europäischen und nordamerikanischen Breitengrade mit der afrikanischen Erinnerung der Prähistorie verbindet. Auch hierzulande dehnte sich einmal wilde Landschaft aus, in der große Weidegänger hausten, gejagt von Wölfen, Bären, Geparden und sogar Löwen.

Es ist eine seltsame vorbewusste Erinnerung, die mich befällt, während ich mit Reisinger durch sein Biowirtschaftsexperiment stapfe. Die Anziehung ist mächtig: Heimat ist es, die dort vor mir liegt. Und genau diese innere Heimat hat sich auf der Welt in manchen Landschaften, die Menschen besonders anziehen, noch ein wenig bewahrt – in den toskanischen Hügeln, den andalusischen Dehesas, den estnischen Waldweiden und der afrikanischen Savanne – und nun also auch hier, mitten in Deutschland. Es scheint möglich: Die Landschaft von einst, die kleinbäuerliche Kulturlandschaft, die Wiege des alten Europas, seiner Poesie und seiner Kultur, ist ihrerseits in ihrer nonchalanten Halbgepflegtheit in Wahrheit eine Renaissance der ursprünglichen Waldsavanne. Dann kamen Kunstdünger und Kraftschlepper – bis schließlich in nicht lange zurückliegender Zeit die Flurbereinigung das poetische Unbewusste gründlicher aus den Landschaften tilgte, als es die Visionäre unserer Kulturnation jemals für möglich gehalten hätten.

DIE LANDSCHAFT, DIE UNSERER SEELE WOHLTUT, ist zugleich ein lohnendes Geschäft. In einer realistischen wirtschaftlichen Kalkulation verliert sich der Gegensatz zwischen lukrativ und attraktiv: Dann stellt sich auf einmal dasjenige als das ökonomisch Nachhaltige heraus, was auch das Schönste ist. Doch der Weg dahin ist weit – und er führt aus den herkömmlichen wirtschaftlichen Denkweisen hinaus und in eine neue Wirtschaft hinein.

Eine ihrer Ausdrucksweisen sah ich vor mir, während ich durch den wildromantischen Wildnispark des Bauern Bley wanderte. Seine urtümlichen Weidegänger lösen gleich eine Reihe von drängenden Problemen auf einmal: Sie ermöglichen auf schlechten Böden eine landwirtschaftlich lohnende Produktion. Sie helfen als »ökologische Werkzeuge« den Artenschwund in deutschen Fluren zu verlangsamen. Und die Urpferde und -rinder bringen etwas zurück, was vielerorts lange verloren schien: die Vielfalt und Schönheit der Kulturlandschaft.

Die Natur, die wir seit Jahrzehnten zu retten versuchen, ist bei allen kleinen Erfolgen kranker als je zuvor. Ihr Reichtum nimmt ab – nicht langsamer, sondern schneller. Trotz 30 Jahren Umweltbewusstsein, trotz vieler Erfolge bei Luftschadstoffen und Wassergüte, trotz bundesweit Tausender Naturschutzgebiete, 15 Nationalparks und 14 Biosphärenreservaten, trotz der Zuweisung von 13 Prozent aller deutschen Landflächen zu den europäischen Natura-2000-Schutzräumen und Abermillionen ausgegebener Euro an Finanzmitteln ist »die Trendwende im Naturschutz noch immer nicht geschafft«, konstatiert Reisinger.

Im Gegenteil. Heute verschwinden selbst so gewöhnliche Arten wie Rebhuhn, Kiebitz und Feldlerche aus vielen Regionen Deutschlands. Auf 60 Prozent der Böden des Agrarlands Schleswig-Holsteins etwa lebt inzwischen weniger als ein einziges brütendes Vogelpaar pro Quadratkilometer. Immer schneller schrumpfen die letzten Refugien. Etwa die schmalen Raine am Ackerrand – damit Wildkrautsaat nicht die Ernte verunreinigt, sicheln viele Bauern Randstreifen neuerdings im Frühsommer um, samt Marder und Maus, Kornrade und wilder Karde. 91 von allen in Deutschland amtlich vorhandenen 198 sogenannten Lebensraum-Typen, wie Hecken oder Trockenrasen, sind durch den Wandel auf dem Acker bedroht. »Wir verlieren die letzten Offenlandbiotope und damit den eigentlichen Grundcharakter unserer Landschaft«, warnt der Abteilungsleiter Uwe Riecken vom Bundesamt für Naturschutz.

EIN METALLISCHES LICHT FÄLLT ÜBER DIE SCHWARZEN HÜ-
GEL des Thüringer Waldes, als Reisinger die Tür seines Dienst-
geländewagens ins Schloss zieht. Gewitterstimmung. »Jede seltene Art, die ihr findet, erhöht die Stabilität meines Betriebes!«,
hatte uns der vierschrötige Landeigentümer noch hinterhergeru-
fen und dabei die Daumen in den Gürtel gestemmt. Heinz Bley
hatte in Thüringen zunächst den Getreideanbau der ehemaligen
LPG im großen Stil weitergeführt. Aber er war es leid, dass der
steinige Boden zum x-ten Mal ein teures Pfluggeschirr ruiniert
hatte – und suchte nach einer besseren Idee. Da traf er Reisinger,
den Wildweide-Visionär. 2003 ließ Bley das letzte Mal sein Acker-
gerät durch die Schollen der Crawinkler Ebene klirren. Dann, an-
geleitet von Reisinger, säte er danach nicht Roggen und Gerste
in die Krume, sondern Gras und Kräuter. Zwischen den bunten
Blumenmatten, unter dem Jubel der Lerchen, ist das kaum zu
glauben. Nur fünf Jahre liegt der Wirtschaftswechsel auf den
zentralen Teilen seiner Ländereien zurück.

Reisinger lenkt den Wagen auf eine pfützenübersäte Piste,
die zwischen knorrigen Bäumen hinabtaucht. Kleine Lichtun-
gen hier und dort: das ehemalige »Muna«-Gelände, jahrzehntelang Exerzierstätte und Munitionsbunker, erst der Preußen,
dann der Nazis, zuletzt der Russen. Zwischen den Waldflächen
lässt Bley heute 18 Hektar vielfach sumpfiges Terrain von neun
Heckrindern beweiden. Ein dünner Elektrozaun trennt das Revier der Tiere ab, die sich den Blicken erst nach langer, geduldi-
ger Beobachtung zeigen – massige Leiber, versteckt im Dickicht
der Vegetation.

Reisinger stoppt an einer sumpfigen Wiese. Ungemäht, un-
beschnitten. Leuchtend violett streben die Kerzen des Gefleck-
ten Knabenkrauts und der Weißen Waldhyazinthe, rarer Orchi-
deenarten, aus dem Gras- und Blumengewirr in die Höhe, blau
flackern Sibirische Schwertlilien empor, Mädesüß duftet, Akelei, Klappertopf, Storchschnabel, Wiesenknopf, Labkraut und
Mieren verfilzen miteinander und ziehen den Besucher zu sich

hinab in eine schier vergessene sinnliche Üppigkeit. Auf einer solchen natürlichen Wiese umwinden im Schnitt über sechzig Arten einander – auf einer gut gedüngten Hochleistungsgrünfläche nur noch zehn: Löwenzahn statt Lebensvielfalt. Hornissen brummen vorbei, ein Grasfrosch entflieht in halsbrecherischem Salto, leise gurgelnd läuft ein Rinnsal über erdige Ufer, in denen die Abdrücke plumper Hufe zu sehen sind.

Eine konzertierte Untersuchung durch Hunderte von Ökologen im Juni 2007 ergab: Es sieht so aus, als behielten Reisinger und seine Kollegen recht mit ihrer Vision von der pflegenden Kraft vereinzelter großer Pflanzenfresser. 2400 Spezies haben die Biologen 2007 aus der thüringischen Landschaft gesiebt, darunter so rare, fast schon mythisch seltene wie den Eisvogel, einen der größten heimischen Schmetterlinge, den Ameisenbläuling, dessen mit Duftstoffen getarnte Larve Arbeiterinnen der Insektenstaaten dazu bringt, sie liebevoll zu füttern, während sie deren Brut vertilgt.

All diese Üppigkeit ist in Wahrheit nichts Exotisches, sondern das ureigene Potenzial unserer Landschaft. Staunend steht der Besucher auf den kaum wieder in Wiesen zurückverwandelten Flächen vor einem Schaulauf fast verschwundener Fülle. »Es ist unglaublich, dass solche seltenen Tiere so rasch nach der Umstellung auf Grünland auftauchen«, weiß sich Reisinger kaum zu fassen. Aber die schnelle Erholung wird von ähnlichen Projekten anderswo bestätigt. Die Lebensgier der Natur ist immer schon da, auch in unseren abgenutzten Landschaften. Man muss ihr nur Raum lassen. Nur zwei Jahre nach Beginn der extensiven Großtierbeweidung war in der Petite Camargue Alsacienne in der Nähe von Straßburg die Zahl der Pflanzenarten um 43 Prozent emporgeschossen. Und die alte dänische Hutelandschaft Bjergskov etwa ist das artenreichste Stück unseres Nachbarlandes – ein Mäandrieren von Hell und Dunkel, von Weite und Enge, von sanguinischer Expansion und geborgener Einkehr.

Die Regeln einer derart folgenreichen Ökowirtschaft sind in einem Wort zusammengefasst: weglassen. Keine Ställe, keine Melkmaschinen, keine Silage, keine prophylaktischen Medikamente, keine Geburtshilfe. Als »faulsten Bauern Thüringens« bezeichnet sich Bley denn auch immer wieder kokett. Die Tiere werden nur dann zu Werkzeugen der Vielfalt, wenn sie auch im Winter draußen fressen. Erst jetzt, mit knurrenden Mägen und um bis zu einem Viertel ihres Körpergewichts abgemagert, schälen die Großviecher Eichen und Buchentriebe, schreddern Beifußstrünke und stutzen sogar die Ränder dorniger Wildpflaumen. Pferde weiden selbst Binsen ab, bis zum Bauch im Wasser stehend. Auf der kurzgezupften Narbe keimen im Frühjahr konkurrenzschwache Kräuter, die ohne Beweidung gegen ihre schnellwüchsigen Vettern keine Chance hätten – und die daher im Düngersegen einer modernen Wiese untergehen. Den Fraßspuren folgend wandelt sich bald die Landschaft, zersplittert in eine Vielzahl unterschiedlicher Minibiotope: Dorndickichte, in denen Grasmücke und Neuntöter nisten, Schlammlöcher, aus denen der Ruf der Kreuzkröte schallt, alte Einzelbäume, auf deren für Äser unerreichbaren Ästen die Grauammer ihr melancholisches Liedchen leiert, Heckenfragmente, in die sich Zilpzalpe und Zaunkönige drücken.

BIS HEUTE GEHEN UMWELTSCHÜTZER DAVON AUS, dass viele der spektakulären und seltenen Wesen solcher Biotope allein durch immensen Pflegeaufwand an Ort und Stelle gehalten werden können. Schutzverbände geben jährlich Millionen aus, um alte Obstwiesen zu mähen, Flussufer offen zu halten und Trockenrasen vor der Verbuschung zu bewahren – eine »Pinzettenwirtschaft«, wie Bauer Bley spottet. Sie restaurieren Kulturlandschaft – und unterhalten ein lebendes Museum als kostspieliges Dauerprojekt. Ein Museum, dessen Finanzierung im Zweifel immer hinter scheinbar existenzielleren Projekten wie der Beschaffung neuer Arbeitsplätze zurückstehen muss.

Reisinger und seine Gesinnungsgenossen sind dagegen der Meinung: Damit der Naturschutz endlich flächendeckend Erfolg hat, müsste er es sich viel leichter machen. Es komme weniger darauf an, die erwünschten, besonders raren Teilnehmer der Nahrungskette durch Biotop-Gärtnerei zu unterstützen, als vielmehr die Schlusssteine des biologischen Gebäudes, die seine Statik garantieren, wieder an Ort und Stelle zu setzen: die gewaltigen Säuger. »Wir haben seit Jahrzehnten Vertragsnaturschutz«, sagt Reisinger. »Und trotzdem werden die Arten weniger.« Anders gesagt: Wer Wiedehopf will, muss Weidewildnis zulassen. Nicht mehr, aber auch nicht weniger.

Reisinger träumt davon, alle Landflächen unterhalb einer bestimmten Güte in sein Wildweidesystem einzubeziehen. Schläge diesseits der Bodenwertzahl 25 von 100, die heute kaum noch kostendeckende Erträge abwerfen, machen etwa 5 Prozent der deutschen Nutzlandfläche aus. Die Folge von Reisingers Idee wäre ein lebensrettendes Netz für unsere Kulturlandschaft und ihre Bewohner. Der Plan scheint nur auf den ersten Blick ein schier unfassbarer Luxus – die Gesellschaft könnte ihn sich für das gleiche Geld leisten, das sie heute einer meist unrentablen und umweltschädlichen Landwirtschaft schenkt. Und sie würde noch etwas hinzuverdienen: die lebenserhaltenden Dienste der natürlichen Vielfalt, die Wasser säubert, Kohlendioxid vergräbt, Schädlinge vernichtet, Blüten bestäubt – und die den größten Schatz von allen gratis bereitstellt: Glück.

ETWAS MUSS FAUL SEIN AN DEN RECHENMETHODEN EINER GESELLSCHAFT, deren beispielloser Reichtum für das Wichtigste doch nicht langt: für das Leben. Wenn dreißig Jahre privat und staatlich verfolgte Naturbewahrung keine Besserung bringen, dann läuft irgendetwas der Logik der Dinge zuwider. Offenbar *kann* Lebensvielfalt gar nicht auf die Weise nachhaltig geschützt werden, wie wir es bisher versuchten. Es ist, als hätten sich alle bürokratischen Sachzwänge unserer durchorganisierten Welt gegen das Leben verschworen – freilich in der besten Absicht, es zu verbessern. Seit Jahren sprechen Politiker von der Nachhaltigkeitswende – und sind doch nicht in der Lage, sie herbeizuführen. Natürlich nicht. Denn in ihrer Vision von gedeihender Wirtschaft ist ein ganzer Betriebszweig des Systems Erde nicht enthalten: die Dienste, die das Leben der ungezählten Organismen in der Biosphäre leistet.

Wer an einem Morgen wie dem in Crawinkel auf den wilden Weiden steht, wer die mächtigen Tiere verborgen im Gebüsch schnaufen hört, umgeben von beinahe vergessenen Girlanden aus Blumen, wer den Himmel »durchworfen von Vögeln« (Rilke) erlebt, wer sich plötzlich unwiderstehlich zu Hause fühlt, sieht intuitiv den Fehler in der Rechnung. Heute lässt dieser sich allerdings auch durch genaue Bilanzprüfung kalkulieren. Diese Form von Heimat zu finanzieren galt bislang als Luxus, den wir uns inmitten allen Überflusses kaum leisten können. Nun aber zeigt sich: Heimat kommt uns gar nicht teurer als eine vorgeblich effizientere Agrarsteppe, in der wir ewig fremd bleiben. Heimat ist viel preiswerter. Sie ist der wahre Reichtum. Und das wird auch Volkswirtschaftlern langsam klar.

Damit ein Landwirt vom Schlage Bleys es sich leisten kann, Bekassinen statt Broiler zu mästen, Wiesenpieper statt Wiesenhof-Hähnchen zu produzieren, reichen ihm rund 300 Euro Subventionen pro Jahr und Hektar, schätzt Reisinger – nicht mehr als das, was seinen Kollegen, die Korn anbauen, aus EU-Kassen zufließt. Mit dem Biorindfleisch, das Bley dazu an eine Handelskette vermarktet, mit Kutsch- und Kremserfahrten für Touristen verdient er noch etwas hinzu. Vielleicht nicht so viel wie ein Weizenbauer in guten Jahren mit seinem Getreide – dafür aber muss er weder Pflug bezahlen noch Treibstoff, keinen Dünger, kein Spritzmittel, kein Saatgut.

Bleys eigene Bilanz stimmt – aber gesamtgesellschaftlich wäre sie noch zu verbessern, glauben die Weidewildnis-Verfechter. Denn die europäischen Böden produzieren Nahrung im

Überfluss, ermangeln aber der Vielfalt – obwohl diese paradoxerweise nicht mehr kosten würde. »Das Geld ist da«, sagt Reisinger. »Ein Landwirt bekommt feststehende EU-Flächenprämien für jeden Hektar, ganz gleich, was er tut. Darum muss der Verbraucher entscheiden, was für eine Natur er will.« Noch mehr Korn? Eine Landschaft, die sich immer mehr den charakterlosen Glasfaserbeeten in einem Gewächshaus angleicht, überdüngt, überspritzt – »die geballte Langeweile«, wie Reisinger provozierend fragt? Oder nehmen wir zum gleichen Preis die Mangelwaren Artenreichtum und Schönheit, und dazu gesundes Fleisch? Für Reisinger ist klar: Der Steuerzahler muss für sein Geld endlich Forderungen stellen.

Bisher steht visionären Naturbelebungskonzepten wie dem von Reisinger entgegen, dass niemand die wirklichen Kosten konventioneller Landwirtschaft berechnet. Reisinger setzt bei der Wildweide-Kultur intuitiv auf die Autonomie der Prozesse, darauf, dass das Leben (oder die thermodynamische Richtung des Kosmos, ganz wie man will) ein Maximum an Vielfalt schafft, zur höchsten Produktivität tendiert und das bei umso größerer Schönheit, je höher die Freiheitsgrade sind, die man ihm zugesteht. Unser konventionelles Konzept von Landbau beinhaltet dagegen, dass der Mensch alles steuert, alles im Griff hat – eine Zentralverwaltungswirtschaft des Lebens.

Aber Steuern ist teuer – weil ständig etwas gegen den natürlichen, sich von selbst entfaltenden Ablauf der Dinge unternommen werden muss. Agrochemie, Dünger, Treibstoffe, Transportaufwendungen, Trocknung, Lagerung, Verarbeitung – all das sind Energiezuflüsse in landwirtschaftliche Anbaugebiete und ländliche Räume, die mittlerweile zur Voraussetzung dafür gehören, dass wir dort Nahrung ernten. Dabei ist Nahrung der gespeicherte Energiezufluss der Sonne – eigentlich ein Überschuss, der das Leben speist. Doch wir haben uns heute angewöhnt, diesen Überschuss mit einem Mehrfachen der Ausbeute loszueisen.

Werner Leo Kutsch vom Max-Planck-Institut für Biogeochemie in Jena und seine Mitarbeiter haben errechnet, dass eine typische Agrarregion um Bornhöved im südlichen Schleswig-Holstein jährlich 830 Terajoule Energie einführen muss – was etwa 766 Tanklastzügen mit Heizöl entspricht und eine Menge von etwa 70 000 Tonnen Kohlendioxid freisetzt. Legt man den Preis zugrunde, den die technische Vermeidung von Kohlendioxid durch Dämmung von Häusern oder Neubau von effizienteren Kraftwerken kostet, so verursachen die Bauern des Bornhöveder Gebiets jedes Jahr einen volkswirtschaftlichen Schaden von etwa 50 Millionen Euro. All diese Kosten werden in den gängigen Bilanzen zur wirtschaftlichen Leistung der Landwirtschaft verschwiegen. Die Allgemeinheit finanziert sie stillschweigend mit, denn wir alle werden unter dem Klimawandel leiden. Neben den Klimafolgekosten gehören auch die Aufwendungen für Ölförderung, -transport und -verarbeitung dazu, die anfallenden Naturschäden; die militärischen Ausgaben zur Sicherung der Brennstoffversorgung und nicht zuletzt der Verlust an Glück und Sinn in einer allein auf Effizienz ausgerichteten ländlichen Restgesellschaft – denken wir an den geradezu symptomatischen ledigen Landwirt in seiner einsamen klimatisierten Fahrerkabine. All diese Kosten verursacht ein Landwirt wie Bley nicht.

Das markanteste Beispiel solcher versteckter Kosten bietet der »Biosprit«: Lange als Ausweg aus der CO_2-Falle gepriesen, setzen manche »grünen« Brennstoffe mindestes genauso viel Klimagas frei wie fossile Heizmittel. Bereits die Erzeugung der Biomasse verschlingt Treibstoff, zudem sind aus Erdöl hergestellte Pestizide und Düngemittel nötig. Durch die Verbrennung von Urwäldern zugunsten der Anbauflächen entsteht neues Kohlendioxid, während die Biopflanzenfelder selbst kaum etwas von dem Gas speichern.

Wir könnten eine Landwirtschaft haben, die uns alle gesund, viel gesünder als bisher ernährt, die zugleich das Artensterben umkehrt und die anderen Wesen und mit ihnen das Refugium unserer eigenen Seele und unserer humanen Identität schützt, und die außerdem keine Milliarden mehr verschlingt, sondern Einkommen produziert – reales Einkommen bei denen, die uns alle ernähren, den Bauern, die seit Jahrzehnten darunter leiden, dass ihre Arbeit von der Mehrheitsmeinung verachtet und als provinziell und antiquiert verlacht wird. Dafür müssten wir bloß die Wahrheit in unseren ökonomischen Rechnungen zulassen. Wir könnten auf einen Schlag die Landwirtschaft von einem ökonomischen Bettelkind zu einem wirtschaftlich erfolgreichen Gewerbe machen – und wir könnten dabei gratis die Biosphäre retten.

Für Gelände unterhalb einer bestimmten Bodenwertzahl hieße das, wie in Thüringen durch extensive Beweidung und ohne nennenswerten Einsatz von Arbeitskraft Biodiversität (inkl. ihrer anrechenbaren Leistungen) plus Fleisch für den Markt zu erzeugen. Für bessere Böden gälte die Devise, durch ökologische Mischkulturen die Erträge im Einklang mit der Biosphäre zu steigern. All das ist möglich und wird sogar von Ernährungsexperten global als einzige Lösung des Hungerproblems propagiert. Welche Vorteile eine solche Verwandlung mit sich bringen könnte, beschreibe ich in Kapitel 6 (»Grenzen«).

In einer ersten eigenen Abschätzung sieht der Vergleich wahrer Kosten und Renditen zwischen biologischer und industrieller Anbaumethode so aus:

Industrieller Anbau

Faktor	Kosten	Erträge
Maschinen	+++	
Treibstoff	+++	
Dünger	+++	
Pestizide	+++	
Wasserschäden	++	
Artenverluste	+++	
CO_2-Freisetzung bzw. -Festlegung	++	
Arbeitskraft	+	
Ernteerlös		+
Energieerzeugung		
Subventionen		++
lokale Wirtschaft	+	

EINE NEUE GENERATION VON ÖKONOMEN begreift, dass die Natur immer schon, auch ohne explizit in unser Wirtschafssystem eingebunden zu sein, Leistungen und Produkte anbietet und abwirft: nämlich all das, was die natürlichen Ökosysteme mit ihrer gewachsenen Vielfalt bereitstellen, damit überhaupt Leben und Wirtschaften auf der Erde möglich ist. Wenn man diese – bisher vollkommen für gratis genommenen – Produkte in die Wirtschaftsbilanzen einrechnet, dann sieht man schnell zweierlei. Zunächst: Keine Volkswirtschaft kann *ohne* die Produkte natürlicher Stoffkreisläufe auskommen, denn sie *sind* das Leben. Und zweitens: Wenn man die wirtschaftliche Rolle dieser Gratisproduktion berücksichtigt, dann ist der Schutz der lebenden Vielfalt *die* Quelle des Wohlstands, die größte und kostbarste, die wir uns denken können.

»Wenn Sie eine Vorstellung davon bekommen wollen, was wir eigentlich für die Leistungen der Biosphäre bezahlen müssten, wollten wir sie künstlich herstellen«, sagt die Ökologin Gretchen Daily von der kalifornischen Stanford University, »dann stellen

Biologischer Anbau

Faktor	Kosten	Erträge
Maschinen	+	
Treibstoff	+	
Dünger	+	
Pestizide		
Wasserschäden		++
Artenverluste		++
CO_2-Freisetzung bzw. -Festlegung		++
Arbeitskraft	++	
Ernteerlös		+(+)
Energieerzeugung		+
Subventionen		++
lokale Wirtschaft		++

Sie sich vor, wie teuer die Ausrüstung wäre, die Sie mitnehmen müssten, um den Mond bewohnbar zu machen.« Unser Raumschiff wäre beladen mit einer Unzahl von Apparaten – etwa zur Erzeugung von sauberem Wasser und frischer Luft, für die Aufnahme von Schadstoffen, für Photosynthese und Produktion *aller* Nahrung, zur Bestäubung der Blüten von Obst und Ackerfrüchten, zur Produktion von Brennstoffen (auch der fossilen), zum Schutz vor Überschwemmungen und Erdrutschen, zur Klimastabilisierung, für die Speicherung von CO_2 und zum Recycling von chemischen Elementen wie Phosphat und Nitrat, für Mutterbodenherstellung und Eindämmung der Erosion, für Medikamente und Pestizide, zur Krankheitsregulation und Schädlingsbekämpfung.

All diese Dienste künstlich zu erbringen wäre schier unbezahlbar – und die Apparate dafür sind längst noch nicht erfunden.»Natur ist der alleinige Garant für Sicherheit, Nahrung, und Freiheit«, fassen die Experten des 2005 veröffentlichten Millennium-Ecosystem-Berichts, einer von den UN in Auftrag gegebenen Studie zur Zukunft der Natur, die fundamentale Rolle der Biodiversität für die irdischen Lebenserhaltungssysteme zusammen. Ihre Zerstörung gilt für Milliarden von Menschen längst als Haupthindernis, die UN-Entwicklungsziele je zu erreichen. Wirtschaft kann nur stabil bleiben, wenn Grundbedürfnisse gewahrt sind.

Auf beinahe 713 Milliarden Euro allein in Deutschland beziffert eine Studie des Bundesamtes für Naturschutz die Summe, die es kosten würde, die Leistungen natürlicher Vielfalt zu ersetzen. Für 28,5 Milliarden Euro richten wir bereits jedes Jahr Schäden an, indem wir Brachland betonieren, Bäche ausbaggern, Wiesen überdüngen, Feldraine umsicheln, Maisäcker mit Chemie duschen. Den unvorstellbaren Betrag von 33 Billionen Dollar hatten bereits 1997 Berechnungen einer Forschergruppe um Robert Costanza ergeben, die erstmals den Marktwert aller Biodiversitäts-Dienstleistungen auf der Erde summierte. Costanza leitet im US-Bundesstaat Vermont das Gund-Institut für ökologische Ökonomie. Das Ergebnis der Biodiversitäts-Bilanz, weit höher als das Gesamt-Bruttosozialprodukt des Planeten, lief wie eine Schockwelle durch Fachkreise.

»Aber heute, gut zehn Jahre später, müssten wir einen noch viel höheren Wert ansetzen«, sagt der amerikanische Ökonom Joshua Farley, einer der weltweit führenden Öko-Wirtschaftstheoretiker, der wie Costanza am Vermonter Gund-Center forscht. »Der Betrag ist emporgeschossen, weil die natürliche Vielfalt um so vieles knapper geworden ist, das ist das eigentlich Erschreckende.« Und die Verluste steigen. Eine vom britischen Zoologen Andrew Balmford geführte Forschergruppe versuchte jüngst, die laufenden Abschreibungen am weltweiten Naturkapital zu kalkulieren. Das verstörende Ergebnis: Jedes einzelne weitere Jahr an ungebremster Biotop-Umwandlung kostet die Weltwirtschaft 250 Milliarden Dollar zusätzlich, und das in alle Ewigkeit.

Es ist eine radikale Abkehr vom alten Denken, die erste Ökonomen mit solchen Berechnungen vollziehen. Lange Zeit taten sie, als sei der Wirtschaftsmarkt unsere einzige Realität – und als seien die ganze Erde, ihr Klima und ihre Lebewesen eine Art Abstellkammer, aus der man Nahrung schleppen, Rohstoffe ausgraben und in der man ungebremst Abfälle abladen kann. Auch die klassischen Ökonomen nahmen Natur als eine Ressource wahr – aber, so der südafrikanische Öko-Wirtschaftsforscher James Blignaut, »wie viel von dieser Ressource erhalten wird, hatte in der Theorie bislang keinen Einfluss auf die Wirtschaft«. Dieses traditionelle Denken gipfelte in einem Ausspruch des Wirtschafts-Nobelpreisträgers Richard Solow, der meinte: »Im Prinzip kann der Markt auch ohne natürliche Ressourcen auskommen.« Für alles sei ein technischer Ersatz zu bekommen, wenn nur genügend große Knappheit einen lukrativen Preis für die Ersatzproduktion erlaube.

Aufgerüttelt durch den spürbaren Klimawandel, beginnen jetzt aber immer mehr Ökonomen zu verstehen: Der Markt stellt nur einen Teil dar, einen kleinen Teil des Gesamtgefüges vielfältiger lebendiger Beziehungen. »Jeder Mensch hängt vollständig von den Ökosystemen der Erde ab sowie von den Leistungen und Gütern, die sie bereitstellen«, heißt es im Millennium-Ecosystem-Bericht. »Natur *ist* die Wirtschaft«, fasst Robert Costanza die neue Auffassung zusammen. Sie bedeutet das Ende all der kläglichen sogenannten Kosten-Nutzen-Analysen herkömmlicher Art, in denen die Biodiversität immer nur kostete, die Wirtschaft aber stets Profite brachte.

Wäre die Erde ein Industriebetrieb, so würden die inzwischen kursierenden Bilanzen über die Bewirtschaftung des Naturkapitals, der lebendigen Vielfalt der Arten und Lebensräume, jeden Vorstandsvorsitzenden zum Rücktritt zwingen – wenn nicht gleich hinter Gitter. Denn fast zwei Drittel aller natürlichen Prozesse sind bereits beschädigt, stellten die Forscher des Millennium-Ecosystem-Berichts fest. Die Erde AG lebt nicht von der Rendite ihres Kapitals und dem Gewinn ihrer Produkte, sondern davon, dass sie gleichsam Werkhallen, Maschinen und Bürogebäude ausschlachtet und immer schneller zu Notverkaufspreisen losschlägt.

WIE VERLÄSSLICH ABER SIND DIE ZAHLEN DER GRÜNEN ÖKONOMEN? Sind die gewaltigen Summen, die sie ins Spiel gebracht haben, vielleicht doch zu hoch? Oder sind sie noch viel zu niedrig? Das ist eine zentrale Diskussion auch unter den Beteiligten. Generell gilt bisher: Es werden eher zu wenige Dienste der lebenden Systeme berücksichtigt – wir kennen einfach noch nicht alle Verflechtungen in den Stoffströmen, und wir sind zu sehr im alten ökonomischen Denken befangen. »Wir können viele Werte nur grob abschätzen«, gibt Costanza zu, der 1997 mit seiner Studie auch eine Menge Kritik erntete. Schließlich sind manche Leistungen der Natur schwer in Geld auszudrücken, weil sie sich kaum privatisieren lassen und es keinen Markt gibt, der die Preise festlegt – für Luft zum Atmen oder ein feuchtmildes Waldklima etwa. Diese Situation bezeichnete der Biologe Garrett Hardin schon 1967 pessimistisch als »tragedy of the commons« – als Tragödie der Allgemeingüter.

»Die Gemeingüter sind gleichsam die dunkle Materie des ökonomischen Universums – sie sind überall, aber wir sehen sie nicht«, sagt der US-Unternehmer und Ökonom Peter Barnes, einer der Vorreiter des neuen grünen Kalküls. Die Natur ist somit die dunkle Materie unseres Lebens – vielfach unsichtbar, aber gleichwohl unverzichtbar. Für Barnes ist vor diesem Hintergrund Costanzas vorsichtige 33-Billionen-Schätzung für den Wert aller Lebensleistungen um ein Vielfaches zu niedrig. Er empfiehlt, einen »Unwiederbringlichkeits-Bonus in unbestimmter Höhe« aufzuschlagen – eine ungekannte Summe x, um die sich jedes Lebewesen verteuert, selbst wenn man alle seine Dienste nach bisherigem Kenntnisstand summiert hat.

Um der Not abzuhelfen, stützen sich Natur-Wirtschaftler wie Costanza darauf, was Menschen theoretisch für den Erhalt der

Natur zahlen würden. So wäre der Erhalt des Hellen Ameisenbläulings, der auch auf der Thüringer Wildweide vorkommt, die Haushalte im Einzugsbereich seines Siedlungsgebiets in der Pfalz jeweils 10 Euro pro Jahr und Hektar wert. Die Deutschen insgesamt würden den Artenverlust hierzulande theoretisch mit 100 Euro pro Kopf und Jahr stoppen helfen – ein nettes Sümmchen, wenn man es denn in der Realität zusammenbekäme. Häufig zeigt sich: Wären die Befragten aufgefordert, ihre Geldzusage einzuhalten, bliebe von ihrer Bereitschaft meist nicht mehr viel übrig.

DASS VIELE DER RENDITEN AUS DEM PORTEFEUILLE DER NATUR den Ökonomen bislang nicht aufgefallen sind, hat einen ebenso simplen wie absurden Grund: Nach dem herkömmlichen Kalkül verschönern auch Schäden die nationalen Wirtschaftsbilanzen, anstatt sie zu ruinieren. Wenn ein Land seine Wälder rodet und seine Fischbestände erschöpft, schlägt sich das als positiver Zuwachs im Bruttoinlandsprodukt (BIP) nieder. Mit Unglück rechnen sich Volkswirtschaften reich. »Das Beste, was dem BIP passieren kann, ist ein schwer Krebskranker, der auf dem Weg zum Scheidungsanwalt sein neues Auto zu Schrott fährt«, spottet der US-Autor und Ökokritiker Bill McKibben.

So verschleiert Wachstum, mit dem sich Politiker gerne brüsten, oft latentes ökologisches Desaster. Experten mutmaßen etwa, dass mehrere Prozentpunkte des chinesischen Wirtschaftsbooms durch Verluste an Naturkapital wieder aufgezehrt werden. Manche Beobachter gehen sogar davon aus, dass in der asiatischen Riesenboom-Nation reales Nullwachstum herrscht, zöge man die Kosten für Umweltzerstörung und Artenschwund ab, die in der Zukunft irgendwann fällig werden. Die *Exxon-Valdez*-Katastrophe fügte dem BIP des US-Staates Alaska 1996 nach offizieller Rechenart viele Milliarden Dollar hinzu, die sich unter anderem aus den Kosten für eine notdürftige Reparatur der betroffenen Natur summierten. In Wahrheit hätte man diese Summe abziehen müssen, weil sie der Preis war, mit dem der Verlust von Leistungen der Vielfalt die Gesamtwirtschaftsbilanz geschmälert hat. In Deutschland schlagen Nitrat- und Pestizidbelastungen, Hochwasserschäden, Bodenerosion und Wasserverschmutzung jährlich mit allein 5,1 Milliarden Euro – umgerechnet 200 Euro pro Hektar Nutzfläche – zu Buche. Als Neufundlands restlos ausgebeutete Kabeljau-Bestände vor 15 Jahren zusammenbrachen, zogen die Folgen Sozialkosten von 2 Milliarden US-Dollar nach sich.

Aber auch eine Reihe anderer Bilanztechniken, die bei Kapitalinvestitionen Standard sind, lassen die Leistungen der Vielfalt konsequent unterbewertet – falls Ökonomen überhaupt bereit sind, diese in Betracht zu ziehen. Werte und Leistungen etwa eines Waldes werden diskontiert oder »abgezinst«. Für jedes zukünftige Jahr subtrahieren Ökonomen eine meist am aktuellen Leitzins orientierte Summe vom derzeitigen Wert. Wenn der Wald heute nach einer ökologisch-ökonomischen Bewertung mit einer Million Euro in den Büchern steht, dann ist davon schon nach einem Jahrhundert nicht mehr viel übrig. Es erscheint also vordergründig oft lohnender, das Holz zu verkaufen und den Erlös an der Börse zu investieren.

Verglichen mit Kapitalinvestitionen, bei denen Ökonomen eine kontinuierliche Rendite einrechnen, belastet die Nutzleistungen der Natur also ein gravierender Nachteil. »Übliche Abzinsverfahren behandeln Katastrophen, die weit genug in der Zukunft liegen, als für heute irrelevant«, kritisiert der grüne Ökonom Farley. Die milliardenschweren Dienstleistungen der unverbrauchten Natur, die wir heute zerstören, sind nach dem Abzinsverfahren in heutigem Geld nur wenige Euro wert – weshalb sich niemand aufmacht, ihre Zerstörung zu verhindern. Unsere Kinder freilich werden nicht den »abgezinsten« Betrag zahlen müssen, wenn etwa keine Hochseefischerei mehr möglich ist, weil Fabriktrawler in absehbarer Zeit alle Bestände ausgelöscht haben, sondern die volle Summe in Millionen und Abermillionen.

Das Abzinsen mag bei Maschinen und Gebäuden Sinn ergeben, die irgendwann verbraucht sind, kritisiert der amerikanische Ökologe James Aronson, der für die staatliche französische
Forschungsgemeinschaft CNRS arbeitet – die Natur aber ist
eine Industrie, die sich selbst repariert und kostenlos auf dem
neuesten technologischen Stand hält. »Wir brauchen für den
Wert von Ökosystemen einen negativen Zinssatz«, fordert Aronson daher – denn ihre Leistungen werden angesichts der Umweltzerstörung in Zukunft eher mehr wert sein als heute.

WENDEN WIRTSCHAFTSFACHLEUTE DIE GRÜNEN BILANZ-
VERFAHREN konsequent an, verändert sich das Bild vor ihren
Augen so radikal, als hätten sie soeben eine Schwarz-Weiß-Bril-
le abgesetzt. Plötzlich stürzt das Vorurteil von der Wohlstands-
bremse Ökologie in sich zusammen. Intakte Mangrovenwälder in
Thailand etwa sind 2100 Euro pro Hektar an wirtschaftlichen
Leistungen wert – zu denen das Bereitstellen von Fischaufzucht-
gebieten ebenso gehören wie der Flutschutz, die Verdienste der
lokalen Fischerei und Einnahmen durch einen maßvollen Touris-
mus. Werden die Gezeitenwälder aber gerodet und in Shrimps-
Farmen verwandelt, so sinkt der Gewinn auf weniger als ein Fünftel. Gesunde Feuchtgebiete in Kanada erwirtschaften fast 200
Euro pro Hektar, unter anderem für gereinigtes Wasser und Nähr-
stoffrecycling. Werden sie zu Intensiväckern trockengelegt, sinkt
ihr Beitrag auf ein Drittel. Ein Hektar naturbelassener tropischer
Regenwald in Kambodscha hat einen wirtschaftlichen Nutzen
von 1300 Euro, der sich unter anderem aus seinem Beitrag für den
Klimaschutz, seiner regenfördernden Funktion, seiner Rolle als
Quelle für Nahrung und Brennholz lokaler Siedler, seinem Charakter als Reservoir bisher unentdeckter Medizinpflanzen und
der Pufferfunktion in den biochemischen Stoffströmen zusam-
mensetzt. Hemmungsloser Holzeinschlag erreicht nicht einmal
ein Zehntel dieser Gewinnspanne. Urwälder werden heute somit
zu einem Bruchteil ihres wahren Werts verramscht.

Allein die Produkte aus den Wäldern des indischen Bundesstaates Arunachal Pradesh würden das Bruttoinlandsprodukt dieser Region um 30 Prozent steigern. Das geht aus Arbeiten eines leitenden Mitarbeiters der Deutschen Bank in Indien, Pavan Sukhdev, hervor. Sukhdev koordiniert seit 2008 für die Umweltminister der G-8-Staaten eine Studie, die den weltweiten Kapitalverlust durch den Artenschwund kalkulieren soll. Der Report folgt dem Muster des Klimaberichts von Exweltbanker Nicolas Stern, der im Jahr 2007 den wirtschaftlichen Schaden durch eine wärmer werdende Atmosphäre auf 5 bis 20 Prozent des globalen Pro-Kopf-Einkommens veranschlagte.[6]

Oft sind es vor allem Folgekosten in anderen Bereichen der Wirtschaft, die mit der Drainage der natürlichen Vielfalt auflaufen: So verschärft in vielen Ländern die Schädigung von Ökosystemen die Armut, weil das Land insgesamt unfruchtbar wird oder die Bewohner einst urwüchsiger, nun aber in Produktionsstandorte umgewandelter Regionen als Elendsproletariat in die Slums abgedrängt werden. Auch parken gängige Bilanzen die Gewinne der Biosphäre auf die Anlagekonten großer Konzerne, lassen die Folgen aber Milliarden ärmster Menschen tragen. Der US-Pharmakonzern Ely Lily vermarktet die krebshemmenden Wirkstoffe aus dem Madagaskar-Immergrün Caranthus und streicht einen Profit von 200 Millionen Dollar pro Jahr ein. Das Ursprungsland des Krautes aber, statt seinem grünen Konto ein Plus gutschreiben zu können, sieht von den Erlösen der inzwischen patentierten Biosubstanzen fast nichts. Costa Rica verschleuderte die Rechte, seine Urwälder auf Pharmapflanzen auszubeuten, für nur eine Million Dollar – dabei ist dieser Markt jährlich mehrere Milliarden schwer.

Welche monetäre Bedeutung bereits eine einzelne wildlebende Art haben kann, zeigt der Fall des »Grassy Stunt Virus«, das Anfang der 1970er Jahre in mehreren Wellen jeweils bis zu einem Viertel der asiatischen Reisernte vernichtete. Schon damals pflanzten Bauern nur eine Handvoll extrem anfälliger Hochleistungssorten an. Bei der fieberhaften Suche nach einem resistenten Stamm entdeckten Züchter schließlich eine Linie, die Immunität gegen das Virus besaß, und kreuzten sie in die großen kommerziellen Bestände ein. Die wilde Varietät kam nur in einem einzigen indischen Tal vor. Es wurde kurz darauf für ein Wasserkraftwerk geflutet.

EINGEFLEISCHTE NATURKÄMPFER – BISLANG GERADE in Deutschland mehrheitlich Verfechter des staatlich gelenkten Artenschutzes, die mit Marktwirtschaft so wenig wie möglich zu tun haben wollen –, werden angesichts grüner Bilanzinnovationen hellhörig. Der Ökologe Michael Succow, Träger des Alternativen Nobelpreises und Initiator jenes Coups, mit dem die DDR einen Tag vor Beitritt 7 Prozent ihrer Staatsfläche als Nationalpark auswies, sieht in der Monetarisierung eine letzte strategische Option, nachdem dreißig Jahre lang die Naturschützer eine Schlacht nach der anderen verloren haben.

Es spricht für die Kraft der ökologischen Ökonomie, dass sie bisher unvereinbare Perspektiven versöhnt. Sie hat den Charme und die Kraft jedes guten neuen »Paradigmas«, jeder neuartigen Theorie, die mit einem Schlag die hartnäckigen Probleme löst, an denen sich Forscher zuvor die Zähne ausgebissen haben. Denken wir an die Äther-Diskussion in der Physik der vorigen Jahrhundertwende: Manche Eigenschaften des Lichts schienen nur erklärbar, wenn man eine feste Substanz annahm, in der sich dieses fortpflanzte. Experimente aber konnten die Existenz dieses Stoffes nicht nachweisen. Die Lösung lieferte erst Einstein – mit einer unerhörten Synthese von Raum und Zeit.

Der US-Ökologe und Bevölkerungswissenschaftler Paul Ehrlich glaubt entsprechend: Die katastrophale Abwertung des Naturkapitals und ihre umfassenden Folgen werden die Ökonomie des 21. Jahrhunderts dominieren – bald werde sich kaum noch ein Wirtschaftswissenschaftler mit der Analyse von Geschäftszyklen, Handelspolitik und Wachstumsanreizen beschäftigen, sondern vor allem mit der Frage, wie man das grüne Kapital zurückgewinnen könne.

Der Oxforder Zoologe Balmford schätzt, dass das Verhältnis von Naturschutznutzen und -kosten 100:1 beträgt. Das heißt: Für einen Euro, den wir heute investieren, zahlt die Natur in der Zukunft 100 zurück. Für jeden Finanzmakler schiene klar: Eine solche Rendite auszuschlagen wäre Irrsinn. Zumal bei der einzigen bestehenden Alternative: Investieren wir nicht, leert sich unser Konto bis auf null. Balmford vermutet, dass weltweit eine Landfläche von 15 Prozent wilder Natur ausreichen würde, um die erforderlichen Leistungen wie Wasser- und Klimaschutz für das künftige menschliche Gedeihen zu produzieren. Zur Deckung des erforderlichen Finanzbedarfs von etwa 25 Milliarden Dollar genügte es bereits, weniger als ein Zwanzigstel der jährlichen Fehlsubventionen umzulenken, die den Verbrauch von Leben auf dem Planeten immer noch anheizen, wie steuerfinanzierte Straßen, verbilligtes Flugbenzin oder Flächenprämien für den Anbau von sogenanntem »Bio«-Treibstoff.

Geld wirft aber nicht nur die exotische Vielfalt der Tropennatur ab. Schon jetzt lässt sich beobachten, wie wir mit Natur auch in gemäßigten Breiten Geld verdienen – und noch mehr verdienen könnten. So erwirtschaften Straßenbäume in New York City als Klimaanlagen, Staubfilter und schöner Anblick einen Wert von 122 Millionen Dollar pro Jahr – 5,60 Dollar pro Baum, dessen Pflege nur Investitionen von einem Dollar erfordert. In Deutschland könnten durch die vergleichsweise kostengünstige Renaturierung von Flussauen an der mittleren Elbe Ausgaben für technische Filtration und Stickstoffbeseitigung in Höhe von 8,7 Millionen Euro gespart werden – das Zehnfache dessen, was die Wiederherstellung der natürlichen Funktionen kostet. Schon heute speichern in Deutschland wieder vernässte Niedermoore das Klimagas CO_2 zum Preis von jährlich einem Euro pro Tonne. Damit lässt sich mit dem gleichen Mitteleinsatz bis zu 750-mal mehr CO_2 festlegen, als man durch technische CO_2-Vermeidung mittels effizienterer Motoren oder Wärmedämmung einsparen könnte. Allein Schweden brächte eine durch Schutzmaßnahmen erhöhte Wasserqualität der Ostsee einen wirtschaftlichen Nutzen von bis zu 54 Millionen Euro pro Jahr, etwa durch bessere Überlebenschancen für Jungfische wie Kabeljau oder Scholle, durch effizienteren Nährstoffabbau und durch erhöhte Anziehungskraft für Touristen, die nicht länger von verwesenden Algenmatten abgeschreckt werden.

Dass solche Traumrenditen mehr als bloße Fiktion sind, beweisen eine Reihe von Anlagestrategien, bei denen Regionen in die Produktivität der Natur investiert haben und so erheblich höhere Ausgaben für künstliche Verfahren sparen konnten. Das bekannteste Beispiel ist die Stadt New York, die in den 1990er Jahren dringend die Qualität ihres Trinkwassers verbessern musste. Eine Aufbereitungsanlage hätte bis zu 6,5 Milliarden Dollar gekostet. Daher entschied sich die Metropole, in den Catskill-Bergen, aus denen das meiste Trinkwasser der Weltstadt stammt, weitflächig Land aufzukaufen und Bodeneigentümer für ökologische Bewirtschaftung zu entlohnen. Das kostete nur eine Milliarde – und machte die Catskill-Region zu einem begehrten Landstrich von großer Schönheit.

IM FEBRUAR 2008 UNTERZEICHNETEN VIERZIG DER MÄCHTIGSTEN FONDSMANAGER der Wall Street einen Aufruf an die Politik, endlich die wirtschaftliche Rolle der Natur in Gesetzen zu berücksichtigen. Die Investoren wissen, dass sie mit Ökologie Geld verdienen können – und sie *wollen* es verdienen. Die grünen Ökonomen sind sicher: Hätte die Natur einen Preis, würde die »unsichtbare Hand« des Marktes sie ganz von allein schützen. Knappe Ressourcen müssten nicht länger kostspielig verwaltet werden. Schutz der Vielfalt wäre nicht nur die billigste Option, sondern ein hochverzinstes Investment.

In einer »wirklichen Wirtschaft«, wie Costanza sein Modell gegenüber der einseitigen Sicht der Marktwirtschaft nennt, würden nicht länger lebenswichtige Ressourcen vertan. Wie jüngst in Deutschland, als der Bund über 100 000 Hektar Land an die Naturverbände verschenken wollte, viele Umweltschützer aber verzweifelt ablehnen mussten, weil die Pflege unter dem herrschenden Marktsystem viel zu teuer gewesen wäre. Am Ende fielen etliche Gebiete in die Hände reicher Jäger, alte Waldflächen wurden kahlgeholzt.

Dabei wäre gerade dieser Deal – hätte man grünen Ökonomen wie Reisinger eine Chance gegeben und die revolutionäre neue Rechenweise als offizielles Verfahren eingeführt – ein beispielloses Staatsgeschäft gewesen, ein Durchbruch, mit dem man noch so verdrossene Wähler hätte beeindrucken können. Welche Summe durch den missglückten Tausch verloren gegangen ist, lässt sich schlecht ermessen. Aber eine Schätzung sei erlaubt. Sie ist freilich wie alle derartigen Kalkulationen (etwa die Klimakostenkalkulation Nicolas Sterns) unpräzise, schon weil die übertragenen Landschaften sehr unterschiedlich sind. Nach den Rechenbeispielen der ökologischen Ökonomie könnte der Gesamtwert der Biodiversitätsdienste in den vom Bund abgegebenen Ländereien zwischen 300 und 30 000 Euro pro Hektar und Jahr betragen. Legen wir vorsichtig einen Nutzwert von 1000 Euro pro Hektar zugrunde, so hat der Bund ein Anlagepaket mit einer Jahresrendite von 10 Millionen Euro angeboten.

WIE VIEL VIELFALT ABER BRAUCHEN Ökosysteme genau, damit unsere Lebenserhaltungssysteme nicht zusammenbrechen? Welche Menge an Arten ist mindestens erforderlich? Können wir zur Not – die immer mehr die Alltagspraxis diktiert – auf manche Spezies auch verzichten?

»Biodiversität ist selbst eigentlich keine Leistung der Natur«, erläutert der Ökologe James Aronson, »Biodiversität ist das lebende Netz der Wesen, das jede Art von Wirtschaften überhaupt erst möglich macht.«[7] Generell beobachten Forscher, dass die Produktivität eines Ökosystems mit seiner Vielfalt steigt. Arten-

Hotspots wie die indonesischen Inseln oder die Karibik halten mehr als das Doppelte an Öko-Dienstleistungen durchschnittlicher Areale vor. Das höchste Kapital findet sich in Mangroven und Flussniederungen.

»Welchen Beitrag ein Element im Ökosystem leistet, ist unbekannt – in der Tat ist er wahrscheinlich unerkennbar – bis dieses Element seine Funktion einstellt«, erklären der norwegische Agrarökonom Arild Vatn und der US-Wirtschaftswissenschaftler Daniel Bromley.[8] Denn die Stoffflüsse in einer lebenden Landschaft verlaufen nicht geradlinig wie die in einer Fabrik. Vielmehr sind alle Mitspieler auf komplizierte und verworrene Weise miteinander verkettet, kooperieren mit der einen Spezies in Symbiose, stehen zu einer anderen in Konkurrenz, profitieren von einer dritten als Parasit, werden von einer weiteren gejagt, ernähren Pilze und Bakterien, die ihrerseits anderen zur Nahrung dienen. Für die menschliche Vorstellung von klaren Ursachen und daraus folgenden Wirkungen sind die Beziehungen in einem solchen Lebensnetz schwer nachvollziehbar.

Wer hätte sich etwa ausmalen können, dass vermutlich die Ausrottung der amerikanischen Wandertaube vor etwa hundert Jahren, deren Millionen Tiere starke Schwärme einst die Eicheln ganzer Wälder fraßen, heute die Borreliose in Nordamerika zur Epidemie gemacht hat – und entsprechende Kosten verursacht? Die nach dem Aussterben der Tauben reichlich auf den Waldböden liegenden Eicheln ließen die Mäusepopulationen boomen und verbesserten so die Lebensbedingungen für einen der Hauptwirte der Zecken.

Dazu kommt: Natürliche Lebensräume verändern sich nicht bloß allmählich. Was geschieht, wenn ein bestimmter Schwellenwert unterschritten wird, wenn eines jener unerkennbaren Elemente zu funktionieren aufhört, von denen Vatn und Bromley sprechen, ist nie wirklich vorhersehbar. So waren viele europäische flache Seen einst klar und beheimateten eine Vielzahl von Fischen, die zwischen Wasserpflanzen Nahrung und Versteck fanden. Solche Seen »kippen« bei zu vielen Nährstoffen »um«: Immer mehr mikroskopische Algen verdunkeln das Wasser, die Pflanzen sterben, kurz darauf die von ihnen abhängigen Fische – so dass nur solche Flossentiere übrigbleiben, die auf dem schlammigen Grund ihre Nahrung finden. Ihre Futtersuche aber trübt das Wasser so sehr, dass sich keine Pflanzen mehr ansiedeln und die ursprüngliche Reinheit nie wieder einkehrt – selbst wenn Klärwerke die Düngerzufuhr auf null drosseln.

Folgen solcher »Tipping-points«, Kipppunkte, die unsere Zivilisation im kleinen Maßstab schon erlebt hat, sind die plötzliche Ausbreitung von Infektionskrankheiten wie dem Ebola-Virus, tote Zonen etwa in der Ostsee, der Zusammenbruch von Fischbeständen wie beim Kabeljau oder regionale Klimaveränderungen wie am mittelasiatischen Aralsee, dessen südlicher Teil zur Wüste wird. Darum gilt in der grünen Bilanzierung das Sicherheitsprinzip: Die Natur, die uns bleibt, muss so vielfältig sein wie irgend möglich, um ihre Lebensleistungen sicher erbringen zu können.

DER ÖKONOM UND TRÄGER DES ALTERNATIVEN NOBELPREISES Herman Daly erinnert sich amüsiert an eine Begebenheit, als Costanzas 33-Billionen-Dollar-Zahl gerade veröffentlicht war. Daly erhielt einen Anruf von einem kanadischen Journalisten, der atemlos fragte: »Was machen wir denn jetzt mit all dem Geld?« – »Wir werden es jedenfalls nicht ausgeben!«, war Dalys Antwort. Für den Exweltbankökonomen ist die monetäre Bewertung der Natur ein erster Schritt – aber einer, bei dem man keinesfalls stehen bleiben darf. Für Daly bleiben die großen Zahlen ein Hilfsmittel, das zeigt, in welch gigantischem Ausmaß unsere ganze Realität von der Präsenz der Natur durchzogen ist.

Als »eine ernstliche Unterschätzung der Unendlichkeit« kritisierte der amerikanische Ressourcenforscher Michael Toman Ende der 1990er Jahre das Bemühen, die Schöpfung in ein monetäres Korsett zu pressen. Aber ein Erfolg der grünen Wirtschaft könnte paradoxerweise gerade das Dilemma beenden, dass wir, wie es in einem Bonmot über den Kapitalismus heißt, zwar von allem den Preis kennen, aber von nichts mehr den Wert. Denn Ökonomen entdecken auf dem Umweg über die Bepreisung aller Lebensgüter eine alte Gewissheit wieder: Nicht alles lässt sich versilbern, ohne dass wir selbst Schaden nehmen. Die totale Wirtschaftsbilanz zeigt damit: Es gibt verbindliche Werte. Sie sind nicht, wie viele Ökonomen bis heute annehmen, subjektive Gefühlsduselei. Es gibt Werte, die für alle Menschen gelten, vielleicht sogar für alle Lebewesen. Werte, denen man sich nicht entziehen *darf*.

»Der Geldwert ist das Subjektivste, was es gibt«, sagt die australische Natur-Ökonomin Anna Straton, »aber zugleich verlassen wir uns in überwältigender Weise auf den Dollar als einen Maßstab für Wert überhaupt.« Noch kommt der faktische Wert einer Sache, eines Verhaltens, eines Stücks Landschaft in unserer Welt allein durch das Verhalten der Käufer zustande – auch wenn es weiterhin so etwas wie »nostalgische« Werte gibt, die machtlos auf das Gegenteil pochen.

Die Käufer können sich freilich irren. Sie können etwas hoch schätzen, was wenig wert ist, und wahrhafte Kostbarkeiten mit Füßen treten. Dieser Irrtum der Käufermassen – also der von uns allen – lässt sich heute nicht länger übersehen. Investieren wir weiter in das Falsche und verschenken ahnungslos das Richtige, so folgt immer schneller der Abstieg, bis am Ende gar kein Handeln mehr möglich ist.

Indem visionäre Ökonomen und Ökologen wie Daly, Farley und Aronson den Markt für eigentlich nicht handelbare Güter öffnen, führen sie gleichzeitig neue Regeln und Grenzen in das alte Wirtschaftsdenken ein. Bislang entscheidet letztlich der Preis allein, was etwas wert ist. In einer erfolgreichen Marktwirtschaft hat Moral nichts verloren. Sie ist Privatsache. In der grünen Ökonomie werden aber plötzlich die Preise deutlich, die wir alle, die ganze Gemeinschaft der Lebewesen, für unser Handeln zahlen. Damit kehren die Werte des Lebens auf den Markt zurück und verändern diesen von Grund auf.

Die ökologische Ökonomie könnte somit der erste Einbruch eines anderen Denkens und Empfindens in das wirtschaftliche Kalkül sein. Eine Ökonomie, die sich auf die Bedingungen der Ökosysteme einlässt, die nicht vergisst, was Vatn und Bromley über die Unmöglichkeit herausgefunden haben, den exakten Wert eines Mitspielers in der Kette der Lebenserhaltung zu ermitteln, eine solche Ökonomie wird ihre angestammten Bahnen verlassen. Eine reformierte Ökonomie wird eine andere Definition für »Wert« und »Nutzen« finden als bisher, wo diese zentralen Dimensionen unserer gemeinsamen Existenz von den Entscheidungen der Käufer abhängen.

So schlummert im Herzen unseres freiheitlichen Gemeinsystems, das seine Legitimation aus der subjektiven Wahl des Individuums bezieht, längst ein Keim objektiver Werte. Sie gelten freilich nur für die eine Spezies – für uns. Wie sich nachweisen lässt, dass der Reichtum unserer Gesellschaften mit dem Aufstieg der Demokratie in den letzten 250 Jahren zusammenfällt, so vermögen nun die Bilanzen von Farley, Costanza und Kollegen zu zeigen, dass langfristige Prosperität für uns nur im Rahmen eines erweiterten Kanons universeller Lebensrechte möglich ist. Zu dieser »Maxima Charta« gehört, gewissermaßen als ihr Artikel eins, der Grundsatz, das sich in Freiheit entfaltende Leben zu achten, was immer es auch sei. Im Zweifel ist dieses Leben unseres – das haben die ökologischen Ökonomen mit ihren Analysen des Biokapitals und seiner Verflechtung mit allem menschlichen Haushalten gezeigt. In der Biosphäre ist das Vielfältige oft das Schöne und das Schöne das Gute: das auch wirtschaftlich Nachhaltige.

REISINGERS AUGEN, DIE WEIT IN DIE FERNE SCHWEIFEN, über die welligen Wiesen, über das Gekräusel der Hecken, hinauf bis in die schwarzen Hügel des Thüringer Waldes, haben diese andere Dimension der Werte im Blick. Etwas, das über Ökologie und Ökonomie hinausgeht, was beide aber zusammenbindet. Einen Wohlstand, der sich nicht in Euro-Münzen misst, sondern in Glücksmomenten. In einem Gefühl von Heimkehr.

Am Abend lässt das blasse Silber der Dämmerung die knorrigen Eichen an den Teichen zu Skulpturen aus einem vergangenen Märchenland erstarren, während wir im Gänsemarsch durch das hohe Gras stapfen. Im aufsteigenden Bodendunst wirken die Silhouetten der Rinder wie einem Höhlengemälde von Lascaux entsprungen. Wasserfrösche knarren vom Ried herüber.

Im Schein der Taschenlampe schwirren Dutzende von Nachtfaltern umeinander wie Plankton im Ozean, das von der nächtlichen Lampe eines Fischers angelockt wird. Die Motten öffnen ihre samtenen Flügeldecken und zeigen deren überraschend zerbrechliche Dessins aus Brokat und Organza. Unter dem Mondlicht hinter den gekrümmten Eichenästen, eingewickelt in Dunkelheit, verhüllt vom Feuchteschleier der schwarzen Teiche, schwillt ungeahntes Leben. Wir richten unsere Lampen unversehens auch auf uns selbst: auf die Spur von Wildnis unter der Oberfläche des Alltags.

Die Fledermäuse, der kleine Bläuling, die Lilie, die Akelei – jedes einzelne strahlende Wesen ist auf seine Weise Ausdruck all jener unsichtbaren Prozesse in einem Ökosystem, deren Erlöschen erst deutlich wird, wenn es zu spät ist. Das einzelne Wesen, für immer unkalkulierbar, ist Voraussetzung dafür, dass Lebensfreude überhaupt in Zukunft gesichert werden kann. Darin überbietet jeder noch so unscheinbare Organismus das Resultat aller ökologischen oder ökonomischen Bestimmung. Er ist ein Zeichen für die Möglichkeit eines Stücks Erde, fruchtbar und produktiv und darin auch dem Menschen Heimat zu sein – so etwas wie »objektive Unendlichkeit«.

»Kennen Sie die Bilder von Carl Gustav Carus?«, fragt Reisinger. »Auf den Gemälden des Künstlers, der mit Goethe gut bekannt war, sieht die Landschaft ähnlich aus wie hier.« Der

Ökologe zitiert bei Vorträgen gern Studien, die zeigen, dass Menschen solche Landschaften lieben – teils Wald, teils Wiese, teils Wasser und dazu große Tiere. Der amerikanische Evolutionsforscher und Naturschützer Edward O. Wilson prägte dafür den Ausdruck »Biophilie« – er meinte, dass wir jene prähistorische Natur suchen, erkennen und unbedingt benötigen, in der unsere Spezies entstand.

»Über allen Gipfeln / Ist Ruh«, hatte ein anderer Philosoph und Biologe vor zwei Jahrhunderten geschrieben, »In allen Wipfeln spürest du / Kaum einen Hauch«. Johann Wolfgang von Goethe verfasste »Wandrers Nachtlied«, eines seiner berühmtesten Gedichte, nicht weit von hier, auf einer Bergspitze des Thüringer Waldes. Von dort oben konnte er die Ebene von Crawinkel sehen, auf der damals wahrscheinlich vereinzelte Gruppen von Rindern grasten, zwischen feuchten Senken, gehütet von Kindern im Schatten lockerer Gehölze. Darüber sangen die Lerchen ihr klirrendes Lied.

3 FORTSCHRITT UND GIER

»Der menschliche Geist, so zart, so vergänglich, so voll von uner-schöpflichem Träumen und Verlangen, brennt durch die Kraft eines Blattes.«

Loren Eiseley[9]

»Jede hinreichend fortgeschrittene Technologie ist von Magie nicht mehr zu unterscheiden.«

Sir Arthur C. Clarke[10]

Die Siegesfanfare zum Triumph des Nützlichen und des Effizienten ertönte im Jahr 1859 aus einem Winkel Englands, der bis heute von schläfriger und selbstvergessener Schönheit ist. Auch noch im 21. Jahrhundert atmet die Landschaft um das Dörfchen Downe, das sich südöstlich der letzten Vororte Londons in die Hügel der Grafschaft Kent drückt, den Charme eines verwilderten Parks. Der Weiler strahlt eine träumerische Romantik aus. Felder und Gärten blinken wie beiläufig eingestreute Perlen aus der Landschaft. Hier, zwischen lichten Wäldchen und Ackerrainen, verfasste der Biologe Charles Darwin das vielleicht einflussreichste wissenschaftliche Werk der letzten 250 Jahre – das Buch *Über die Entstehung der Arten*, mit dem er die Evolutionstheorie begründete.

Darwin führte ein von extremer Regelmäßigkeit und präzisem Takt geordnetes Leben. Der Forscher erhob sich früh vor Sonnenaufgang, und bevor er sich nach einem spartanischen Frühstück morgens um acht für anderthalb konzentrierte Stunden an seinen schweren Arbeitstisch setzte, wanderte er durch die Landschaft, in die der weitläufige Garten seines stattlichen Hauses überging. Zwischen Mittag und ein Uhr folgte ein weiterer Spaziergang, diesmal begleitet vom weißen Terrier Polly. Im lichten Aprilwald des zeitigen Frühjahrs deckte neben dem Fußpfad die blaue Flut der Hasenglöckchen den Boden, funkelten die weißen Sterne der Anemonen, dicht an dicht wie ein Kosmos gleich nach dem Urknall. Später im Jahr, im Wolkenlicht des englischen Sommers, verwandelten sich Erlen und Linden in die Bestandteile von Gemälden des Künstlers John Constable. Über den Feldrainen schwebten die Flocken der Grasähren wie Schnee in der Sonne. Vor den bescheidenen Häusern des Weilers lagen überall kleine Gärten. Auch sie zeigten hinter ihren Staudenhecken eine Mischung aus Wildwuchs und Ordnung, eine züchtige Freiheit, komponiert aus Salbei, hohem Klee, Frauenmantel, Knöterich, Fingerhut, Hohlzahn. Morgens und nachmittags stieß die Sonne mit langen Fingern helle Schneisen ins Unterholz.

Hier, in dieser friedlichen Welt, formulierte Darwin den Auftaktsatz zu seiner bahnbrechenden Arbeit. Hier schrieb er jene schneidenden Worte, mit denen der legendäre Vortrag bei der Royal Society 1858 in London begann: »Alle Natur befindet sich im Krieg miteinander oder mit der äußeren Natur.« Alles Leben ist Kampf, ein Wettkampf um knappe Ressourcen, sagte der nachdenkliche Wanderer aus den Tälern von Downe, und nur, wer die anderen mit immer neuen Innovationen aussticht, wird siegen. Fast zwanzig Jahre hatte der Gelehrte gezögert, die in seinen Augen monströse Schlussfolgerung aus der Forschungsfahrt mit dem Segler *Beagle* und seinen langen Studien zu publizieren: Im blutigen Ringen der Natur siegt der Bestangepasste.

Darwin hatte das Gesetz für die Entstehung der lebenden Formen ausgesprochen. Alles Schöne, alles Sinnvolle, aller Geist des belebten Universums beruht auf dem erbarmungslosen Wettbewerb in einer Welt, in der Not und Mangel herrschen. Bald schon sollte sich Darwins Sicht gegen den Widerstand vor allem der Kirche durchsetzen. Seine Auffassung prägt heute als »Synthetische Evolutionstheorie« die Wissenschaft von den Lebewesen: Jede biologische Eigenschaft muss einen Zweck haben, der ihrem Träger einen Vorteil verleiht – anders können Biologen ihren Sinn nicht erklären. Die langen Federn des männlichen Paradiesvogels – Signaltracht, um die Fitness des Brautwerbers zu demonstrieren. Der Gesang der Buckelwale – Schlachtruf im Kampf um den besten Partner. Der englische Biologe Richard Dawkins vollendete diese Denkrichtung mehr als hundert Jahre später mit dem Schlagwort vom »egoistischen Gen«: Er prägte die Auffassung, dass kein Lebewesen mehr sei als eine Maschine zur Weitergabe bestimmter erblicher Eigenschaften, ein Automat, darauf programmiert, möglichst viele Kopien seiner eigenen Instruktionen in die Welt zu setzen.

Darwin hatte auch den letzten großen Bereich unserer Erfahrung den Gesetzen der Naturwissenschaften unterworfen: das Leben und damit auch uns, den Menschen als ein Lebewesen. Darwin war es gelungen, die Vielfalt der Schöpfung aus der patriarchischen Enge einer archaischen Legende zu retten. Die Alternative freilich, die er entsann, entsprang zu einem guten Teil einem anderen, mittlerweile ebenfalls archaisch anmutenden Mythos: dass sich die Welt mit unabdingbarer Notwendigkeit ständig perfektioniere und alte, unzureichende Lösungen am Weg zurücklasse. Der Fortschritt marschiere unaufhaltsam voran.

Für Darwin wirkte sich die Selektion wie ein objektives mechanisches Gesetz auf Lebewesen aus, ähnlich wie die Schwerkraft auf Himmelskörper. Organismen sind keine Subjekte, keine Handelnden, sondern Objekte – wie Atome unterliegen sie willenlos äußeren Mächten. Darwin nahm an, dass das Zusammenspiel von kosmischen Gesetzen und blinden Atomen im Lauf der Zeit eine immer bessere Welt, immer raffiniertere Überlebensmaschinen und immer komplexere Lebensentwürfe – die biologischen Nischen – hervorbringen würde.

59

Diese Haltung war von entscheidender Auswirkung auf die seinerzeit herrschende Ökonomie. Ja, man kann fast sagen: Die Ansichten der Biologen im Gefolge von Darwin und die der Ökonomen sind zwei Seiten derselben Sache. Die Lehre vom Haushalt der Wesen, die sich im »Markt« der Nischen und Umweltbedingungen durchzusetzen haben, und der Haushalt des Menschen, der seine materiellen Bedürfnisse stillen will, sind zwei Erscheinungsweisen ein und desselben Grundgedankens: dass alles Leben Kampf ist, dass nie genug für jeden da ist und dass ewig gültige Gesetze das größte Wohl aller genau dann bewirken, wenn der Einzelne seiner Gier die Zügel schießen lässt. Sowohl als atmende Körper wie auch als gesellschaftliche Personen erleben die Menschen sich heute als Partikel in einem endlosen Kampf, »rot an Zahn und Klaue« (Alfred Tennyson), der um die beste Marktposition geführt wird: Nur wer beständig optimiert, kommt durch.

In unserer Zeit gehen Biologen und Ökonomen, aber auch Geisteswissenschaftler davon aus, dass es die Freiheit einzelner Subjekte nicht gibt. Sind Biologen heute überzeugt, dass die im Kampf des Daseins geschliffenen Gene unser Wesen festlegten, so glaubt die andere Fraktion, dass unser kulturelles Gespräch, dass Machtinteressen, dass unser wie Sprache organisiertes Unbewusstes den Individuen befiehlt, wie sie denken müssen. Alle Wesen und auch der Mensch sind demnach Spielball blinder, zielloser Mächte. Das, was einst Seele geheißen hat, ist zum seelenlosen Mechanismus geworden. Wahrscheinlich geht diese Grundhaltung auf eine der revolutionärsten Ideen der Neuzeit zurück: Gottes Schöpfung übersteige gar nicht das Vorstellungsvermögen des Menschen, wie man noch im Mittelalter glaubte. Vielmehr folge die Welt einem rationalen Plan. Wir selbst vermögen ihn zu entschlüsseln. Für den Menschen der Neuzeit ist das Buch der Welt nicht mehr in spirituellen Gleichnissen, sondern in mathematischen Buchstaben geschrieben. Mithilfe der Naturwissenschaft ist es möglich, den großen Plan zu lesen.

In dieser neuen Sichtweise, die unsere Welt bis heute prägt, verbinden sich Rationalität und Abstraktionsvermögen, die das Abendland von der griechischen Philosophie geerbt hatte, mit der christlichen Überzeugung, in einen Kosmos geboren zu sein, der dem Heil zustrebe. So wurde gerade die Physik zum Königsweg, auf dem man sich dem Welthervorbringer nähern konnte. Noch der englische Physiker Sir Isaac Newton fasste im 17. Jahrhundert seine Berechnungen als eine Art Gottesdienst auf: Die Bewegungen der Himmelskörper gehorchten mechanisch der Gravitation – und waren damit gleichsam Modellfälle göttlicher Macht und Ordnung.

Der Schöpfer wurde im Laufe der Zeit jedoch immer weiter aus der Welt verbannt. Nachdem sie einmal als vom menschlichen Verstand prinzipiell begreifbar galten, waren seine Werke immer weniger durchseelt von himmlischer Präsenz. Stattdessen betrachteten Menschen die Welt eher wie ein Uhrwerk. Ein und für alle Mal am Schöpfungstag aufgezogen, folgen darin die Teilchen blind und unbeirrt ihren Bahnen. Darwin war in dieser Hinsicht der Vollstrecker einer Entwicklung, die sich lange schon angebahnt hatte: Er dehnte das eherne Gesetz vom Reich der Materie auf das Reich des Lebens aus – und damit auch auf den Geist, die Gesellschaft und unser Herz.

DER GROSSE FORSCHER SELBST TRUG schwer an dieser Bürde. Bald nachdem er mit seiner Frau und den Kindern sein Landhaus bei London bezogen hatte, zog der einstige Weltreisende die Vorhänge seiner Existenz um sich herum zu. Schon die geringste Störung seines minutiös organisierten Tagesablaufs warf den Forscher aus der Bahn. Dann zwangen ihn Herzbeschwerden zu Bett, plagte ihn wochenlang unerklärliches Unwohlsein. Der Gelehrte litt unter heftigen Panikattacken, vermutet der amerikanische Bindungspsychologe John Bowlby. Mehrmals am Tag musste Darwins Ehefrau ihm zur Entspannung aus Romanen vorlesen, während der Biologe auf einem schweren Diwan in sei-

nem Arbeitszimmer ruhte. Nach London fuhr Darwin kaum
noch. Dafür wanderte er viele Stunden täglich durch seine Ge-
wächshäuser, beschäftigte sich mit den kleinsten Einzelheiten
von Pflanzen und studierte mit Hingabe und Zärtlichkeit die
Lebensweise der Regenwürmer.

Doch alle Schönheit der Wesesn vermochte seine eigene
Empfindsamkeit nicht mehr ganz zu wecken: In einem der bit-
tersten Sätze, die von dem großen Biologen überliefert sind, be-
klagt er sich, dass er seit seiner Arbeit an der *Entstehung der Arten* jegliche Freude an der Poesie verloren habe. Etwas in seiner
Seele sei durch die jahrelange logische Askese, die er sich auferlegt habe, erstorben.

Darwin forschte zur selben Zeit, in der die Sensibilität ro-
mantischer Dichtung in England ihren Höhepunkt erlebte. William Wordsworth war 1843 britischer »Poeta Laureatus« geworden, von der Königin geadelter Fürst der Wortkünstler. Wordsworth, der im berauschenden nordenglischen Lake District
lebte und schrieb, hatte in immer neuen Versen ebenfalls die
Gesetze der Natur beschworen. Aber was er gefunden hatte, waren poetische Gesetze, in denen sich der Mensch mit der Schöpfung versöhnt finden konnte. Gesetze wie dieses: »Ye blessed
creatures, I have heard the call / Ye to each other make; I see /
The heavens laugh with you in your jubilee; / My heart is at your
festival, / My head hath its coronal, / The fullness of your bliss,
I feel – I feel it all.«[11] Es war diese Stimme, die Darwin, der gü-
tige alte Gelehrte, der Erforscher des Krieges aller gegen alle,
trotz schmerzlicher Sehnsucht nicht mehr zu hören vermochte.

VIELLEICHT WÄRE DARWIN DER MECHANISMUS einer Selektion, die nur die Bestangepassten übrig lässt, nie eingefallen, hätte
er nicht einen Denker studiert, der auf die Verbindung zwischen
Naturwissenschaft und sozialer Welt einen Einfluss hatte wie
wenige andere und der auch heute noch Evolutionstheoretiker,
Ökonomen und Bevölkerungswissenschaftler beeinflusst: Tho-

mas Robert Malthus. In seinem *Essay on the Principle of Population* von 1798 behauptete Malthus, dass sich die menschliche Gesellschaft aus dem Kampf um knappe Nahrungsressourcen verstehen lasse. Malthus hatte beobachtet, dass die Zahl der Bevölkerung sich regelmäßig verdoppelte, also *exponentiell* wuchs (1, 2, 4, 8, 16 ...), das Angebot an Nahrung aber nur *linear* zunahm (1, 2, 3, 4, 5 ...). Für Malthus war die Konsequenz daraus klar: Die Schere zwischen hungrigen Mündern und gedeckten Tischen klaffte immer weiter auseinander. Diese Einsicht hatte für den Gelehrten den Status eines Naturgesetzes. Armut und Not mussten jetzt und zu aller Zeit notwendige Bestandteile einer jeden Gesellschaft bilden. Das Leben war ein immerwährender Wettkampf um das Notwendigste: Krieg aller gegen alle.

Wer in der ersten Hälfte des 19. Jahrhunderts die Londoner Slums besuchte, für den war Malthus' Einfall eine unabweisbare Tatsache. Elend, Armut, nacktes Vegetieren überall – und jenseits davon die boomende neue Gentry des Frühkapitalismus. Nicht nur Darwin beruft sich auf den Bevölkerungsphilosophen, sondern auch der Abenteurer, Tiersammler und Erfinder der Biogeographie Alfred Russel Wallace, der unabhängig von Darwin ebenfalls den Mechanismus der Evolution entdeckte. Das geradezu physikalische Gesetz für die alte christliche Überzeugung, dass die Welt ein Fortschrittsprozess ist, schien endlich gefunden. Es war kein schönes Gesetz, denn es verhieß Wachstum und Vielfalt nur um den Preis unbarmherzigen Wettbewerbs. Nur der Geschickteste, nur der Stärkste, nur der am emsigsten um sein eigenes Wohl Besorgte kam hier erfolgreich durch. Wen die Selektion belohnte, war die gerissene Unternehmerpersönlichkeit, die ständig ihren Vorteil sah.

Am Beginn eines biologischen Modells stand also in Wahrheit ein gesellschaftlicher oder ökonomischer Befund. Darwin folgte Malthus und bildete seine eigene viktorianische Epoche in die Naturgeschichte hinein ab. Bis heute stützt sich die Evolutionstheorie auf das ökonomische Denken. So benutzte der einflussreiche amerikanische Ökologe und Evolutionstheoretiker MacArthur Modelle aus der Mikroökonomik, um zu beschreiben, wie Tiere Ressourcen zwischen konkurrierenden Zwecken wie Wachstum, Fortpflanzung und Verteidigung aufteilen. Nutzenmaximierung ist das zentrale Stichwort, wenn Biologen Verhalten, Körpermerkmale und andere Eigenschaften von Lebewesen erklären.

DIE DRITTE GROSSE GEISTIGE TRIEBFEDER unserer heutigen Lebensauffassung wurde ebenfalls im Großbritannien des boomenden Frühkapitalismus geschmiedet: Der schottische Moralphilosoph Adam Smith stellte 1776 in seiner Abhandlung *The Wealth of Nations* – »Über den Reichtum der Nationen« – das physikalische Grundgesetz des Marktes auf. Smith wendete sich vor allem gegen die herrschende Überzeugung, wonach eine Nation durch Zusammenraffen von Goldreserven und möglichst hohe Zölle ihre Wirtschaft gegen Schwankungen stabil und gegen Konkurrenten aus dem Ausland immun machen könne. Der schottische Nationalökonom zeigte: Ein freier Markt, auf dem sich ohne Eingriffe von außen Angebot und Nachfrage selbstständig austarieren und auf dem sich Preise von allein bilden können, vermag Güter effizienter als jedes Planungssystem zu verteilen. Und nur ein solcher freier Markt bringt wie von Geisterhand noch eine Nebenwirkung hervor, die allen Menschen willkommen sein muss: Er steigert beständig den Reichtum und somit den Gesamtwohlstand im Land. Die einzige Bedingung dafür erscheint zunächst paradox: Jeder muss mit so viel Energie wie möglich ausschließlich seinen eigenen Vorteil verfolgen. Jeder muss seine Bedürfnisse so deutlich wie möglich artikulieren und sie so gierig wie möglich befriedigen. Jeder muss mit aller Kraft Egoist sein, dann wächst der altruistische Gewinn von allein.

Besonders der Begriff der »unsichtbaren Hand« hat sich in der ökonomischen Welt zu einem universellen Schlagwort entwickelt – obwohl Smith selbst ihn nur wenige Male und eher beiläufig gebraucht. Smith meint, dass der Markt Ordnung, Wachstum, Fortschritt *von allein* erzeuge, ganz so wie auch die Schwerkraft der Sonne und der anderen Planeten die Erde unsichtbar in ihrer Bahn hält. Indem alle Teilnehmer ihren Vorteil suchen, verändert sich der Preis immer gerade so, dass Anbieter eine möglichst hohe Gewinnspanne einstreichen, Käufer einen maximalen Mehrwert verbuchen können. Weil ein höherer Preis Produzenten animiert, mehr ihrer Produkte abzusetzen, bildet sich im idealen Fall ein Regelkreis, ähnlich einem Thermostat, das die Raumtemperatur auf gleichbleibendem Niveau hält. Der Markt leitet Güter immer an den Ort, wo sie knapp sind, weil dort die Profite für den Produzenten am höchsten ausfallen. Er funktioniert wie eine gigantische Wippe oder wie ein Röhrensystem, in dem sich der Wasserstand von selbst ausgleicht, solange er nicht durch Sperren und Deiche daran gehindert wird. Im Grunde hatte Smith mit seiner Idee der »unsichtbaren Hand« die erste Selbstorganisationstheorie der Geistesgeschichte formuliert, noch vor Kant und seiner Lehre biologischer Zweckmäßigkeit, in der das Wort »Selbstorganisation« zum ersten Mal auftaucht – und 200 Jahre bevor der Begriff begann, eine zentrale Sparte von Physik, Chemie und Biologie zu beschreiben.

Adam Smith ist neben Darwin der einflussreichste Denker unserer Kultur. Er beherrscht nicht wie dieser die Diskussion der Feuilletons und Seminare – aber er ist das heimliche Zentralgestirn der Alltagswelt, die kaum je inniger mit ökonomischen Daten und Erwägungen verflochten war als heute. Die »unsichtbare Hand«, das ist die Forderung, den Markt so ungestört wie möglich seine Güterströme regeln zu lassen. In der Tat scheint die wirtschaftliche Entwicklung Adam Smith auf der ganzen Linie zu bestätigen. Hat es jemals einen dauerhafteren Aufschwung gegeben als in den letzten 200 Jahren? Haben schon einmal so viele Menschen in solchem Wohlstand gelebt, in einem selbstverständlichen Luxus, wie er vor einem Jahrhundert nicht einmal Kaisern und Königen verfügbar war?

Sobald die industrielle Maschine anlief und begann, Güter durch Arbeitsteilung und Massenproduktion so zu verbilligen, dass immer mehr Menschen sie sich leisten konnten – Haushaltsgegenstände etwa, Kleidung, Werkzeuge –, schien sich Smiths Voraussage immer kraftvoller zu bestätigen. Offenbar existierte eine Physik des Haushaltens, eine ökonomische Mechanik, ein gottgewolltes Gesetz des Fortschritts, dem man nur Respekt verschaffen musste, und schon vollzog sich der Aufschwung mit der Kraft der Naturgeschichte.

Zur Mitte des 19. Jahrhunderts hatte sich also in zentralen Bereichen der menschlichen Existenz jeweils eine »unsichtbare Hand« etabliert: Die Produktion der Güter, die alle Bürger mit Nahrung, Kleidung und Wohnung versorgten, wurde von der Physik des Marktes geregelt. Die Produktion körperlicher und seelischer Eigenschaften der Menschen und aller übrigen Lebewesen besorgte die »unsichtbare Hand« der Selektion. Die jeweils geltenden Gesetze entsprachen der Fernwirkung der Schwerkraft auf namenlose Partikel im gleichförmigen Raum, entsprechend dem physikalischen Universum, das Isaac Newton geschaffen hatte.

HEUTE ZEIGT SICH, DASS DIE GROSSEN FORTSCHRITTSTHEORIEN des 18. und 19. Jahrhunderts Kunstprodukte waren, in denen sich die damalige Gesellschaft, ihre materiellen Nöte, ihre sozialen Regeln und ihre Vorurteile abbildeten. Die Urväter des Kapitalismus stehen vor diesem kritischen Blick allenfalls geringfügig besser da als Marx und Engels. Sie alle glaubten an den irdischen Fortschritt, den man für seine Zwecke einspannen kann, wenn man nur die richtige Methode hat. Sie glaubten an objektive Gesetze und daran, dass Lebewesen und auch Menschen letztlich soziale Atome seien – Rädchen im Getriebe einer universellen Physik der Gesellschaft.

Gewiss – die britische Tradition mit ihrer Entdeckung der Segnungen menschlicher Freiheit vermochte anders als die regelungswütigen Kommunisten einen essenziellen Teil der »wahren Wirtschaft« des Lebens zu bewahren. Die Autonomie des Individuums ist die Voraussetzung für seine Lebendigkeit, und ohne sie kann es keine Gesundheit geben, weder die des Einzelnen noch die der Gesellschaft. Doch die Besessenheit des Kapitalismus von Mangel und Krieg, von Egoismus, Gier und Tod verzerrt diese lebenswichtige Einsicht und missbraucht sie zu Lasten der Schwachen: der Armen und der »Anderen«, der nichtmenschlichen Geschöpfe der Natur. Es war die Struktur der viktorianischen Gesellschaft, die zur objektiven Physik der menschlichen Seele erkoren wurde und bis heute Gültigkeit hat – gewiss nicht für alle Denker und Philosophen, aber umso mehr doch für die Politiker und Ökonomen, die über das Gedeihen unserer Welt entscheiden.

Diese beklemmende Einsicht lässt uns aber auch aufatmen. Wir können uns vom Mythos des Krieges aller gegen alle ebenso verabschieden, wie wir schon die »objektive Realität« des Klassenkampfs im Mausoleum der Geschichte abgestellt haben. Es war »nur« die Gesellschaft des Manchesterkapitalismus (der heute wieder auf breiter Front Fuß gefasst hat), in der sich beobachten ließ: Wer nicht mitmacht, wer nicht angepasst genug ist, kommt um. Es war nicht die Welt *an sich*.

IN DEN JAHREN NACH DARWIN BEGANNEN die heute kanonischen Vordenker der Ökonomie die Wirtschaftswissenschaften zu dem Gedankengebäude zu schmieden, als das sie auch heute noch gelehrt werden. Jene Jahre des universitären Booms Mitte des 19. Jahrhunderts waren auch die Zeit, in der die klassische Physik ihre größte Blüte feierte. Es kam zu einer weiteren Verschmelzung von sozialen Überzeugungen und naturwissenschaftlichen Gesetzen, die der noch jungen Ökonomie den Rang einer empirischen Wissenschaft zusprechen sollten – jenen Rang, der den Worten der Ökonomen bis heute einen außerordentlichen politischen Einfluss verleiht.

Mitte des 19. Jahrhunderts schien es Physikern erstmals möglich, eine logisch-mathematische Theorie des Kosmos und aller seiner Einzelheiten zu konstruieren. Für eine junge Generation ehrgeiziger Forscher wurde das zum Programm. Der deutsche Physiker Hermann von Helmholtz etwa hatte sich mit Kollegen wie Emil du Bois-Reymond die totale mechanische Erklärung aller Lebens- und Weltvorgänge vorgenommen. Zeigten Physiker und Ingenieure nicht schon täglich, dass die Anwendung ihres Wissens in immer komplexeren Dampfmaschinen, Schiffsantrieben, mechanischen und chemischen Industrieverfahren die Abhängigkeit der geplagten Menschheit vom wechselvollen Kreislauf der Biosphäre spürbar milderte?

Das physikalische Denken, die scheinbar restlose Beschreibung der Wirklichkeit in Differenzial- und Integralgleichungen wurde im 19. Jahrhundert zum Königsweg, auf dem sich alle Rätsel würden lösen lassen. Die Kombination aus objektiven Gesetzen, die kleinste Teilchen zum Wohle und Fortschritt des Ganzen steuern, durchzog die ganze Gesellschaft. Die junge Ökonomie verstand sich entsprechend als eine mathematische Wissenschaft der sozialen Bedürfnisse. Die ersten Ökonomen wurden zu Physikern der menschlichen Seele. Ihre Gründerväter, die Briten William Stanley Jevons und David Ricardo sowie der Franzose Léon Walras stellten Axiome auf, Grundgesetze eines sozialen Verhaltens, das allein im Gütertausch aufging.

Wie der Fluchtpunkt des physikalischen Denkens die Energie war, deren Verhalten die thermodynamischen Sätze beschrieben, so glaubten auch die Ökonomen eine Größe gefunden zu haben, deren Verteilung und Verfügbarkeit den Charakter der von ihnen untersuchten sozialen Welt bestimmte: Der physikalischen Energie entsprach in ihren Augen der »Mehrwert« eines Produkts. Die Verteilung von Gütern war darum von so objektiver Notwendigkeit wie die Entladung einer Batterie in einem elektrischen Schaltkreis.

Jevons (1835–1882), der in London Chemie und Mathematik studiert und die Vorlesungen des Physikers Michael Faraday besucht hatte, wollte ursprünglich Ingenieur werden. Schon im Titel seines Grundsatzwerkes *Prinzipien der Wissenschaft* erhebt Jevons den Anspruch, die Ökonomie als mathematische Grundlage einer Theorie des Humanen aufzubauen. Für ihn ist »Leben ... nichts anderes als eine spezielle Form der Energie, wie sie sich auch in Hitze, Elektrizität und mechanischer Kraft zeigt ... Es existiert keine bekannte Grenze für die wissenschaftliche Methode des Wiegens und Messens und die Erscheinungen von Materie und Geist unter den Zwang des Gesetzes zu reduzieren ... Muss nicht dieselbe unerbittliche Herrschaft des Gesetzes, die sich in den Bewegungen der rohen Materie zeigt, auf das menschliche Herz ausgedehnt werden?«[12]

Ausgestattet mit diesem Rezept, machten sich die ersten Wirtschaftswissenschaftler auf, die Naturgesetze der Waren- und Geldströme zu formulieren. Léon Walras (1834–1910), der ebenfalls zunächst ein Ingenieurstudium begonnen hatte, dann aber eine Weile im Pariser Boheme-Leben untertauchte, bevor er sich als Ökonom einen Namen machen konnte, folgte explizit dem Ziel, »die Wissenschaft der ökonomischen Kräfte analog zu der Wissenschaft der astronomischen Kräfte« zu erschaffen.[13] Für Walras waren die Kräfte des Marktes reine Naturphänomene (genauso wie die Schwerkraft) und damit von allen menschlichen Belangen getrennt. In dem einflussreichen Aufsatz »Ökonomie und Mechanik« benutzte Walras für seine bis heute gültige »Allgemeine Gleichgewichtstheorie« die Gleichungen, mit denen Physiker die Kräfteverhältnisse der Hebelwirkung und der Planetenbahnen formulierten. Der reale, fühlende, begehrende Mensch als Handelnder im Wirtschaftsleben, als Käufer oder Verkäufer, schrumpft darin zu einem Algorithmus – er hebt automatisch den Preis an, wenn die Nachfrage das Angebot übertrifft, und senkt ihn, wenn das Angebot überhand nimmt. Der »Homo oeconomicus« war geboren – jener Homunkulus, der im Formalismus der Ökonomie die allein zählenden Interessen des realen Menschen bündelte.

Der »Homo oeconomicus« ist eine Mehrwert-Maschine – sein einziges Interesse liegt darin, den größtmöglichen Vorteil für sich selbst zu erzielen, seinen Nutzen zu maximieren und für seine prinzipiell unstillbaren Bedürfnisse nach materiellen Gütern stets den günstigsten Preis herauszuholen. Spätere Wirtschaftswissenschaftler prägten für dieses Geschöpf den Titel »rationaler Akteur«. Sie folgten der Auffassung, dass allein eine beständige Optimierung und Maximierung rational sei, denn nur sie erfasse den wahren Charakter der Welt als gigantische seelenlose Optimierungskette. Der Ökonom Francis Ysidro Edgeworth gab die Hypothese aus, dass etwa Vergnügen in Wahrheit identisch sei mit der Energie. Warum sollte man darüber dann keine Differenzialgleichungen aufstellen können?

PHYSIKER FREILICH KRITISIERTEN SCHON DAMALS solche Übergriffe. Für sie war der Begriff der Energie, den die Kollegen von der Wirtschaftsfakultät so leichthin übernahmen und gegen das Vergnügen am Nutzwert eintauschten, alles andere als unproblematisch, sondern vielmehr die rätselhafte Eintrittspforte in einen bis heute nicht verstandenen Zusammenhang kosmischer Kräfte. Nur wenige Jahrzehnte nach den Selbstermächtigungen von Walras und Kollegen sollten Einstein, Bohr und Heisenberg das Weltbild der Physiker in den Grundfesten zum Wanken bringen. Hier war es gerade die so gepriesene Objektivität und Ewiggültigkeit der Beziehungen zwischen Partikel und bewegender Kraft, von der Physiker sich verabschieden mussten. Denn das Universum von Relativitäts- und Quantentheorie ist nicht statisch, sondern trägt die Unberechenbarkeit in sich – und zwar ebenfalls als ein Naturgesetz.

Doch diese Umwälzungen fanden ihren Weg nicht in den mathematischen Kosmos der Wirtschaft. So spottete der Mathematiker und Computerpionier John von Neumann über die Lehrwerke der Ökonomen: »Wenn diese Bücher irgendwann in hundert Jahren wieder zum Vorschein kommen, werden die Menschen nicht glauben können, dass sie in unserer Zeit geschrieben wurden. Eher werden sie vermuten, dass sie aus Newtons Zeit stammen, so simpel ist die Mathematik.«[14] Und von Neumanns Kollege Norbert Wiener, einer der Begründer der Kybernetik, meinte harsch: »Die Ökonomen haben die Angewohnheit entwickelt, ihre ziemlich unpräzisen Ideen in der Sprache von Integral- und Differenzialrechnung zu verkleiden ... Wann auch immer sie vorgeben, exakte Formeln zu verwenden, handelt es sich um Betrug und Zeitverschwendung.«[15]

Der Ökonom und Nobelpreisträger Wassili Leontjew fasste seinen Unmut über die Praxis seiner eigenen Kollegen 1982 in einem offenen Brief im Wissenschaftsmagazin *Science* zusammen: »Seite um Seite wissenschaftlicher ökonomischer Zeitschriften wird mit mathematischen Formeln gefüllt, die den Leser von mehr oder weniger plausiblen, aber völlig willkürlichen Annahmen zu präzise ausgedrückten, aber irrelevanten theoretischen Schlussfolgerungen leiten ..., ohne in der Lage zu sein, ein nur irgendwie wahrnehmbares systematisches Verständnis der Struktur und des Verhaltens eines realen ökonomischen Systems voranzubringen.«[16]

ERST HEUTE HABEN SOLCHE KRITISCHEN STIMMEN DEN Mainstream der Wirtschaftswissenschaftler erreicht. Nicht nur die neue Gruppierung der ökologischen Ökonomen hält an immer neuen Fallbeispielen dem Neoliberalismus, der klassischen kapitalistischen Theorie, vor, wie sehr er die Wirklichkeit ignoriert. Der US-Ökonom Joseph Stiglitz erhielt sogar den Nobelpreis, als er nachwies, dass es den perfekten Markt, wie Adam Smith ihn sich erträumt hat, in der realen Welt, in der wir alle leben, niemals geben kann. Denn damit der Markt die Güter effizient zuteilen kann, müssen alle Teilnehmer über jede relevante Einzelheit ständig perfekt informiert sein – etwa, ob irgendwo eine Straße unterbrochen ist, damit sie ihre Ware über einen kürzeren Weg als die Konkurrenz transportieren lassen können, oder ob ein neues Ladenschlussgesetz in einem anderen Land erlassen wurde. In Wahrheit aber hat kein Handelnder den gleichen Informationsstand: Ein kleiner Mittelständler auf dem Land, der weder über einen leistungsfähigen Breitbandinternetzugang verfügt noch eine gute Tageszeitung hält, weiß viel weniger über den weltweiten Markt als ein Konzern mit einer eigenen Informationsabteilung, Filialen in Übersee und einer vertraglich fest eingebundenen Wirtschaftsdetektei. Wenn alle Informationen aber nicht zu jeder Zeit allen Teilnehmern gleichermaßen zur Verfügung stehen, dann ist die zentrale logische Voraussetzung für Smiths »unsichtbare Hand« bereits hinfällig. Die ordnende Hand ist somit nie vollständig unsichtbar, und sie verwandelt sich, wie der ökologische Ökonom Herman Daly süffisant formuliert, schnell in einen »unsichtbaren Fuß«, der den Benachteiligten »in den Hintern tritt«.[17]

»Märkte *sind* ineffizient, so sehr man auch die Effizienzschraube anzieht«, sagt Joseph Stiglitz.[18] Die Erben Adam Smiths, zu denen heute fast alle Politiker der Welt gehören, vom US-Präsidenten bis zum Bürgervorsteher einer schrumpfenden Landgemeinde, begehen also einen logischen Fehler. Sie alle sind immer noch im 19. Jahrhundert gefangen und wollen mit dessen Überzeugungen die Probleme des 21. lösen. Der freie Markt, dem wir so vieles zu opfern bereit sind – den ruhigen Alltag einer kleinen dörflichen Gemeinschaft, die Muße innerhalb der Familie, die Natur, das Leben selbst –, er ist eine physikalische Utopie.

Inzwischen rumort es freilich auch in den Wirtschaftswissenschaften selbst. Im Jahr 2000 begannen französische Studenten zu streiken, weil sie den weltentrückten Formeln ihrer Lehrer nicht mehr folgen wollten. Die von ihnen gegründete Bewegung für eine »postautistische Ökonomie« griff wie ein Buschfeuer um sich und fand innerhalb von Wochen Anhänger an den Universitäten von Cambridge, Oxford und Harvard, aber auch in anderen Ländern.

Heute geben die Häretiker des Wirtschaftsdenkens ein Online-Journal mit dem bezeichnenden Titel *Real-World-Economics Review* heraus – die Zeitschrift der wahren Wirtschaft, in der es um »Gesundheit, Humanität und Wissenschaft« geht. Zur Charta der postautistischen Ökonomen gehört die Forderung, dass sich die Zunft wieder dem eigentlichen Problem zuwende: die Verteilung von Gütern auf wissenschaftliche Weise zu lösen. Viel zu sehr, so werfen die Postautisten ihren Kollegen vor, seien Ökonomen Handlanger eines Systems, das mit undurchsichtigen und reaktionären Theorien einen für Menschen und zunehmend für die Erde lebensbedrohenden Zustand stütze. Tatsächlich, so zeigen Umfragen, lernt die Mehrzahl der »Wiwi«-Studenten ihr Fach nicht, weil sie sich für die bestmögliche Verteilung von Gütern interessiert, sondern weil sie die Verdienstmöglichkeiten eines künftigen Bankerjobs locken.

WAS VORERST WEITER DIE IDEOLOGIE unserer politischen Führung bestimmt, ist das ökonomische Zerrbild des wirklichen Lebens. Von ihm können wir uns immer weniger freimachen. Es ist eine Vorstellung, die vielleicht nicht alle privaten Handlungen dominiert, aber die doch fast immer als rationale Begründung politischer und gesellschaftlicher Entscheidungen herhält: Das, was nicht gemessen werden kann, existiert nicht. Wenn aber die Regeln, nach denen Menschen ihren Lebensunterhalt sichern, nach denen sie untereinander und mit der Biosphäre im Austausch von Gütern stehen, allein den physikalischen Gesetzen der »rohen Materie« (Jevons) folgen sollen, dann versteckt sich dahinter noch mehr als der ohnehin schon vermessene und wissenschaftlich naive Anspruch, alle Stoffflüsse unseres Lebens in einer simplen Mechanik zu erklären.

Was wir bis heute nicht in voller Tragweite wahrnehmen, ist der Frontalangriff auf die Menschlichkeit, der von solcher Art der Wissenschaft ausgeht und der heute zunehmend zum Sieg des physikalischen Ökonomismus auf der ganzen Linie führt, zum unentrinnbaren Warencharakter des ganzen Seins. Solange die Politik, das öffentliche Handeln, aber auch private wirtschaftliche (das heißt zunehmend alle) Entscheidungen vor dem Hintergrund eines solchen Menschenbilds ausgehandelt werden, solange das Erbe von Jevons, Walras und Ricardo und die philosophische Grundierung durch Darwin und Smith die wissenschaftliche Ökonomie bestimmen, bleiben alle anderen kulturellen Ideen Makulatur. Solange die Welt von der subjektlosen, mechanischen Optimierung regiert wird, sind alle Versuche, den Wert des Humanen oder auch der Natur zu stärken, zum Untergang verurteilt. Wenn wir uns und die übrige Biosphäre jahrhundertelang nach einem Zerrbild erklären, dann gleichen wir uns und die übrige Wirklichkeit diesem Monstrum unweigerlich an.

DASS SICH DAS PHYSIKALISCHE OPTIMIERUNGSDENKEN des 18. und 19. Jahrhunderts so leicht in unsere Grundideologie verwandeln konnte, liegt daran, dass es nahtlos das Erbe des zuvor bestimmenden Denkens anzutreten vermochte: das der christlichen Religion. Versprach diese die Erlösung im Jenseits, die auf eine rechte Lebensführung zwingend folgen musste, prophezeit die Wirtschaftsreligion bis zum heutigen Tag das Himmelreich schon auf Erden. Historisch beginnt diese Verweltlichung mit dem Aufstieg des bürgerlichen Kapitalismus in der Renaissance. Zuvor war es in vielen Regionen Europas sogar verboten, Zinsen zu nehmen. Französische Aristokraten, die Handel trieben, konnten bis ins 19. Jahrhundert ihr Adelspatent verlieren.

Im hohen Mittelalter, der Zeit des inbrünstigen abendländischen Glaubens, herrschte weder Kapitalismus noch Kommunismus, sondern Feudalismus: ein Wirtschaftssystem, in dem Kapital keine nennenswerte Rolle spielt und die Produktion durch strenge Bräuche und Pflichten geregelt ist. Der Bauer ernährt mit dem »Zehnten« seinen Lehensherrn. Produktiv ist vor allem die Natur; nur ihre Leistungen speisen aus dem Landbau die menschliche Wirtschaft. Fossile Brennstoffe spielen so gut wie keine Rolle. Dieses starr wirkende System führte immerhin zu einer ersten wirtschaftlichen Blüte Europas, als Kathedralen wie Pyramiden der Transzendenz in den Himmel zwischen Normandie und ungarischer Puszta wuchsen, als die Hanse den Handel Nordeuropas »globalisierte« und die kleinen Städte Süddeutschlands und Mittelitaliens florierten. Es war der Klimazusammenbruch der Anfang des 15. Jahrhunderts beginnenden »Kleinen Eiszeit« mit Missernten und in seinem Gefolge die Pest, nicht irgendeine immanente ökonomische Schwäche, der diese Kultur dahinsiechen ließ. Wirtschaftlich erholt haben sich viele Regionen Europas erst wieder im 18. Jahrhundert, in der Dämmerung der Industrialisierung.

In gewisser Weise ist die moderne Wirtschaftsphilosophie die Fortsetzung der christlichen Religion mit anderen Mitteln. Von daher ist es vielleicht kein Wunder, wenn mit zunehmender Kapitalisierung die Kirchen immer weniger Besucher (aber immer mehr Aktienpakete) haben. Im Falle der marxistischen Philosophie ist diese Verwandlung eines Glaubens in einen anderen noch viel deutlicher. Hier vertauschte eine Theorie des wirtschaftlichen Handelns das christliche Heilsprogramm mit einer weltlichen Erlösungsideologie: Im vollendeten Kommunismus soll der Mensch das Paradies auf Erden haben. Aus dieser Konkurrenz rührt die eifernde Feindschaft der meisten Marxisten gegenüber dem Christentum und religiösen Minderheiten überhaupt. Waren Marx, Engels und Lenin unüberhörbar die Propheten einer Heilslehre, so versteckte der Kapitalismus seine Verheißungen schon immer unter nüchternem Effizienzdenken. Offiziell verbündete er sich eher mit der Wissenschaft als mit einem leidenschaftlichen Messianismus. Aber auch diese Wissenschaft trug den Anspruch in sich, Gottes Werk auf Erden durch Entschlüsselung und Beherrschung seiner rationalen Gesetze zu vollenden.

Was einst Erbsünde hieß – die durch Adams Schwäche über

alle seine Nachkommen gebrachte Schlechtigkeit der Menschen –, wurde in dieser »aufgeklärten« Erlösungssicht von einem anderen Grundübel abgelöst. Die Menschen waren gar nicht durch ihre Geburt grundsätzlich verderbt, sondern wurden von den elenden Verhältnissen, in denen die meisten von ihnen leben mussten, erst dazu gemacht. Menschen waren nur darum schlecht, weil sie arm waren. Die Gesellschaft war noch nicht perfekt, weil ihr Zusammenhalt unter der materiellen Knappheit litt. Diese aber ließ sich, anders als die Erbsünde, durch die Beherrschung der Physik des Haushaltens beheben. Adams Fall war durch technischen Fortschritt ungeschehen zu machen – wenn man sich am Baum der Erkenntnis nur richtig satt aß. Die Einsicht, dass Menschen ausschließlich aus Mangel an Gütern grausam seien, begann ihren Siegeszug bis zum heutigen Tag.

Die Ökonomie war freilich nur ein Instrument unter vielen, mit denen die Menschen nach der Renaissance begannen, sich in das Zentrum von Gottes großem Plan vorzuarbeiten und die dort vorgefundenen Regeln zu verbessern. Es ist die Verheißung vom »Himmel auf Erden«, der sich unsere Zivilisation bis heute verschrieben hat; das Projekt von der Abschaffung des Mangels, das in voller Konsequenz letztlich ein Ziel verfolgt: die Vertreibung des Todes. Die Ökonomie ist damit nur eine Instanz in einem Kontroll- und Beherrschbarkeitsprogramm, dessen Mittel sich im Laufe der Jahrhunderte zunehmend in Zwecke verwandelt haben, dessen antireligiöser Impuls der »Wertfreiheit« aber vertuscht, in welchem riesigen Ausmaß sich in ihm bestimmte messianische Grundhaltungen bewahrt haben. »Auch die Ökonomie gehört zu den weltlichen Religionen, deren wissenschaftliche Axiome als selbstevident gelten, aber in Wahrheit Glaubenskategorien sind«, glaubt der US-Wissenschaftshistoriker Robert Nelson.[19] Und sein Kollege Larry Owens resümiert: »Wir leben in einer Zeit, in der Wissenschaft die Religion als die mächtigste aller Orthodoxien ersetzt hat.«[20]

Fanatische Verfechter des wissenschaftlichen Weltbilds, etwa der britische Evolutionsbiologe Richard Dawkins, glauben immer noch, die moderne Wissenschaft sei objektiv und wertfrei – im Gegensatz zu den rückwärtsgewandten, irrationalen Religionen, die eigentlich verboten werden müssten, um die Menschen vor den Gewalttaten spiritueller Heilsbringer zu schützen. Solche Wertfreiheitsfanatiker wollen nicht sehen, dass ihre Wissenschaft selbst auf Grundannahmen beruht, die ihr Erbe aus Überzeugungen beziehen, die sie eigentlich bekämpfen wollen. Die Intoleranz im Namen vorgeblicher Wissenschaftlichkeit, die Dawkins und andere Rationalitätspropheten an den Tag legen, ist somit nichts anderes als eine neue Inquisition. Die Berufung auf Wissenschaft hat schon manche Gewaltsysteme legitimieren sollen – man denke etwa an den pseudoempirischen Pomp der Nazi-Ideologie und des historischen Materialismus.

Obwohl das Ideal aller Wissenschaftler die »Wertfreiheit« ist, kennt auch die Physik der menschlichen Bedürfnisse und ihrer Versorgung, die Ökonomie, einen fundamentalen Wert: Effizienz. Sie ist im Kapitalismus, was die Frömmigkeit des Herzens im Christentum war: Schlüssel zu allen Tugenden, die daraus quasi von selbst folgen. Effizienz in der Verteilung von Gütern verheißt automatisch Fortschritt. Effizienz lässt den Markt barrierefrei funktionieren, sie räumt die Hindernisse aus dem Weg, die sich dem freien Auspendeln zwischen Angebot und Nachfrage in den Weg legen; sie erhöht die Profite, die Investitionen und die Innovationen. Diese Effizienz als ökonomischer Faktor wird dabei jedoch zum Selbstläufer: Menschliche Erlebnisse, Gefühle, Erfahrungen fließen in sie gar nicht ein. Die Effizienz, die uns alle treibt, ist eine Rechengröße – keine Dimension gelebten Lebens, das sie so immer verfehlt. Etwa, wenn eine Fabrik an einen anderen Standort verlegt wird: Die Mühe, Freunde und Umfeld zu verlassen, die mitziehende Mitarbeiter auf sich nehmen müssen, ist ein Preis, der in den Kosten-Nutzen-Bilanzen, die zur Verlegung führen, überhaupt nicht auftaucht – ganz zu schweigen von den am Standort zurückbleibenden Arbeitslosen.

Jahrzehntelang haben die Menschen diese Rechnung hingenommen, haben akzeptiert, dass die Ökonomie Vorrang vor allem hat – denn sie verhieß die Erlösung.

AUF DEN PUNKT BRACHTE DEN MESSIANISCHEN KERN im Kapitalismus der große Ökonom John Maynard Keynes, der in den 1930er Jahren als Berater der amerikanischen Regierung die »Great Depression« und ihre Heere von Arbeitslosen vor allem damit bekämpfte, dass er dem Markt durch staatliche Konjunkturprogramme beisprang. Keynes wird heute von vielen nostalgisch als der Humanist unter den großen Wirtschaftstheoretikern und -planern des vergangenen Jahrhunderts gesehen. Anders als manche Kollegen begeisterte er sich nicht an der Kapitaldynamik als Selbstzweck, sondern sah sie als Voraussetzung für das eigentliche Ziel: die materielle Erlösung des Menschen. Keynes rechnete damit, dass das Reich des Friedens und der Sattheit in wenigen Jahrzehnten erreicht sein würde (und überlegte bereits vorsorglich, womit sich denn die Menschen, die bald so viel Zeit zu ihrer Verfügung haben würden, beschäftigen sollten). Bis dahin, so Keynes, seien noch Opfer nötig – die Askese des wahren Gläubigen, der durch die Hölle geht, um die Stadt des Lichts auf Erden zu errichten.

In seinem Aufsatz »Ökonomische Perspektiven für unsere Enkel« meinte Keynes: »Für mindestes weitere hundert Jahre müssen wir uns und allen anderen vormachen, dass schön hässlich ist und hässlich schön, denn hässlich ist nützlich und schön ist es nicht. Geiz und Wucher und Misstrauen müssen noch für eine Weile unsere Götter bleiben. Denn nur sie können uns aus dem Tunnel der ökonomischen Notwendigkeit ans Tageslicht leiten.«[21] Die Quadratur des Kreises, die Erlösung des »Mängelwesens« Mensch aus dem Mangel, schien möglich, weil man den Mechanismus gefunden zu haben glaubte, wie gerade die gefährlichsten Tendenzen unseres Charakters die Gesellschaft glücklich machen können.

Die Effizienz konnte so zum entscheidenden, zum einzig objektiven Wert des beginnenden 21. Jahrhunderts aufsteigen. Effizienz ist der zentrale Sachzwang unserer Zivilisation, sie repräsentiert so unhinterfragt den *natürlichen Lauf der Dinge*, dass wir ihren Druck akzeptieren und höchstens kurz aufbegehren, wenn die »Heuschreckenmentalität« besonders böser Konzerne wieder zu Massenentlassungen führt. Aber die Gottheit selbst stellen wir kaum in Zweifel. Alles andere, und sei es noch so weit entfernt, noch so geistvoll, noch so human, wird an dieser Moral der Effizienz gemessen. Sie ist der heimliche Urwert all unserer Werte, auch wenn wir als Philosophiestudent, als Theologe, als Arzt eigentlich an andere Werte glauben. Sie ist die Luft, die wir atmen.

IM MANTRA DER ÖKONOMEN, DIE MEHR EFFIZIENZ, größeres Wachstum und schnelleren Fortschritt fordern, liegt so etwas wie das tägliche rituelle Bekenntnis unserer Gesellschaft, unsere in Zeitungsschlagzeilen, Radiomeldungen, Börsentickern, Abendjournalen, Bildschirm-Laufbändern tausendfach bestätigte Loyalität im Glauben. Eine Marktwirtschaft muss wachsen. Kapitalismus und die Vergrößerung des Bruttosozialprodukts, das sind zwei Namen für dasselbe Ding.

Eine Wachstumsgesellschaft, die nicht wächst, hat ein Problem. In einer Wirtschaft, deren Zusammenhalt auf eingesetztem Kapital und dessen Vermehrung durch Zinsen beruht, ist bereits Stagnation eine Katastrophe. Denn Wachstum, das soll heißen: mehr für alle. »Die steigende Flut hebt jedes Boot«, das ist die Beschwörung, mit der durch stetiges Optimieren, ausgeweiteten Wettbewerb und ständige Verbesserungen der Fortschritt seinen Einzug hält. Mehr Wachstum, das heißt: mehr Produktivität, mehr Konsum, mehr Einnahmen, mehr Investitionen, noch mehr Produktivität, noch mehr Konsum – und weil die Bedürfnisse des »Homo oeconomicus« bekanntlich unersättlich sind, ist das der Weg zum Glück.

Wachstum ist die am wenigsten konfliktträchtige Lösung des Verteilungsproblems: Abhilfe für den Umstand, dass die einen arm und elend leben, die anderen wohlversorgt und mit allen Chancen, wird in die Zukunft aufgeschoben. In diesem Punkt haben Aufsichtsratsvorsitzende und Gewerkschaftler schon immer am gleichen Strang gezogen, so wie auch die Zentralwirtschaften des Ostens genauso auf Produktionssteigerung und Planübererfüllung aus waren wie kapitalistische Systeme. »Mehr« sollte den einfachen Leuten Auto und Häuschen bescheren – den Besitz der Bosse, nur in klein. Solange die Uridee des Marktes weiter fraglos gilt, werden alle Rückschläge in diesem gemeinsamen Kampf um noch mehr Dinge nur als provisorisches Opfer betrachtet, als ein zeitlich begrenztes Leiden. Irgendwann zieht die Produktion schon wieder an und macht dann alle reicher.

Ist die Rechnung der Ökonomen des 19. Jahrhunderts denn nicht aufgegangen? Geht es heute nicht so vielen Menschen besser als vor ein paar Jahrzehnten, geschweige denn Jahrhunderten? Für die Bewohner unserer immer noch begünstigten Regionen mag es nach wie vor so erscheinen. Doch das Verteilungsproblem ist weiterhin nicht gelöst – im Gegenteil. Die heißer werdende Erde mit ihren schwindenden Reichtümern steuert auf den globalen Ressourcenkampf zu. Die Kriege in den arabischen Ölregionen waren erst ein Vorgeschmack auf das, was noch kommen mag. Die immer weiter aufklaffende Lücke zwischen den wenigen, die fast alles, und den vielen, die fast nichts zum Leben haben, schließt sich trotz Wirtschaftswachstum nicht mehr, ja, sie öffnet sich in den Boomländern wie China und Indien besonders schnell.

Gewiss ist auch durch die Ertragssteigerung der Landwirtschaft in den letzten Jahrzehnten der Anteil der Hungernden in den 1980er und 1990er Jahren gesunken. Heute aber lebten wieder mehr als eine Milliarde Menschen in absoluter Armut. Und die Zuwächse vom Acker steigen kaum noch – vielerorts gehen die Erträge zurück. Die im Sommer 2008 ausgebrochene Nahrungsmittelkrise beweist: Auf dem Wachstumsweg wird das Verteilungsproblem kaum gelöst werden. Die fleischverzehrenden Mittelschichten der Aufsteigernationen China und Indien zeigen, dass die Idee eines fortwährend sich vergrößernden Marktes scheitern *muss*.

ES LIEGT AM MESSIANISCHEN CHARAKTER der Wirtschaftsreligion, dass sie ungestraft die simpelste Wirklichkeit verleugnen darf, ohne dass es zum öffentlichen Aufschrei kommt. Was die Ökonomie betrifft, so glauben wir wie im christlichen Mittelalter weiter an Wunder. Mit erstaunlicher Chuzpe definieren bis heute die meisten Ökonomen die realen Begrenzungen der Wirklichkeit einfach weg. Erinnern wir uns an das Statement von Richard Solow, dass es keine natürlichen Grenzen für die Produktion gebe, denn der Markt werde für alles einen Ersatz finden, wenn nur der Preis stimme. Andere behaupteten, dass überhaupt der einzige fundamentale Rohstoff die »Information« sei, also nichts Materielles mehr, sondern allein das Wissen und die Technologie, um immer sparsamere Produkte herzustellen.

Der Aufstieg des Dienstleistungssektors schien den Trend weg vom Materieverbrauch zu belegen. Die schönen Welten im Netz versprachen eine Zeit lang die ersehnte Auferstehung des Geistes im Silizium der Rechner und damit endlich die Entkopplung des Menschlichen aus den Abhängigkeiten von irdischen Kreisläufen – die Auferstehung des reinen Geistes. Doch heute zeigt sich: Gerade solche Transaktionen »reiner Information« verbrauchen Ressourcen – und erzeugen entsprechend klimarelevante Gase mit spürbarer Wirkung in der materiellen Wirklichkeit. Das Internet verursacht bereits heute mehr CO_2-Emissionen als der gesamte weltweite Flugverkehr. Eine einzige Anfrage bei einer großen Suchmaschine kostet so viel Energie, wie sie eine 60-Watt-Birne pro Stunde verbraucht.[22] Je aufwendiger, je echter die virtuelle Realität, desto höher ihr energetischer Anspruch. Es gibt also keine »Information«, die nicht an den energetischen Stoffwechsel einer realen physikalischen und biologischen Welt gekoppelt ist. Um die Welt im Computer zu simulieren, benötigte man dafür die Energie von tausenden Sonnen – einen echten Urknall. Doch die Ökonomie stellt sich bis heute – allem abfälligen Lächeln der Physiker zum Trotz – den Wirtschaftshaushalt als ein Perpetuum mobile vor.

IN WAHRHEIT SIND ABER DIE ABFALLPRODUKTE VON HEUTE nicht die Ressourcen von morgen – auch wenn das manche, die ihren Wachstumsimperativ nicht preisgeben wollen und den Wirtschaftsboom der Zukunft vor allem in einer weiter gesteigerten Effizienz sehen, gern so darstellen. Alle industriellen Prozesse verbrauchen Energie und Rohstoffe. Alles Wachstum kostet Energie. So wie auch ein Tier nur leben und Nachkommen aufziehen kann, weil es hoch geordnete, mit Energie geladene organische Bausteine verwertet, speist sich unser Haushalten aus komplex strukturiertem und darum energetisch gesättigtem Stoff.

Die wahre Ressource, der heimliche Motor des Marktes schlummert in der Erde. Es ist die hoch geordnete Energie-Materie, der wir die unermessliche Ausweitung unserer Handlungsmöglichkeiten und die allmählich bedrohliche Hitzezunahme unseres Standortes verdanken: fossiler Brennstoff. Dieses Mittel aber lässt sich nicht im Kreislauf führen: Einmal verbrannt, verflüchtigt es sich zu ungeordneten Abfallprodukten. Das lässt Recycling – oder neuerdings das »Versenken« von CO_2 – zu wenig aussichtsreichen Auswegen einer kommenden Knappheit werden: Um den Abfall wieder zum Rohstoff zu machen, ist eine Energiemenge nötig ähnlich der, die ihn erst hervorgebracht hat. Eine Spirale immer neuen, immer höheren notwendigen Energiebedarfs entsteht, auf der sich niemals zum Ausgangspunkt zurückkehren lässt.

Physikalisch gesehen nimmt bei allen industriellen Umwandlungsprozessen die »Entropie« zu, die nutzlose Unordnung. Und diese ist nur mithilfe von außerhalb wieder neu zu ordnen, ähnlich wie sich der gleichmäßig verteilte Sand am Meeresstrand nur mit großer Anstrengung von außen in eine geordnete Sandburg zurückverwandeln lässt. Zurzeit lassen wir auf der Erde die Entropie explodieren. Ihre Zunahme ist nicht nur physikalisch berechenbar, sondern auch sichtbar – als stetiges Wachstum der öden Wüsten der Zivilisation, der Stadtrandlandschaften, in denen sich einförmige Häuschen mit Blechhallen für das mittelständische Gewerbe abwechseln. Die Globalisierung, die Einebnung der Differenzen und damit der Ordnung, ist ein hoch entropischer Prozess. Wenn weltweit alle Unterschiede fallen, alle Kulturen einander zu ähneln beginnen, die Ackerlandschaften abwechslungslos auf allen Erdteilen die gleichen Sorten hervorbringen, dann ist das der sichtbare Ausdruck dafür, dass wir in immer schnellerer Fahrt die Reserven der geordneten Energie aufbrauchen, die uns vergangene Jahrmillionen hinterlassen haben.

Den einzigen Weg, dem Sog der entropischen Sandwüste zu entkommen, hat die Natur auf unserem kleinen Planeten schon vor Milliarden Jahren gefunden. Fast alles Leben verbraucht nicht die in der Erde gespeicherten Ressourcen, sondern nutzt die Energie, die von der Sonne in unser System hineingestrahlt wird. Damit verwandeln Pflanzen – und nur sie – Unordnung in Ordnung. Machen wir uns nichts vor: Letztlich ist alles wirtschaftliche Wachstum umgewandelte Sonnenenergie. Täglich lassen wir die gespeicherte Energie von 600 000 Sonnentagen des Karbons unsere Arbeit erledigen. Ohne den Speicher, den die untergegangenen Wälder der Vorzeit für unsere brennstoffhungrige Welt angelegt haben, wäre unsere Industriezivilisation nicht entstanden. Im Verlauf der Neuzeit haben wir uns an die Stelle Gottes gesetzt, weil wir glaubten, den göttlichen Plan zu kennen. Aber uns befeuerten nur für eine Zeit die biologischen Schätze vergangener Zeitalter.

Es ist kein Zufall, dass der Ingenieur Richard Trevithick in England die erste funktionierende Hochdruckdampfmaschine nur gut zwei Jahrzehnte nach Adam Smiths bahnbrechender Theorie konstruierte. So ist aus der heutigen Perspektive kaum erkennbar, ob der immer noch fortdauernde industrielle Boom auf Smiths kapitalistischem Fanfarenstoß beruht – oder darauf, dass sich die Menschheit eines Hebels zu bedienen begann, der ihre Kräfte um ein Vielfaches vergrößerte. Vieles spricht dafür, dass das Wachstum weniger der »unsichtbaren Hand« des Marktes zuzuschreiben ist als der ungeheuren Verstärkung, die den *menschlichen* Händen von den mit Kohle, Öl und Gas angetriebenen Maschinen und Motoren beisprang. Aus dem geordneten Material, das die Sonne fossiler Epochen zurückgelassen hat, begannen wir Wachstum zu erzeugen – Bewegung, Beschleunigung, Unrast und Abfall.

BESONDERS ERDÖL IST EIN MITTEL, das alle Eigenschaften einer magischen Substanz besitzt: Es lässt sich leicht gewinnen (findet man das richtige Lager, sprudelt das »schwarze Gold« einfach so aus dem Boden), es lässt sich leicht transportieren (notfalls in einer Flasche), und es setzt gewaltige Kräfte frei: Mit zehn Litern Heizöl kann ich einen durchschnittlichen Einzelhaus-Neubau einen Tag lang wärmen oder mit meiner Familie in drei Stunden von Berlin aus ans Meer fahren. Die von einem Barrel Öl freigesetzte Energiemenge entspricht der von fünf Arbeitern, die ein Jahr schuften.[23] Öl ist, ähnlich wie die innovativen Finanzinstrumente am heutigen Börsenmarkt, ein Werkzeug mit einem unfassbar langen Hebel, der auf kleinen Druck gewaltige Gewichte bewegt. Man könnte sagen: Öl selbst *ist* Mehrwert.

Im »schwarzen Gold« haben die Menschen die *Quinta essentia* der Alchemisten gefunden, jenen Stoff, mit dessen Hilfe sich auch Dreck in Edelmetall verwandeln lässt und der jede gewünschte Form plastisch anzunehmen versteht. Spricht nicht aus dem leichten Druck der Fußsohle, mit dem man einen tonnenschweren Stahlkasten auf Hunderte Stundenkilometer beschleunigen kann, die reine Magie? Die zauberische Beherrschung des Seins, von der die schwachen, sterblichen Menschen seit allen Zeiten träumen? Fossiler Treibstoff lässt die irdischen Entfernungen zum Nichts verdampfen. Ein Jetliner schafft es heute in 48 Stunden locker einmal um den Erdball. Angesichts solcher Machtmöglichkeiten ist es kein Wunder, dass unsere Zivilisation keinen Weg findet, ihren fossilen Lebensstil aufzugeben.

Der Zustand paradiesischen Überflusses, in den zuerst Kohle, dann Öl die Menschen versetzt haben, musste unseren Blick für die wahren Verhältnisse trüben. Was die zeitenalte Knappheit durchbrach, war weniger die revolutionär neue Zuteilung der Güter über den Markt als vielmehr der neue Zauberstoff, der zum ersten Mal die Ausbeutung der nichtmenschlichen Welt in großem Stil ermöglichte. Alle in den ersten Jahren des fossilen Rausches Mitte des 19. Jahrhunderts erdachten Theorien, wie etwa die von Marx, wonach Wertschöpfung allein durch Arbeitsleistung (des Proletariers) entstünde, verkennen darum auf grandiose Weise die wahren Knappheitsverhältnisse. Für Marx war die Idee, dass die Natur in der Wertschöpfung überhaupt eine Rolle spielte, eine Zumutung. Solche Gedanken verschleierten bloß die Ausbeutung der unteren Klassen – und verzögerten deren Befreiung. In Wahrheit aber ist der Mehrwert, den die modernen Industrien produzieren, vor allem ein Produkt der Natur, nämlich des Sonnenscheins vergangener Jahrmillionen.

So ließ erst der massive Einsatz fossiler Energien die Ausbeutung des Menschen durch andere zurückgehen – nicht aber, weil das Reich der Fülle und Fairness angebrochen war, sondern indem die neuen Energien uns die Macht in die Hand gaben, andere Sklaven zu finden. Ausgebeutet wurde von nun an die Natur. Diese musste umso grausamer leiden, je menschenfreundlicher sich die Philosophie eines politischen Systems theoretisch gab, etwa im einstigen Sowjetblock. Übermäßiger Reichtum bleibt bis heute das Ergebnis von Ausbeutung – einer Umverteilung innerhalb des geschlossenen Systems Erde, dessen Ressourcen immer weniger nachhaltig von Sonnenenergie aufgefrischt werden. Für den Philosophen Peter Sloterdijk sind die Nutztiere, zu Abermilliarden als Massenware gequält, in ihrem eigenen Kot erstickend, in »Kükenvermusern« entsorgt, »das neue Proletariat des fossilen alchemistischen Zeitalters«.[24]

Auf den Äckern verwandeln wir zurzeit fossile Brennstoffe direkt in Nahrung. Hier ließe sich unser sprichwörtlicher Hunger nach Öl beim Wort nehmen. Für jedes Kilogramm Nahrung wenden die westlichen Länder im Schnitt zehn Kilogramm Erdöl auf. Die Anbaumethoden der »Grünen Revolution«, der weltweiten Ertragssteigerung durch massiven Einsatz von Kunstdünger und Spritzmitteln, haben zur Folge, dass wir heute Erdöl verspeisen – über den Umweg eines Substrats (früher Acker genannt) und einer maschinellen Verwertungskette. Ohne Petrochemie für Dünger, Pestizide, Trecker-Treibstoff, Erntetransport, Verpackung und Lagerung kein Überfluss: Es ist geradezu eine Form von schwarzer Magie, als hätten wir einen Weg gefunden, die Farnwälder des Karbons durch die Mägen unseres Fleischviehs zu jagen.

Erst eine neue Art der Bilanzführung vermag diese verzerrte Wirklichkeit geradezurücken. Erst wenn wir in einer ökologischen Ökonomie berechnen, welche Summen an natürlichen Gütern und Diensten wir in Wahrheit für unsere magisch gesteigerten Kräfte bezahlen, lässt sich erkennen, dass wir nicht den Stein der Weisen gefunden, sondern den Pakt mit dem Teufel geschlossen haben.

4 ÖKONOMIE DES GLÜCKS

»Alles Wesentliche wird uns geschenkt.«

Joseph Ratzinger

WER DIE LEBENDE VISION EINER HUMANISTISCHEN Ökonomie sucht, der sollte sich ins Villgratental in den Osttiroler Alpen aufmachen. Schon der Weg dahin erzwingt einen Abschied von der prospektbekannten Gipfelwelt. Der Reisende muss hinter dem österreichische Städtchen Sillian aus der breiten Bachebene der Drau ausscheren und eine steile Klamm hinauf, deren fichtenschwarzen Flanken und zersplitterten Gneiskanten die Straße mühsam nachkriecht. Muss aus dem hellen, schon südlich durchtränkten Dunst in die Enge bergan, deren Steinfalten die hauslosen Schluchten immer fester umklammern und sie erst über den stillen Alphöfen des Weilers Außervillgraten zögerlich freigeben. Weiter geht es empor, bis sich die Steine gänzlich auftun, bis die Kluft sich zum Tal weitet, das aus der Höhe eine neue Helligkeit empfängt, zartgrün im Frühsommer, orange- und safranfarben im Herbst: das Licht der Lärchen, jener winterkahlen Nadelbäume, deren brennende Farben hier statt der gesättigten Töne der Fichten die Hänge durchtränken.

Wer eine mögliche Option auf das Übermorgen unserer Gesellschaft kennenlernen will, muss zunächst eine Reise in ihre Vergangenheit tun. Muss vorüber an den graugewitterten Höfen, vereinzelt zuerst und dann dichter beisammen in die Leiten gestemmt, deren Haut im Sommer zu einem kniehohen Teppich aus Farben und Duft anschwillt. Dann gegenüber der weißgetünchten Kirche und dem altertümlichen Steinbau des Raiffeisen-Wirts über die flache Holzbrücke, unter deren Bohlen das Wasser an dicken Blöcken vorbeifliegt, vorbei noch am Sägewerk mit seinen aromatischen Stapeln von Stämmen und den Haufen duftender Spreu.

Hinter dem rauschenden Wasser eilt Joseph Schett geschäftig von seinem papierübersäten Arbeitstisch zum Telefon und zurück. Das zeitgenössische Gebäude aus Holz und Glas, in dem der Landwirt und Kaufmann residiert, ist Verkaufsetage, Büro und Lager in einem. Aber Schett handelt nicht mit modischen Accessoires für Sportkletterer oder Snowboarder. Er importiert nicht, sondern er führt aus. »Villgraternatur« steht draußen über dem Eingang. Schett verdient Geld mit dem, was das Tal schon immer hergegeben hat: 100 Tonnen Schafswolle lässt er im Jahr verarbeiten – zu High-End-Wanddämmung, zu Bodenbelägen, zu Matratzen und Deckbetten und zu einem Lodenstoff, der noch winters von bäuerlicher Hand selbst gewebt und gestampft wird.

Mit acht Jahren bekam der Bauernsohn vom Vater die erste Schafherde geschenkt. Heute beliefert Schett Spitzenrestaurants bis nach Wien mit Lammfleisch und dem selbstgemachten Käse der Bergbauern. Natürlich ist alles davon »bio« – denn etwas anderes gab es hier nie. »Villgraternatur« ist zu einem der wichtigsten Betriebe des abgelegenen Tals geworden. Zehn Menschen gibt Schett Arbeit – und vielen Bauern nimmt er dauerhaft ihre Produkte ab. Gerade hat er eine neue Dependance in Südtirol eröffnet und sein Villgrater Stammhaus um das Doppelte erweitert.

»Wir haben die Dinge, die es anderswo nicht mehr gibt, und alles, was wir daran verdienen, bleibt hier«, beschreibt Schett seinen Erfolg. »Warum sollen wir den Gästen Müllermilch anbieten, wenn die Kuh direkt vor der Tür steht?« Es ist ein Modell, das für abgelegene Hochtäler des europäischen Zentralgebirges wegweisend sein könnte.

Wer hinter Schetts Produktionsstätte am grollenden und gischtenden Dorfbach in die Stille der Berge aufblickt, dem zeigt sich ein ungewohntes Bild. Keine Seilbahn zerschneidet die Lärchenwälder und Schotterhalden dieser Alpen, keine glitzernde Jausenstation lockt über der Baumgrenze mit Après-Ski und Massenbelustigung. Stattdessen zieht der Duft nach Kräutern und Holzfeuer und Flechten über den Talboden. Vergessen wirkt diese ganze Landschaft vom touristischen Sturm der 1970er und 1980er Jahre. Für den Ankömmling erscheint das Villgratental als eine abgeschiedene Welt, ein Ort beinahe jenseits der Realität. Hier harken die Bauern mit dem Holzrechen das Heu von den steilen Hängen, um im Winter die Kühe damit zu füttern. Hier trifft man Buben, die ihre Ziegen enge Pfade auf eine entlegene Alm emportreiben. Hier wartet morgens am Endpunkt des Materiallifts in silbernen Kannen die Milch auf das Molkereiauto. Hier leben noch Arbeitsweisen, die anderswo längst verdrängt wurden – oder aufgegeben.

Denn die Alpenkultur, der immer noch Millionen Touristen jedes Jahr hinterherreisen, in den Skirummel der Ötztaler Pistenkneipen und auf die überfüllten Klettersteige der dolomitischen Drei Zinnen, sie ist längst zerfallen in vorstädtische Volksbelustigung und eine verarmende Bergwelt, die vom großen Kuchen nichts abbekommen hat. Die Alpen zersplittern heute in die verstädterten Agglomerationen der großen Tallagen, rings um den Inn etwa oder die schweizerisch-italienischen Alpenseen, in Spaßorte wie Ischgl und Sölden, die sich mit Superlativen der Eventkultur überbieten – und in jene alpine Restwelt, deren Entwicklung nach dem bescheidenen Boom des Sommertourismus in der zweiten Hälfte des letzten Jahrhunderts stagnierte oder zusammenbrach.

Die Alpen, das heißt vielerorts Armut, Selbstausbeutung und Abwanderung. Überall zwischen den suburbanen Zentren – im italienischen Hinterland von Cuneo, in den abgelegenen Massiven nördlich der Provence, in manchen Winkeln des Tessin – haben sich die vergessenen Berge ausgebreitet, deren Almen Büsche überwuchern, deren zusammensinkende Gehöfte nicht mehr geflickt werden, deren Bewohner in die Täler fliehen, um in der Industrie zu arbeiten.

Auch Osttirol, seit dem Ersten Weltkrieg von der Brennerregion abgeschnitten und vom nun italienischen Südtirol getrennt, gehört zu einer solchen träumenden Ecke der Alpen, und bis heute hat sich hier eine besondere Urtümlichkeit bewahrt. Während in den rotierenden Urlaubshochburgen die bäuerliche Bergkultur verdrängt wurde, konnte sie sich in weniger begünstigten Gegenden wie dem Villgratental halten: Es gab nichts anderes zum Leben.

Heute sehen aufstrebende Pioniere wie Schett gerade in dieser Rückständigkeit ihre Chance. In vordergründig erfolgreicheren Orten schöpfen überregionale Seilbahnbetreiber und internationale Gastronomie die Gewinne ab. Die Einheimischen ächzen unter dem Schuldendruck ihrer Investitionen, während die Dorfjugendlichen unter geradezu großstädtischen Drogen- und Gewaltproblemen leiden. Immer mehr für Milliarden zum Skizirkus ausgebaute Lagen sind immer weniger schneesicher. Vielerorts bleiben Urlauber aus. Täler wie Villgraten hingegen verfügen noch komplett über ihr einzigartiges Kapital: eine bäuerliche Kultur, die über Jahrtausende die alpine Schönheit und Fruchtbarkeit hervorgebracht und erhalten hat.

WAS SICH ANHÖRT WIE FRISCH ENTWICKELTE MAXIMEN neuen Nachhaltigkeitsdenkens, ist in Wahrheit nichts weiter als die praktische Wirklichkeit des traditionellen alpinen Landlebens. Die alte Bauernkultur ist plötzlich wieder ein rentables Geschäftsmodell. Das Erbe erweist sich heute als mehr denn bloß nostalgische Kulisse. Es funktioniert. Es wirft Geld ab. Und vor allem: Es macht zufrieden. »Wenn Sie mit dem arbeiten, was Sie selbst herstellen, was Ihre Tradition einbringt, dann haben Sie ganz andere Menschen, als wenn die bloß den Liftbügel runterklappen oder Teller abwaschen«, sagt Joseph Schett.

Menschen vielleicht wie den Weber Meinrad Walder, der aus

den von anderen Bauern gelieferten Wollspindeln den alten Lodenstoff fertigt. Sein Webstuhl, ganz von Hand aus Holz gebaut, ist über hundert Jahre alt. »Das ist keine Maschine!«, beharrt Walder in seinem kleinen sonnendurchtränkten Arbeitsraum, in dem es nach Holz und Wolle riecht. Walders Augen funkeln über dem Schnauzbart. Im Sommer geht er als Senner auf die Alm, als einer der Letzten, die dort oben noch mit dem Vieh leben. Seine Augen lächeln, als er das sagt, aber er sagt auch, dass es hier bei schönem Wetter zwar wirke wie im Paradies, doch dass die Wirklichkeit anders ausschaue. Walders Haushalt führt seine alte Mutter, ihre drei Söhne auf dem Hof sind alle nicht mehr die Jüngsten, aber keiner ist verheiratet. Mit wie wenig muss einer wie Walder auskommen? Und doch: »Glauben Sie, dass es denen in Ischgl besser geht?«, fragt Walder. »Das ist doch eine aufgeputschte Welt.«

Walder will nicht tauschen. Wer mit ihm gesprochen hat, behält seine heitere Gelassenheit lange in Erinnerung, eine menschliche Glut, keine Resignation, sondern so etwas wie eine leuchtende Bescheidenheit, der man in diesem engen Tal immer wieder begegnet. Gerade bei denen, die wenig haben, aber denen auch wenig genommen werden kann. Peter Mair etwa, Obmann der Oberstaller Alm, der im schwindenden Licht des Abends seine Rinder zusammentreibt. Im schrägen Sonnenschein wellen sich die gemähten Matten wie faltiger Pelz auf den Felsen.

»Die Menschen hier sind zufrieden. Wozu brauchen sie so viel Geld?«, fragt Mair. Seine zweistöckige Almhütte hat er mit Freunden selbst gezimmert. Hier macht kaum einer Schulden, und die meisten haben doch ein Haus, aus eigener Kraft erbaut, »händisch«, wie sie hier sagen. Nur die, die in komfortable Ferienunterkünfte investierten, leben auf Kredit und sind unruhig. Für sie muss sich das Tal schneller entwickeln. Vor dem Wassertrog, in den unablässig ein eisiger Quellstrahl von den kalten Steinspitzen dort oben rinnt, picken Hühner.

Mair hat als Kind noch miterlebt, wie alle Dörfler von unten gemeinsam herauf zur Oberstalleralm gezogen sind, in diesen unwirklichen Talschluss, wo auf weiten Matten die uralten Hütten lagern. Das hölzerne Almstädtchen in 1900 Metern Höhe ist so unwahrscheinlich wie eine Phantasie. Noch bis in die siebziger Jahre trugen die Kinder in Rucksäcken Mehl und Zucker hinauf und trieben die Schweine vor sich her. Es war viel Arbeit, aber es waren auch die rauschenden Sommerwochen, die schönsten des Lebens. »All die Kinder, das war eine Gaudi«, erinnert sich Mair.

Heute sind die meisten Hütten für Gäste zu mieten. Auch für die Urlauberkinder muss es reine Sommerfreude sein, gemeinsam hier umherzutoben, durch keinen Zaun gehalten, umrauscht von wilden Bächen. Die Jugend des Dorfes ist ebenfalls jeden Sommer hier oben. »Almfeten – die sind supercool«, sagt Claudia Mair, die Nichte des Bauern, und küsst ihre Fingerspitzen. Die Zwanzigjährige, die heute in der Gemeindeverwaltung arbeitet, hat gerade eine Überseereise gebucht. Aber ihr künftiges Leben will sie im Villgratental verbringen – wenn es so kommt, gerne auch als Bäuerin.

WER SICH MIT DEN BEWOHNERN DES TALES UNTERHÄLT und immer wieder auf diese herzliche Bescheidenheit stößt, auf diese fröhliche Indifferenz gegenüber den pulssteigernden Insignien der Maßlosigkeit und des Zwanges zu optimieren, zu beschleunigen, mehr zu haben, das Neueste, das noch Bessere, der traut seinen Ohren kaum. Ist das alles nur eine Kulisse? Die grandiose Inszenierung unseres Mythos vom dörflichen Leben? Sind die alle bezahlt? Komparsen in einem Film über die bessere Welt, die vergangen ist?

Die Simulation des Wahren, Schönen, Guten, die gibt es freilich schon anderswo – etwa im Nordtiroler Luxus-Almdorf »Seinerzeit«, das nach außen mit seinen Holzschobern und Blockhäusern einem Bergweiler aus dem 19. Jahrhundert ähnlich sieht, in den Häuschen aber die Wellness-Komfortumgebung des Internetzeitalters bietet. Am Abend wird hier der Ofen vom Zimmermädchen geheizt, und morgens stellt jemand diskret die Semmeln vor der Tür ab.

Das Villgratental aber ist keine Kulisse, es ist Realität. Hier lastet das Leben wirklich drückend auf den Schultern, hier ist es Mühe und Arbeit, wenn die alten Frauen in ihren Wollröcken das trockene Gras von den Hängen rollen, von Leiten, so steil wie Dächer. Das Geheimnis liegt vielleicht darin: Niemand verschweigt hier, dass sein Leben schwer ist. Und oft ist es hart und eng und von einer Kargheit an Wahlmöglichkeiten, die den urban fühlenden Optionsmenschen des 21. Jahrhunderts beinahe schon nach humanitärer Hilfe rufen lässt.

Darf so etwas überhaupt sein? Ist so eine Existenz, ein Leben in einem steilen Tal, nur mit dem Nötigsten versehen, eine nicht endende Reihe Tage voller Arbeit, überhaupt mit der Menschenwürde vereinbar? Ist das Villgratental nicht ein übriggebliebenes Beispiel für genau das, was das ökonomische Projekt der Moderne endlich beseitigen wollte? War es doch angetreten, mit der materiellen Knappheit die Abhängigkeit und Schicksalsergebenheit des Menschen auf Erden zu brechen und endlich allen das zu ermöglichen, womit bisher nur Priester die Aussicht auf das Jenseits geschönt hatten – die Aussicht auf Glückseligkeit, der jedem Menschen als Recht zustehende »pursuit of happiness«, die Freiheit, glücklich zu werden?

Es ist noch nicht lange her, da wäre jeder, der den Villgratern ihre Zufriedenheit glaubt, als Reaktionär verlacht worden, als wirtschaftsfeindlicher Spinner oder als beides. Doch die Revolutionen, die seit ein paar Jahren das Denken der Wirtschaftswissenschaftler erschüttern, haben ein ganz neues Forschungsfeld hervorgebracht: Die wirtschaftliche Glücksforschung, die »economics of happiness«. Und so stehen die Bewohner des Villgratentals plötzlich als die archetypische Form des Menschen da, wie ihn die ökonomische Glückspsychologie zu zeichnen beginnt. Denn diese belegt, dass das Menschenbild, mit dem die Wirtschaft seit 150 Jahren die Verteilungsprobleme auf diesem Planeten zu lösen versucht, nicht stimmt – und dass es niemals wahr gewesen ist, genauso wenig wie die daraus abgeleiteten Imperative des Immer-Besser, Immer-Schneller, Immer-Mehr.

IM VILLGRATENTAL WIRD KLAR, dass die fundamentale Konstruktion, auf der alle wissenschaftliche Ökonomie beruht, schon immer eine Illusion war – und auch, warum. Die »economics of happiness« hat bestätigt, was die spirituellen Führer der Menschheit zu allen Epochen propagiert haben und was auch der gesunde Volksverstand längst wusste: Geld allein schenkt keine Zufriedenheit. Mehr noch: Die unablässige Jagd nach dem Geld macht unglücklich. Forscher haben in Hunderten von psychologischen Untersuchungen und Studien nachgewiesen, dass der Stoff, dem die meisten Menschen dieses Planeten nachhetzen wie der Heroinabhängige seinem nächsten Schuss, oberhalb einer bestimmten Dosierung nicht Zufriedenheit, sondern Krankheit sät.

Es ist wie mit einer gefährlichen Heilpflanze, etwa der Tollkirsche, die niedrig dosiert gegen Herzinfarkt hilft, in höherer Potenz aber tötet. Bis zu einem gewissen Schwellenwert ist Geldbesitz essenziell, damit ein Mensch nicht hungern muss und ein Dach über dem Kopf hat. Darüber hinaus ist kein Effekt mehr feststellbar – außer dem, dass die Jagd nach mehr Wohlstand den eigentlichen Wohlstand, das Wohlsein im Augenblick, das gelebte Leben in seiner unmittelbaren Gegenwart immer stärker ausschaltet. Es ist eine alte Weisheit, der wir hier wieder begegnen, aber wir brauchten Dutzende von Forschungsprojekten und Tonnen von bedrucktem Papier, um sie wiederzufinden. Wer ins Villgratental fährt, begegnet ihr auf Schritt und Tritt, auch wenn er es zuerst kaum glauben mag.

Glückspsychologen setzen die Grenze, bis zu der mehr Besitz signifikant mehr Zufriedenheit zur Folge hat, bei im Schnitt 10 000 Euro pro Jahr an.[25] Ein indischer Slumbewohner, der neben den Bahngleisen unter einem Pappkarton schläft, wäre mit dieser Summe wirklich glücklich zu machen – ab sofort hätte er genug zu essen und könnte ein Zimmer oder eine kleine Wohnung mieten, die er sich mit seiner Familie teilt. 10 000 Euro sind die Summe, die ausreicht, um Mensch zu sein – um die natürlichen, unwandelbaren Bedürfnisse einer Person zu stillen und ihr so die Möglichkeiten wiederzugeben, die sie in sich trägt. 10 000 Euro sind der Preis der Freiheit – aber mit noch so viel mehr Besitz lässt diese sich nicht steigern.

In Umfragen finden Glücksforscher, wie es zu erwarten wäre, unter den Ärmsten der Armen, unter jener Milliarde von Menschen in Afrika, Südasien und Lateinamerika, die ständig von Hunger und Krankheit in ihrem Leben bedroht sind, die höchste Zahl von Unglücklichen. Aber selbst hier betonen viele gegenüber den Forschern, dass sie nicht vollkommen verzweifelt sind. Im Gegensatz zu manchem gut abgesicherten Mitglied des von uns bewohnten »Komfortgürtels« (Sloterdijk) verfügen selbst diese Miserablen über Kostbarkeiten wie eine Familie, in der sie aufgehoben sind, oder einen Glauben, der ihnen Halt gibt.

Sobald aber eine Bevölkerung ein minimales Subsistenzniveau erreicht hat, unterscheidet sich ihre durchschnittliche Zufriedenheit nicht länger von jener in den reichsten Staaten – im Gegenteil. So bezeichnet sich ein ebenso hoher Anteil von Massai als »sehr glücklich« wie Nordamerikaner.[26] Die Rangfolge der zufriedensten Länder ist daher mit der des Bruttoinlandsprodukts nicht zu vergleichen. Hier führen die USA, Japan, Deutschland – alles reiche Staaten, deren Bevölkerung sich gleichwohl als weniger glücklich erfährt als die Menschen in Mexiko, Nordirland oder Chile.[27]

ÖKONOMISCHE PSYCHOLOGEN HABEN JEDOCH nicht nur festgestellt, dass ein hohes Volkseinkommen den Bewohnern keine Zufriedenheit garantiert. Sie mussten sogar erkennen, dass die letzten sechzig Jahre Wachstum in den westlichen Ländern zwar das Bruttoinlandsprodukt vervierfacht haben, dass aber die Menschen dabei nicht zufriedener, sondern verdrießlicher geworden sind. Nur 32 Prozent der Amerikaner gaben 2002 an, »glücklich oder sehr glücklich« zu sein – gegenüber 35 Prozent im Jahr 1950, dem Beginn der regelmäßigen jährlichen Befragungen in den Vereinigten Staaten.[28]

Die Werte für Westeuropa und auch für Deutschland weichen kaum von denen der USA ab. Überall knickt die Glückskurve trotz galoppierenden Wirtschaftswachstums nach unten. Und überall macht sich die Delle in den frühen 1970er Jahren bemerkbar, zu einer Zeit, als die schwindende Natur zum ersten Mal nicht mehr zu übersehen war, als die Flurbereinigung etwa den deutschen Agrarsteppen ihre Restähnlichkeit mit der kleinbäuerlichen Kulturlandschaft genommen hatte, als plötzlich nicht mehr bloß die Meiers und die Schmidts alle vier Jahre einen neuen Ford Taunus oder Opel Ascona kaufen konnten, sondern als die Schleiereule ausblieb, die bunten Schmetterlinge des Sommers, weil die Raine am Saum sandiger Feldwege vergiftet wurden oder unter unbeweglichen Betonkanten versanken.

Es war die Zeit, in der ich selbst ein Kind war und mein Erwachsenwerden daran ablesen konnte, wie die kleinen abenteuerlichen Orte, die letzten geheimnisvollen Stellen einer aufgeräumten Gemeinde im Süden Schleswig-Holsteins Jahr für Jahr weiter verschwanden, wie sich Froschteiche in Maisäcker verwandelten, Hecken in Bürgersteige und mein anarchischer Gemüsegarten in die Baugrube einer Reihenhaussiedlung. Übrig blieb die Erinnerung, inmitten verwischter Koordinaten: Hier habe ich als Kind auf der Wiese gespielt, und heute ist da keine Wiese, sondern ein Getränkemarkt, ein Schuhdiscounter, gestaltlose Baracken aus Betonstreben, Hartschaum und Kantblechen, in denen das Bruttoinlandsprodukt wächst, wo vorher nur ein finanzneutrales Stückchen Schönheit war; ein Stückchen Leben, das nun in unserer Erinnerung sein schales Exil gefunden hat.

DER ALS BRUTTOINLANDSPRODUKT GEMESSENE WOHLSTAND STEIGT weiter, im Westen zumal, heute auch in den neuen Mittelschichten von Indien, China und Südostasien mit ihren Hunderten von Millionen nachwachsender Konsumenten. Doch die Stimmung steigt nicht überall mit. Nicht genug damit, dass alle unsere Opfer, die wir der Wirtschaft gebracht haben, alle für Industrieparks dahingeschlachteten Obstwiesen, für Transitstrecken aufgegebenen Flusstälchen, für Fleischüberfluss leergewalzten Feld- und Dorflandschaften letztlich unser Los nicht verbessert haben. Glücklicher sind wir nicht, obwohl all das, obwohl die entfesselte ökonomische Lawine im Namen Adam Smiths für das größere Glück und Wohlergehen der Menschheit losgetreten wurde. Nein. Wir sind sogar unglücklicher. Wir haben etwas verloren, und wir verlieren mehr und mehr davon in größerer Eile, Tag für Tag.

Andere Zahlen unterstreichen den Befund, den viele schon lange ahnten, aber den wir uns immer noch nicht offen zurufen dürfen – und wenn, dann unter Gefahr der Häresie. Psychologen beobachten, dass die Verbreitung von Depressionen in den europäischen und amerikanischen Gesellschaften in den letzten fünf Jahrzehnten um das *Zehnfache* zugenommen hat.[29] Unglück ist heutzutage eine Volkskrankheit, ein Massenleiden wie Heuschnupfen und Ekzeme, und wird von der WHO längst als bedrohlichstes Gesundheitsproblem weltweit identifiziert. Der amerikanische Glücksforscher Robert E. Lane stellt lakonisch fest: »Wirtschaftswachstum und Depressionszunahme sind statistisch miteinander verbunden.«[30]

Die Selbstmordrate von Jugendlichen hat sich in den letzten drei Jahrzehnten in den USA um 100 Prozent gesteigert. Über 80 Prozent aller befragten US-Amerikaner erklärten, dass der Lebensstil unserer Gesellschaft falsch sei und dass wir dringend etwas ändern müssten. Immer mehr Menschen klagen über Stress, darüber, dass sie das Gefühl haben, nicht mehr mitzukommen. Wir rennen so schnell wir können, nur um auf der Stelle zu bleiben. Viele Menschen kommen sich vor wie auf der Rolltreppe abwärts. Wer nicht ständig Innovationen folgt, alle drei Jahre einen neuen Computer, alle zwei ein neues Mobiltelefon kauft, ist schon abgehängt.

Das Phänomen der »rutschenden Hänge« nennt der Soziologe Hartmut Rosa diese Erfahrung, die wir alle täglich machen.[31] Sie ist nicht völlig neu – die tiefgreifende Kritik an der rasenden Gegenwart hatte bereits in den 1970er Jahren ihre Berechtigung, wenn vielleicht auch nicht so dramatisch wie heute. Aber das Unbehagen lässt sich inzwischen nicht mehr im Namen der gängigen Wachstumsmodelle vom Tisch wischen. Diese Strategie, unter deren Banner die Debatten der 1970er Jahre irgendwann stillschweigend abgeheftet wurden und der Sieg automatisch denen zufiel, die im Brummen der Wirtschaft das zentrale anthropologische Bedürfnis sahen, funktioniert nicht mehr.

DER AMERIKANISCHE EXWELTBANKER Herman Daly und der Theologe John B. Cobb haben darum schon in den 1980er Jahren eine Alternative zum gängigen Bruttoinlandsprodukt entwickelt, bei der Kosten und Verluste wirklichkeitsgetreu gegeneinander verrechnet werden und in die auch die Schäden an der Seele und an der Natur einfließen sollen. Sie nannten diesen Maßstab »ISEW« – Index für nachhaltige ökonomische Entwicklung. Ins BIP fließt ausnahmslos aller Umsatz einer Nation ein, gleichgültig, ob er produktiv ist oder bloß das Aufräumen nach Schäden bezeichnet, ob Geld mit zukunftsfähigen Technologien verdient wird oder mit dem unwiderruflichen Vernichten von Wäldern und Bodenschätzen. Hermann Daly meint dazu spitz: »Wenn das einzige Werkzeug, das man hat, ein Hammer ist, dann beginnt irgendwann alles in der Welt wie ein Nagel auszusehen.«[32] Der ISEW dagegen differenziert nach der Art und Weise, wie das Geld erwirtschaftet wurde. Die 27 verschiedenen Parameter, die den ISEW mitbestimmen, summieren sich nicht wie im BIP, sondern werden – wie etwa Verteidigungs- oder Gesundheitsausgaben, der Verlust von Feuchtgebieten, Unfallkosten und Luftverschmutzung – vielmehr vom Gesamtergebnis abgezogen.[33]

Das schockierende Ergebnis der Berechnungen: Der nachhaltige Wohlstandsindikator ging nach dem Zweiten Weltkrieg für einige Jahrzehnte parallel zum BIP stetig nach oben. Während aber das Inlandsprodukt – wie von Konzernbossen, wiederwahlhungrigen Politikern und gut ausgebildeten Wirtschaftsjournalisten beschworen – weiter stetig steigt, macht der ISEW für Länder wie die USA, Deutschland oder Großbritannien genau zu dem Zeitpunkt einen Knick nach unten, als auch die Glückskurven aus den Volksbefragungen absinken. »Die empirischen Beweise dafür, dass das Wohlergehen der Amerikaner mit dem Wachstum des Bruttoinlandsprodukts zunimmt, sind von 1947 an schwach, nach 1980 verschwinden sie ganz«, konstatieren Daly und Farley.[34]

Das Gefühl des Verlusts, das bis heute von vielen Ökonomen – aber auch von den Trendscouts der Meinungsführer in den Feuilletons der Zeitungen und in den Couchs der Großstadt-Bars – als nostalgische Illusion verlacht wird, hat somit eine reale ökonomische Basis. Es sind die nackten Zahlen, die ein sonst nur vage gefühltes Fehlen belegen. Es ist das Schwinden unserer Humanität aus einer Welt, die im Begriff ist, mit großem Applomb die Schwelle zum Nichtlebendigen zu überschreiten.

DAS SUMMIERTE WIRTSCHAFTSWACHSTUM VERSAGT noch aus einem anderen Grund immer häufiger als Maßstab für das Wohlergehen: Auch wenn der finanzielle Wohlstand weiter steigt, wird die Zahl der Menschen, denen dieser Besitz zufällt, stetig kleiner. Auf der ganzen Erde steigt das Einkommen einer immer schmaler werdenden Schicht von Kapitalbesitzern überproportional an, während die anderen – auch die, denen es lange Zeit noch auskömmlich erging – beständig ärmer werden.

BIP-Zahlen sind also immer weniger repräsentativ. Zunehmend muss man in ihnen eine Selbstvergewisserung der Reichen und immer Reicheren sehen, somit derer, die ein Interesse daran haben, dass alles ewig so weitergeht. In den USA etwa verdient ein Prozent der Bürger ein Fünftel aller Einkommen; die ärmere Hälfte der Bevölkerung trägt nur knapp 13 Prozent zu den Einkünften bei.[35] 1960 verdiente ein Unternehmenschef im Schnitt das je 40-Fache seiner Angestellten – heute hat er 531-mal so viel.[36] Die 350 Reichsten der Erde verfügen über so viel Vermögen wie die ärmsten dreieinhalb Milliarden Menschen des Planeten. Trotz vieler Erfolge der »Grünen Revolution«, einer intensiveren, viel chemischen Dünger und rücksichtslos alle Wasserreserven einsetzenden Landwirtschaft vor allem in Südasien, nahm weltweit die absolute Zahl der Armen zu, die mit weniger als 2 Dollar am Tag auskommen müssen, wenn auch ihr Anteil an der steigenden Gesamtbevölkerung gleich blieb oder sank. Nach wie vor vegetiert heute weltweit die Hälfte aller Kinder, Frauen und Männer in Sorge, Elend und ständiger Todesgegenwart.

Das schockierendste Paradox unserer Erlösungstechnokratie besteht aber darin: Selbst die Reichen, selbst die Bewohner der komfortabelsten Kabinen des Luxusdampfers Erde (der sozusagen erleuchtet zur letzten großen Party durch den kosmischen Ozean zieht), sind nicht glücklicher als ein Bauer in irgendeinem indischen Bundesstaat, der seine Familie ganz anständig über die Runden bringt. Eine Umfrage des Magazins *Forbes* unter 100 Milliardären ergab zwar, dass einigen Vielbesitzern ihr Vermögen einen zufriedenen Grundton von Sicherheit vermittelt, den andere bitter entbehren müssen – aber glücklicher als der Durchschnitt sind die Superreichen kaum.

Welchen Sinn aber hat dann das gigantische Getriebe des Konzernkapitalismus, der pro Tag mehr Erde umlagert, als Gletscher und Gerölllawinen vermögen, und Hunderte von lebenden Spezies in den Orkus hinabsaugt? Vielleicht werden sich Historiker späterer Jahrhunderte diese Frage einmal stellen. Zunächst erinnert die wahnsinnige Geschäftigkeit ohne nennenswertes

Ergebnis freilich an ähnlich aberwitzige Leerlaufprozesse, die im einst konkurrierenden Wirtschaftssystem Sozialismus an der Tagesordnung waren: Wo etwa Güterzüge leer durch halbe Kontinente geschickt wurden, weil zwar keine Produkte zu transportieren waren, aber ein Fahrplan erfüllt werden musste.

PSYCHOLOGEN KÖNNEN DAS SCHALE GLÜCK DER REICHEN, aber auch ihren hauchdünnen Zufriedenheitsvorsprung gegenüber einer immer stärker verunsicherten Mittelschicht inzwischen erklären. Geld beglückt nur so lange, bis das Leben einigermaßen abgesichert ist. Was den Mitgliedern der Affenart *Homo sapiens* eigentlich erst tiefgreifende Zufriedenheit zu schenken vermag, ist dagegen etwas Immaterielles, etwas, das von der Rolle des Einzelnen in der Gemeinschaft seiner Artgenossen – seiner Mitbürger und Verwandten – abhängt: sein Status.

Status – der Rang in einer Gesellschaft – hat viele Facetten. Er bedeutet zunächst einmal, überhaupt irgendeinen klaren Stand in einer Gemeinschaft zu haben, einen festen Platz, der sicher ist. Status wächst mit der Macht, über die ein Mensch verfügt – darum ist er heute eng an Geld gekoppelt. Wurde etwa in der traditionellen tibetischen Gesellschaft ein Mensch bewundert, weil er durch Ausdauer und Selbstaufgabe einen besonderen spirituellen Rang erreicht hatte, schauten die Menschen im Mittelalter vielleicht zu einem besonders mildtätigen Lehensherrn, einem tapferen Krieger oder einem weisen Mann auf, so ist heute Status vor allem an zwei Dinge gekettet: an Geld und an Publicity. Beides sind höchst flüchtige Güter, beide lassen sich nicht ruhig genießen, sondern müssen im täglichen Kampf gegen die Rolltreppe abwärts, gegen das beständige Update aller Konkurrenten immer neu erworben werden. Auch Status ist heute darum etwas Materielles – Geist, Seelenbildung spielt darin keine Rolle mehr, dem ganzen jahrtausendealten künstlerischen, philosophischen und religiösen Erbe der Menschen zum Trotz.

Selbst wenn wir wie so manche die Freiheit unserer entschichteten Multioptionsgesellschaft frenetisch bejubeln – dem Statusrennen entrinnt niemand. Es ist in unsere psychologische Grundausstattung als soziale Affen eingewoben, in unsere über Jahrmillionen der Evolution erarbeitete soziokulturelle Erfahrung der Wirklichkeit, und lässt sich daher nicht ausschalten, solange wir bei seelischer Gesundheit bleiben wollen. Wir sind Primaten, die in kleinen Gruppen leben, in denen einzelne Individuen feste Rollen einnehmen. Status ist eine Überlebensposition – und der Kampf darum gleichbedeutend mit dem Streben nach Glück.

Wie sehr der soziale Rang das Wohlergehen dominiert, haben inzwischen eine Reihe von Beobachtungen an Affen gezeigt. Paviane etwa, die im Kampf um die Alpharolle im Rudel stets unterliegen, und noch viel mehr jene Tiere, die am Ende der sozialen Hackordnung vegetieren, sind anfälliger für Krankheiten und haben eine um Jahre verkürzte Lebenserwartung. Nicht anders ist es bei den Menschen: Professoren etwa leben im Schnitt viereinhalb Jahre länger als einfache Arbeiter – eine Differenz, die sich nicht allein durch den besseren Zugang zur Gesundheitsversorgung erklären lässt.

Es ist nicht Geld, dem wir hinterherlaufen, sondern Status. Geld verheißt diesen freilich wie nichts sonst. Doch was die Erfüllung des Traums von Rang und Ruhm betrifft, geht es den meisten Menschen ein wenig wie dem sagenhaften phrygischen König Midas, den sein Reichtum schließlich vernichtete: Alles, was Midas anfasste, wurde zu Gold, selbst seine Speisen. Der König musste verhungern. Das Problem mit dem Status ist ähnlich: All unsere Errungenschaften verwandeln sich in Statussymbole; nichts entkommt dem sozialen Vergleich. Solange es keine sozialen Ideale gibt, die außerhalb der menschlichen Möglichkeiten stehen, keine absoluten Werte wie die biblischen Gebote oder die antiken Tugenden, über die nicht Menschen entscheiden, sondern Götter, vergleichen wir uns immer mit anderen. Und diese anderen sind ebenfalls verzweifelt bemüht, ihren Status zu steigern.

Unsere am Geldtropf hängende globale Welt ist zum Gegenstand eines Spiels geworden, bei dem niemand gewinnen kann, aber alle verlieren: Vollgas mit angezogener Handbremse. »Eine von Status besessene Gesellschaft ist dazu verdammt, nur noch dem Erfolg nachzujagen«, konstatiert der britische Ökonom Richard Layard. »Erfolg wird zum dominierenden Gegenstand von Gedanken und Gesprächen. Wir müssen diesen Umständen entkommen.«[37] Der Preis für das Rennen auf der Stelle ist die Schönheit des Planeten, die unergründliche Fülle, das in allen anderen lebenden Wesen verkörperte Fühlen, das die Biosphäre durchzieht und das auch unser eigenes ist.

WAS ABER BRAUCHEN DIE MENSCHEN IN WAHRHEIT, wenn das immerwährende Anwachsen der materiellen Möglichkeiten sie gar nicht glücklich macht, sondern immer mehr von uns ratlos und depressiv zurücklässt? Die Antwort auf diese Frage ist der Schlüssel zur Krise unserer Zivilisation. Die meisten Ökonomen haben darauf seit 200 Jahren das Gleiche zu sagen: Was uns fehlt, ist Wohlstand, um die Zahl unserer Optionen zu erhöhen. Welche Bedürfnisse die Menschen haben, lässt sich nicht wissen – wohl aber, dass die Wünsche unersättlich sind. Die Frage nach der Art der Sehnsüchte war darum für die meisten Ökonomen die längste Zeit schlicht sinnlos – darin bestand ja gerade die Magie des Marktes, dass er automatisch Befriedigung für *jeden* Wunsch schafft, solange nur die Nachfrage bestand.

In den Zeiten der materiellen Not, in der Adam Smith und seine Nachfolger die Grundpfeiler der Wirtschaftswissenschaft setzten, war diese Sichtweise ein durchschlagender Erfolg. Denn die größte Unfreiheit der Menschen bestand darin, dass sie tatsächlich zu wenig zum Überleben hatten. Die breite Masse der europäischen Bevölkerung war arm, und viele lebten – rechnet man die Besitzmittel jener Zeiten um – jenseits der imaginären

10 000-Euro-Barriere, unterhalb derer die Bedürfnisse des Überlebens nicht mehr erfüllbar sind. Ist die Subsistenz bedroht, sind alle anderen Bedürfnisse zweitrangig. Wessen Leben in Gefahr ist, der sehnt sich weniger nach der produktiven Entwicklung seiner Fähigkeiten als danach, seine Kinder durch den nächsten Tag zu bringen. Unter diesen Umständen – aber nur unter diesen – sind BIP und Glück, wie wir gesehen haben, eng verschwistert.

Zum Problem unserer Zivilisation wurde aber, dass mit dem Siegeszug des Marktes alle Vorstellungen der Philosophen und Theologen davon, was eine menschliche Person ist, was sie braucht, um sich zu entwickeln und zu vervollkommnen, in Verruf gerieten. Weil der Marktgedanke die Antwort auf die materielle Knappheit war, wurde in der heutigen totalen Marktwelt die Subsistenz zum Gradmesser einer Theorie des Menschen. Unser Notbetrieb zum bloßen Überleben begann sich zur allgemeinen menschlichen Norm zu wandeln. Alles, was darüber hinausging, galt zunehmend als Schwärmertum und Spinnerei – vielleicht als Kunst, aber nicht als Wissenschaft. Das aufgehende neue Zeitalter mit seinen Schloten und Schienensträngen, mit seinen Bürotürmen und Datenzentren stand damit unter dem Axiom der blanken Gier. Der Humanismus, die von Werten geprägte Vorstellung eines Ideals, zu dem ein Mensch sich hin entwickeln sollte, wurde vom Materialismus verdrängt – der Auffassung, dass nicht Ideen zählen, sondern einzig Tatsachen. Diese Haltung gewährte dem Einzelnen scheinbar mehr Freiheit: Jedem blieb es von nun an zunehmend selbst überlassen, wer oder was er sein sollte. Doch der Preis dafür war hoch: Der blanke Hunger und seine gefräßige Befriedigung triumphierten anstelle des menschlichen Charakters.

DIE HÄNGE HINTER DER VILLGRATENER OBERSTALLER-ALM ZIEHT sich das zarte Gefieder der Lärchen hinauf. Eine Wasseramsel taucht in die perlenden Wellen des Talbaches und lässt ihre weiße Unterseite blitzen. Über den Felsspitzen der Kachaswand, die schwarz im Gegenlicht stehen, tanzen Tausende silberner Insekten in der Luft, als wären es glitzernde Schneeflocken. Wie mit Röntgenstrahlen weist der Sonnenschein auch noch in dieser Höhe die Fülle des Lebens nach, das offenbar jeden Kubikzentimeter des Himmels ergriffen hat.

Vielleicht ist es diese Intensität der Dinge, die den Menschen hier etwas schenkt, was andere anderswo nicht mehr haben. Die Liebe zu ihrer unverbrauchten Landschaft lässt sich vielen anmerken. »Es ist ein dummes Gerücht der städtischen Zivilisation, dass ein Bauer die Natur nicht schön findet«, meint Josef Schett – das Gegenteil sei der Fall. In Wahrheit steige die Entfremdung mit zunehmender Höhe der Traktorräder. Meinrad Walder sehe er oft abends mit dem Fernglas auf dem Balkon sitzen, tief versunken in die Betrachtung der immer gleichen Felsen und Wälder. Auch Schett kennt jeden Baum in seinen 40 Hektar Wald. »Diese Zirben hier« – er zeigt auf das Bauholz für den neuen Trakt – »habe ich im Jänner vor fünf Jahren selbst ausgesucht und geschlagen.«

Früher, bevor das Fernsehen kam und alle in ihren eigenen Küchen isolierte, da haben sie nachts auf den Balkonen der Alm gesungen, erinnert sich Teresia Gutwenger. Die 77-Jährige melkt jeden Morgen und jeden Abend um sieben ihre vier Kühe, tränkt die Kälbchen, wirft Heu in die Raufen und schrubbt den Mist fort. Warm strömt der Duft der Rinder aus dem Stall in die kalte Morgenluft, wenn die kleine drahtige Frau ihre Arbeit beginnt, seit mehr als einem halben Jahrhundert dieselbe. Aber auch sie ist ständig am Lachen, das Lachen begleitet ihre Worte als dauernde Melodie, als verliehe es ewige Jugend, als wäre ihr schweres Leben niemals schwer gewesen. Die langen Haare hat Teresia auf dem Kopf zu den traditionellen Schnecken gebunden, zu einer für die alten Frauen dieser Berge typischen Schulmädchenfrisur.

Überhaupt die alten Frauen hier — in Wahrheit sind sie es,

die das Tal zusammenhalten. Auch Erneuerer wie Schett können sich weiter auf ihre alten Mütter verlassen, die immer noch Lämmer füttern, die Wäsche der Gäste bügeln, das Gras auf den schwindelsteilen Hängen zusammenrechen. Viele Männer sind wie Walder ledig geblieben hier drinnen im Tal und werden heute versorgt von Müttern oder Schwestern – so wie in der Küche der Notburga Bachmann. Hier wärmen sich ihr Bruder und ein Nachbar am Herd, einer holzgefeuerten Kochmaschine aus alten Zeiten, auf der das Spülwasser in Eimern steht. Auch sonst hat sich an der Einrichtung des Hauses seit hundert Jahren kaum etwas geändert. Die krummen Bodendielen knarren, kalt weht der Luftzug aus den ungeheizten Räumen. »Ein bisschen unpraktisch ist es inzwischen schon«, sagt Notburga Bachmann.

Ihr Bruder und der Bekannte stehen auf, um mit dem Allradschlepper und einem an dessen Seilwinde gehängten Handkarren Dung auf den Steilhängen unterhalb des Hauses zu verteilen. Notburga bleibt auf der Holzbank sitzen, die unterhalb der Fenster einmal um die ganze Küche läuft. Es ist ein Arrangement wie in der Messe eines altertümlichen Seeschiffes – nur dass draußen um sie herum die Wogen des kalten Ozeans der Steine zu unverrückbarer Dauer erstarrt sind.

»Nein, dass es das noch gibt« – so oder ähnlich lauten die reflexhaften Ausrufe der Besucher, die in eine Welt eintauchen, in der Leben, wie es die Großeltern schildern, nicht als Museum simuliert wird, sondern in Fleisch und Blut greifbar ist, in seinen guten Seiten wie in seiner beängstigenden Enge. Die Zeit ist weich, so kommt es einem vor, viel fehlt nicht, und sie lässt sich in jeder Richtung ausbeulen. Und man begreift schlagartig: »Fortschritt« ist gar keine Funktion der Zeit, sondern die eines Ortes. Hier geschehen die Dinge so – und dort anders. Immer aber sind sie real – und im Villgratental scheint diese gelebte Wirklichkeit unter dem Schutz der Berge und ihrer Stille zu stehen. Es gibt offenbar Landschaften, die gegen den Absolutismus der Beschleunigung immunisieren.

ETWAS, DAS UNS HEUTE ÜBERALL FEHLT, besitzen die Villgratener noch reichlich: Gemeinschaft. Aus der Perspektive des hyperindividuellen Lebens westlicher Gesellschaften – abends sitzen die Kinder vor Fernsehschirmen und die Eltern surfen an ihren Computern im Web – mag sich diese Feststellung antiquiert anhören. Kaum ein Bedürfnis ist in der industriellen Epoche so pervertiert worden wie das nach Gemeinschaft. Für die klassische Wissenschaft der Ökonomie mit ihrem Modell vom rationalen Akteur existiert das menschliche Bedürfnis nach Bindung nicht. Die Ökonomen vergaßen nicht nur die Natur, die wir entsprechend zerstören; sie ignorierten auch die Gemeinschaft, und folglich lassen wir sie zerfallen.

Mit einem unfreiwilligen Großversuch testete die Regierung des winzigen Himalaja-Königreichs Bhutan die Bedeutung von Gemeinschaft für das Glück seiner Bürger. Bhutan ist weltweit der einzige Staat, der seine Wirtschaftsleistung nicht als Bruttoinlandsprodukt misst, sondern zukunftsweisend in Form von »Gross National Happiness« – als »Bruttoinlandswohlergehen«.[38]

Doch im Jahr 1998 tat der weise Hochgebirgsstaat einen Schritt, der die Glücksquote seiner Bewohner auf eine katastrophale Abwärtsspirale schickte: Der König genehmigte die Einführung des Fernsehens. Im Nu deckten mehrere Privatsender (unter anderem Rupert Murdochs Star TV) die Schluchten und Hochkaren des kleinen Landes mit 46 Satellitenprogrammen ab – vornehmlich Importe amerikanischer Serien, unterbrochen allein von der hypnotischen Werbelitanei für westliche Konsumprodukte. Der Effekt war bemerkenswert. Die Menschen, die sich bislang nach Sonnenuntergang in den Dörfern gesellig versammelten und Nachbarn oder Verwandte besuchten, gaben diese Gemeinsamkeiten so rasch auf, wie die neuen Fernsehgeräte die Haushalte erreichten. Die häusliche Gewalt nahm in wenigen Monaten um ein Vielfaches zu, Kriminalität, vor der Freigabe des Äthers quasi unbekannt, häufte sich. Das Leben der Gemeinschaft brach in kürzester Zeit zusammen. Ehepaare, Kinder, ganze Großfamilien starrten nun stumm nebeneinander auf den Bildschirm. Mehr als 35 Prozent der Eltern sehen lieber fern, als mit ihren Kindern zu sprechen. Über die Hälfte der Kleinen schaut bis zu 12 Stunden täglich. Verbrechenswellen erschüttern heute den einst als Shangri-La beschriebenen Winkel des Himalajas, der vordem so stolz auf seinen Frieden und die Unbestechlichkeit selbst seiner Amtsdiener war.[39]

Es war der Sog einer schlagartig einsetzenden Sucht – aber das, was den Menschen solchen Spaß zu machen schien, ließ sie keinen Deut glücklicher werden. Die Menschen taten das, was sie wollten – aber es machte sie nicht zufriedener, sondern verzweifelter. Die Gemeinschaft starb in der blauen Flimmerröhre. Manche schrieben an die Tageszeitungen des Landes anklagende Leserbriefe:»Sehr geehrter Herausgeber! Das Fernsehen ist sehr schlecht für unser Land … es kontrolliert unser Denken und Fühlen … und macht uns verrückt … Menschen benehmen sich wie die Schauspieler und sind nun ängstlich, gierig und unzufrieden.«[40] Wenn sich auch die Reaktionen der kaum Medien gewohnten Bhutanesen schwer auf unsere Verhältnisse übertragen lassen, einen Verdacht nähren sie doch: Die Entspannungsdroge Fernsehen ist ein gefährliches Gift für unser Glück – ein Gift, das vielleicht besser dem Betäubungsmittelgesetz unterliegen sollte. Das Fernsehen bewirke eine »global synchronisierte Halluzination«, zerstöre die Erziehung und verwandle Erwachsene in unmündige Kinder, meint der französische Philosoph Bernard Stiegler.

Der amerikanische Soziologe Gary Putnam hat in seinem Buch *Bowling Alone* beschrieben, wie das allmähliche Aufflackern der Fernsehschirme das Gemeinschaftsleben in den USA seit den 1950er Jahren atomisierte.[41] Wenn aber Gemeinschaft – reale, körperlich erlebbare Gemeinschaft mit anderen Menschen (und anderen Lebewesen) aus Fleisch und Blut ein Lebensbedürfnis der biologischen Art Mensch ist, dann betrügen wir uns freiwillig um einen Teil unserer lebenswichtigen seelischen Ressourcen. Dann opfern wir Wachstum für Narkose, handeln uns Krankheit für mehr Bequemlichkeit ein.

»PRIMATEN WIE WIR SIND GENETISCH für Gemeinschaftlichkeit verdrahtet«, beobachtet der amerikanische Naturschriftsteller Bill McKibben. Viele Affen leben in komplexen Gruppen; trennt man ein Tier von seinen Artgenossen, so zeigt es schnell psychische Störungen und geht schließlich zugrunde. Nur im Wechselspiel mit einem Gegenüber können sich die seelischen Eigenschaften auch von *Homo sapiens* entfalten. In welchem entscheidenden Maß für ein Neugeborenes die Entfaltung der eigenen Seele von der glückenden Beziehung zu seiner Bezugsperson abhängt, wie sehr das Selbst jedes Einzelnen überhaupt das Produkt einer Gemeinschaft ist, die ihn hervorbringt, habe ich in meinem Buch *Alles fühlt* beschrieben. Der wirkliche Mensch leidet, wenn er von den Beziehungen abgeschnitten wird, die er braucht, weil sie ihn erst ausmachen. Die realen Subjekte, die wir sind, können gar nicht sein, ohne sich beständig in ihrem Gegenüber, in den Wesen der natürlichen Welt widerzuspiegeln und sich ihrer selbst zu vergewissern. Was droht, wenn wir diese Ausfächerungen unserer Seele in die Welten der anderen hinein abschneiden, ist nichts weniger als der viel beschworene »Tod des Subjekts«.

Gewiss: Eine pervertierte Gemeinschaft kann Seelen zerstören, und es ist legitim, sich gegen sie aufzulehnen. Aber Gemeinschaft ist nicht per se pervers. Teuflische Regime konnten nur darum mit den Verheißungen der »Volksgemeinschaft« oder dem Mythos der »Arbeiterklasse« verführen, weil gesunde soziale Bindungen zu den am tiefsten verankerten Grundbedürfnissen der Primatenspezies Mensch gehören. Im Wirtschaftswunder der vorletzten Jahrhundertwende zerbrachen solche Bindungen mit ähnlicher Dynamik wie heute wieder.

Manche mögen sich jener süßen Sommerabende erinnern, als alle Kinder der Nachbarschaft gemeinsam auf den Wiesen hinter der Siedlung Verstecken spielten. Warum verklären Erwachsene ihre Studienzeit, wenn nicht wegen der intensiven Gemeinschaft, die sie dort erleben durften, auch wenn sie unter ihr litten? Es ist klar: Soziale Bindungen lassen die Freiheitsgrade unserer Existenz zusammenschnurren. Wenn eine Liebespartnerschaft sich um ein Kind bereichert, nehmen die Pflichten meist so überhand, dass kaum noch Raum zum selbstbestimmten Lebensgenuss bleibt. Und dennoch empfinden viele junge Eltern diese Zeit wie einen langen Rausch.

Psychologen vermuten, dass Menschen paradoxerweise gerade das Schrumpfen der Wahlmöglichkeiten guttut – solange es sich freilich um produktive, dem Menschen gerechte Pflichten handelt, die sie dagegen eintauschen, und nicht um das Mundverbot in einer Diktatur. Die entscheidenden Faktoren für Wohlergehen und innere Gesundheit des Gemeinschaftswesens Mensch sind nicht Aktienportfolios, sondern gelungene Bindungen und ihre positiven Folgen. Dazu zählen ein Freund, der mir zuhört, wenn mich ein Problem beschäftigt, und mir mit seinem Verständnis eine unerwartete Lösung zeigt, ein Partner, für dessen Fortkommen ich einen Teil meiner Zeit aufbringe, ein Kind, dessen Wachsen ich spüre, Nachbarn, bei denen ich mir Butter borgen und mit denen ich an einem Frühlingsabend eine Flasche Bier am Gartenzaun trinken kann.

Untersuchungen belegen: Am wohlsten fühlen sich Menschen, die verheiratet sind, die ein gutes Verhältnis zu ihrer Familie pflegen und stabile Beziehungen zu guten Freunden aufrechterhalten. Überdurchschnittlich zufrieden sind auch all jene, die einer religiösen Gemeinschaft angehören. Dysfunktionale Sozialkontakte hingegen machen geradezu krank: Eine Studie der amerikanischen Carnegie Mellon Universität ergab, dass Menschen mit signifikant weniger Bindungen zu Freunden und Verwandten ein im Schnitt viermal höheres Erkältungsrisiko haben als ihre besser in die Gemeinschaft eingebetteten Mitmenschen. Ein notorisch einsamer US-Bürger kann seine To-

110

deswahrscheinlichkeit im folgenden Jahr *halbieren*, sobald er sich in einem Verein engagiert.

Niemand vermag sich allerdings eine funktionierende Partnerbeziehung zu kaufen, nicht einmal in Zeiten von Web 3.0. Was auf dem Online-Markt zu haben ist, erscheint zwar in vieler Hinsicht wie ein verlockender Ersatz für die Höhen und Tiefen (die »guten wie die schlechten Zeiten«) einer Zweierbeziehung aus der wirklichen Welt: auf Mausklick verfügbare Momente von rauschhafter Intimität. Partner-»Börsen«, der Chat auf Myspace, die Verabredung im Joyclub – das sind Ekstasen der totalen Verfügbarkeit. Intimität wird so greifbar wie der Trinkjoghurt im Kühlschrank. Das ist faszinierend, und zugleich verkehrt es den Charakter der Wirklichkeit, die noch immer – und auf absehbare Zeit auch weiterhin – von Wesen aus Fleisch und Blut bevölkert wird und nicht von Avataren aus dem Netz. Denn ist alles durch einen Kaufakt verfügbar und vorherbestimmbar (»Möchten Sie Nixe007 eine Nachricht schicken, erwerben Sie die 3-Monats-Mini-Mitgliedschaft für 29 Euro und klicken Sie hier«), dann wird die Realität im Vergleich dazu mühsam und langweilig. Echte Personen erfordern Hingabe, Konzentration, das Aufgeben von eigenen Zielen: Man kann sich ihnen gegenüber nicht ausloggen.

Aber nur diese Mühen, diese Einschränkungen der eigenen Freiheit, führen zu der Erfahrung eines Schicksals, das sich mit Notwendigkeit und »Echtheit« füllt. Indem die Enge der Verpflichtungen eintauschbar wird gegen die Weite der Wahlmöglichkeiten, ist auch die natürliche, aus den essenziellen Bedürfnissen eines biologischen Subjekts wachsende Erfahrung bedroht, die Erfahrung von Angewiesenheit, von Aufgehobensein, die unbequeme Erfahrung eigener Begrenztheit, die ein Vorgeschmack des Todes ist, ohne den doch das Leben nicht möglich wäre.

GERADE QUALITÄTEN WIE FREUNDSCHAFT, partnerschaftliche Nähe, Vertrautheit mit dem eigenen Nachwuchs, diese immateriellen Werte, für die man nicht nach Geld gieren muss, weil man sie nicht kaufen kann, werden von unserer Weltdynamik, in der immer mehr Qualitäten den Charakter von Waren annehmen, liquidiert. Wenn man genau hinschaut, scheint es fast, als beteiligten wir uns im Namen des Glücks an einer großangelegten Verschwörung zur Vernichtung von – Glück. Das ist der »Verblendungszusammenhang«, von dem die Philosophen Max Horkheimer und Theodor W. Adorno sprachen: Dass die Menschheit gerade das opfert, was sie sucht, um es zu finden. Die Suche nach Erlösung schlägt in ihr Gegenteil um.

Die größte Beklemmung, unter der heute beinahe 80 Prozent aller befragten Deutschen leiden, besteht darin, keine Zeit zu haben, weder für die eigenen Kinder (die gehen in den Hort) noch für Treffen mit Freunden oder für den Besuch bei den Eltern daheim – geschweige denn für das, was vielen Menschen als wichtig erscheint: als empfindender und gebundener Mensch zu *leben*. Die To-do-Liste ist zum Sinnbild unserer Epoche geworden, beobachtet der Soziologe und Philosoph Hartmut Rosa – so wie in den 1930er Jahren vielleicht die Stechuhr. Es scheint paradox: Obwohl die Menschen wissen, dass sie nicht das tun, was sie wollen, fühlen sie sich nicht in der Lage, ihr Verhalten zu ändern.

Wie sehr soziale Strukturen unseren Bedürfnissen gerade dann entgegenkommen, wenn sie nicht unter dem Diktat der Effizienz stehen, zeigen Beobachtungen auf Bauernmärkten. Ihre Besucher treffen hier im Schnitt mit zehnmal so vielen Menschen zusammen wie Käufer, die ihren Drahtkorb durch die einsamen kunstbelichteten Gänge eines Discounters schieben. »Die Wirtschaft zu re-lokalisieren heißt immer auch, sie zu re-sozialisieren«, sagt der amerikanische Umweltphilosoph und -autor Bill McKibben.[42] Es heißt, Bedürfnisse nach fossilen Brennstoffen für Transporte und Versorgungsfahrten zu reduzieren. Es heißt Arbeitsplätze an Ort und Stelle. Es heißt mehr

Gewinn in den richtigen Händen. Und es verheißt die Möglichkeit zu Humanität.

Letztlich belebt dieses urtümliche, dörfliche Gefühl des Sich-Kennens, des Erkanntwerdens, des lockeren Schwätzchens im Vorübergehen gerade auch die begehrten Winkel der großen Metropolen, den Stuttgarter Platz in Berlin, die Place St-Sulpice in Paris, früher das New Yorker Greenwich Village. An diesen Orten zeigt sich zudem unmissverständlich, dass eine solche Form von Lebensqualität, die unsere tiefsten Bedürfnisse befriedigt, eine unmittelbare ökonomische Dimension hat. Wer hier eine Immobilie besitzt, hat gut investiert. Das Kostbare und das Angenehme – also sozusagen das Artgerechte – gehen eine fruchtbare Allianz ein und bedingen keinen schlechten Tausch wie in der real existierenden Wirtschaft. Dort bringt Profit oft das, was dem Leben schadet, aber dieser Gewinn ist kaum jemals dauerhaft: Eines Tages muss irgendjemand für solche auf Pump zustandegekommenen Einkünfte den wahren Preis begleichen. Denken wir etwa an eine Phosphatmine, die mit ihren giftigen Schlacken eine schöne Landschaft zerstört und das Leben der Bewohner beeinträchtigt: Sobald der Rohstoff ausgebeutet ist, muss für viel Geld aufgeräumt werden, die nun arbeitslosen Bewohner benötigen Hilfe. Die Verluste für die Allgemeinheit sind möglicherweise viel höher als der Gewinn des Bergwerks.

ALL UNSER HAUSHALTEN FINDET in einem geschlossenen Gehäuse statt: dem der lebenden Biosphäre. Jeder Gewinn, der nicht wieder in die bestehenden Kreisläufe zurückgespeist wird, muss irgendwann von irgendjemandem ausgeglichen werden. Alle Profite sind von der Biosphäre, von der Gemeinschaft der lebenden Wesen nur geliehen. Irgendeiner muss bezahlen, wenn ein Einzelner seinen Mehrwert nicht zurückgibt. Eine gelingende Ökonomie oder ein wirklich nachhaltiges, »biokapitalistisches« Unternehmen muss sich daran messen lassen, dass alle Aspekte seiner wirtschaftlichen Bilanz im Ganzen positiv sind: Kapitalgewinn, Zufriedenheit der Menschen, Wachstum der Biosphäre. Bei der richtigen Lösung stimmen sowohl ökologische Stabilität als auch ökonomische Prosperität. Dann wird Wirtschaften zur angewandten Lebenskunst. Erst dann ist die wahre Ökonomie erreicht, die sich von der Ökologie nicht mehr unterscheidet.

Die Menschen im Villgratental sind Pioniere dieser neuen Art von umfassender oder holistischer Nachhaltigkeit, wenn auch die meisten von ihnen sich diese Rolle gewiss nicht ausgesucht haben. Die Osttiroler Berglandschaft zeigt heute schon, dass sich auch scheinbar antimonetäre Tugenden in reales Geld umsetzen lassen, dass sie in einer gewandelten Welt, die ihre Schwerpunkte und ihre Rahmenregeln anders setzt, auch das vermögen, was sonst immer nur dem von jeder Emotion entleerten Markt allein zugetraut wurde: Güter an die richtigen Stellen zu verteilen und dabei Profite zu generieren.

Hier, zwischen den Lärchen und den stummen Steinen, zeigt sich, dass der wahre Profit viele Dimensionen hat, dass Haushalten auch bedeuten kann, mit dem Wert der Dinge sein Einkommen zu erzielen und nicht nur mit ihrem Preis. Die Wahl besteht nicht zwischen dem Inhumanen, dem Lebensfeindlichen, das allein den Gewinn bringt, und einem Leben als Subsistenzbauer des 12. Jahrhunderts. So wurde die letzte große Konfrontation zwischen Ökologie und Wirtschaft zugespitzt, die der 1970er und 1980er Jahre. Sie endete mit dem stillschweigenden Sieg der Wachstumsvertreter und ließ die Anhänger eines anderen Weges in latenter Ausweglosigkeit zurück. Wir haben einfach gerade nicht genug Geld, um uns eine heile Natur, produktive Gefühle, kurz, den Luxus der Wahrheit leisten zu können, sagten die Sieger dieses Kampfes. Das dem Leben Wohlgesonnene, das Humane, wurde zu einem Wohlstandsanspruch, den man nach Feierabend angeht, wenn die wichtigen Dinge geklärt sind. Inzwischen zeigt sich, dass Wohlstand, wahrer Wohlstand, immer auf der Seite der Nachhaltigkeit zu finden ist. Der eigentliche Wohlstand besteht schlicht darin, *leben* zu können.

WER NOCH MEHR VON DER SEELE des Villgratentals erfahren will, muss zur Wegelat-Mühle hinauf. In einer engen Schluchtbiegung zur Oberstaller-Alm hin kauert das hölzerne Sägegatter, bereits seit 1852. Lawinen und Hochwasser hat es überdauert und das Vergessen im 20. Jahrhundert. Frisch geschnittene Bretter davor zeigen ihre gelben Kanten. Der pensionierte Sägemüller Peter Rainer, der heute die Mechanik regelmäßig in Betrieb setzt, hat als Kind im väterlichen Werk unten im Drautal die alte Technik gelernt.

Drei unterschiedliche Wasserräder treiben drei jeweils eigene Sägen an – eine zum Kappen der Stämme, eine zum Zerteilen in dünne Bretter und eine zum Geradeschneiden der Bohlen. Alles, was man braucht. Unverstromt, ohne Umweg. Die nach Holz hungernden Venezianer haben im 15. Jahrhundert die Technik mitgebracht. Heute können die Bauern sich hier ihr Holz schneiden, wenn sie es im Wald geschlagen haben. Ab 1950, »als die guten Wohlstandsjahre kamen«, erzählt Rainer, »sind alle kleinen Werke an den Bächen zusammengerottelt und zusammengefaulet«. Dieses hier rettete der Heimatverein 1990 unter der Ägide von Alois Mühlmann, der heute das ökologische Feinschmeckerrestaurant »Gannerhof« führt. Alles haben die jungen Bauern allein wieder zusammengedübelt.

Wer sieht, wie Rainer die Säge in Betrieb setzt, der begreift, dass das hier kein Museumsstück ist, sondern die Demonstration einer atemberaubenden Logik, die lange von einer anderen, bequemeren Denkweise überdeckt wurde. Es ist die Logik von Pionieren wie Schett oder Mühlmann, die Logik vollkommener Nachhaltigkeit. Als Rainer eine Holzwand verschiebt, ändert der Bach abrupt seinen Lauf. Aus drei Metern Höhe stürzt er sich nun auf die schlanke Spindel des Gattersägenrades hinab, die sich in einem Gischtschwall mit solcher Spontaneität und Vehemenz zu drehen beginnt, dass man jubeln möchte. Sofort beginnt drinnen die Mechanik zu knarren und zu ächzen, der eingespannte Baum wird vorangezogen und vom auf- und absausenden Sägeblatt stetig zerteilt – ohne den geringsten CO_2-Ausstoß. Rainer angelt mit einem Haken nach der frischgeschnittenen Bohle, die nun der sirrenden Kreissäge zum Fraß vorgeworfen wird. All das ist mühsam, händisch mühsam, und doch zugleich von einer majestätischen Leichtigkeit und Selbstverständlichkeit. Regen tropft auf das Schindeldach, es riecht von draußen nach Flechten und Laub.

»Geht's einfacher?«, fragt Rainer, und in seinen Augen ist wieder jenes Funkeln der Zufriedenheit zu erkennen, mit dem diese Talbewohner irgendwie gesegnet scheinen, das Funkeln einer quicklebendigen Welle im flinken Bergbach, das Funkeln des letzten Schnees, unerreichbar dort oben.

5 WIE DAS LEBEN WIRTSCHAFTET

»Die Geschichte zeigt uns unser ganzes Elend. Die Sonne zeigt uns, dass die Geschichte nicht alles ist.«

Albert Camus[43]

JEFFREY LOCKWOOD IST EIN BEMERKENSWERTER BIOLOGE. Als junger Assistenzprofessor begann er vor Jahren, die Grashüpfer im Bergland des US-Staates Colorado zu studieren. Lockwood wollte einen Fachartikel über ihr Verhalten schreiben, dessen Einzelheiten bisher kaum bekannt waren. Nur eines galt als sicher: Es musste dem kalten Kalkül evolutionärer Nutzenmaximierung folgen. Lockwood stellte endlose Juli- und Augusttage lang jeden Morgen seinen Wagen an der Straße ab und marschierte dann querfeldein, kletterte über felsige Blöcke, bahnte sich seinen Weg durch Gebüsche von Bergmahagoni, bis er zu einer kleinen Steilwiese kam, seinem Untersuchungsgebiet. Dann begann er zu warten, die Videokamera immer schussbereit am angespannten Hals.

Und er musste viel warten. Stechfliegen und Mücken plagten ihn, spitze Samenkapseln verhakten sich zwischen Kleidern und Haut, eine bohrende Sonne ließ ihm den Schweiß über die Stirn rinnen. Und die Grashüpfer? Sie taten – nichts. Kaum ein Viertel jeder Stunde ließen sich die Insekten zu einer Aktivität herab – manche knabberten ein bisschen Gras, andere paarten sich beiläufig, manchmal vertrieb einer den anderen aus seinem Revier. Aber meist hingen die Heuschrecken an einem Halm und verharrten dort regungslos.

Lockwood war schockiert. Grashüpfer haben eine tägliche

Todesrate von zwei Prozent – nach dem Sommer ist nur noch ein Drittel von ihnen übrig. Wenn das kein Rahmen für den Kampf ums Dasein ist! Nach allen Regeln der Evolution müssten sich die Heuhüpfer darum abkämpfen, so viel wie möglich zu fressen, so schnell wie möglich Kinder zu zeugen und so wenigen Artgenossen wie möglich dabei etwas übrig zu lassen. Doch kaum etwas von alledem beobachtete Lockwood. Die Tiere taten – nichts. Obwohl der Biologe nach dem Sommer in monatelanger Kleinarbeit drei Regalmeter VHS-Kassetten durchsah, konnte er kein Gerangel ums Überleben feststellen, sondern nur entspanntes Herumhängen.

»Aus der Perspektive von Ökologie und Evolution ist diese Untätigkeit sehr schwer zu erklären«, sagt Lockwood. »Es gab kein gieriges Verschlingen schwindender Vorräte, kein Kopf-an-Kopf-Rennen, um die letzten Futterstoffe aus der Vorratskammer zu ziehen. Wenn wirklich einmal alles gefressen war, machten sich die Heuschrecken, zu Fuß oder fliegend, einfach auf zu grüneren Weiden ... Grashüpfer missachten eine Ökonomie, die sich nur für Energie oder Gene als Währung des Lebens interessiert«, resümiert der US-Biologe.

»Ökologie und Evolution sind fest in der Struktur der menschlichen Wirtschaftswissenschaften verankert«, beobachtet der Insektenforscher weiter. Aber, so bemängelt er: »Diese Erklärungssysteme setzen voraus, dass die Dynamik des Lebens daraus erwächst, dass essenzielle Ressourcen begrenzt sind und daraus ein brutaler Wettkampf entsteht. In einer subjektiven Übersprungshandlung bilden wir uns ein, dass der Wettstreit um knappe Ressourcen das Leitmotiv aller Lebewesen sei, bloß weil dieses Thema unser eigenes Verhältnis zur Welt bestimmt.«[44]

Gerade für die Effizienz muss immer wieder die Natur als Beispiel herhalten. Aber in wie vielen Fällen spricht der wissenschaftliche Volksmund, der auch aus den meisten Lehrbüchern schallt, den Mythos schlicht nach, statt ihn selbst an der Wirk-

lichkeit zu überprüfen? Die Photosynthese etwa, der Energie-
motor an der Basis allen Lebens, ist äußerst ineffizient. Sie hat
einen extrem schlechten Wirkungsgrad. Nur im Schnitt 3 bis 5
Prozent der eintreffenden Sonnenenergie wandelt die Pflanze
in Biomasse um – der Rest verfliegt. Menschengemachte Photovoltaik, die Erzeugung von Strom aus Sonnenlicht, hat schon
jetzt einen viel höheren Ausbeuteanteil.

Dafür wächst die Pflanze von allein, ohne jedes Zutun aus
dem Staub des Bodens, überall, wo ein Same hinfällt. Sie ist
nicht effizient, sondern *redundant*: Es gibt so viele Artgenossen,
dass natürliche Zerstörung einem Ökosystem kaum je etwas
ausmacht, und dass der Abfall, die Überreste, gleich wieder zu
neuem Keimen Kraft verleihen. Die Pflanze ist nicht sparsam,
sondern *lebendig*: Sie stellt sich niemals außerhalb des Kreises,
in den die Energie der Sonne fließt.

IN WAHRHEIT IST DIE NATUR ÜBER ALLE MASSEN verschwen-
derisch. Sie wirft mit Tod und Leben um sich, als wäre es nichts,
sie geizt niemals, weil alles zurückkehrt. Ein Kabeljauweibchen
allein legt mehrere Millionen Eier in der Tiefe der See ab, von
denen nur zwei zu geschlechtsreifen Fischen heranwachsen müssen, damit die Kette der Existenzen geschlossen bleibt. Ihre Fortsetzung wird nicht über engherziges Optimieren gewährt, sondern durch ein Ausschenken mit voller Hand.

Gerade das Meer ist eine maßlose Welt der Fülle, in die alle
Bewohner ihr Schicksal mit einer von uns kaum zu erfassenden
Schrankenlosigkeit hineingebären. Im Frühsommer etwa um-
wölken sich die Riffe der Felsküsten mit Billiarden und Aberbil-
liarden von Eiern und Larven, die aus den Leibern der Wesen
quellen, um sich im freien Wasser zu vereinen und wieder neue
Scharen von Muscheln, Polypen, Schnecken, Krebsen und Ko-
rallen zu bilden. Der Tod der einen Larve ist dabei das Jubel-
fest der anderen und gewährleistet, dass das ganze Ökosystem
weiter besteht. Die Natur ist ineffizient, aber sie macht diese

mangelnde Effizienz durch nie gesehene Verschwendung wieder wett.

Auch die großen Raubtiere, im Vorabendprogramm, aber auch im zoologischen Anfängerkurs gerne als hoch effiziente Beutefangmaschinen dargestellt, werden dieser Legende alles andere als gerecht. Löwe, Wolf, Orca und Thunfisch sind zwar stark, schnell und mächtig, aber sie sind nicht sparsam. Sie sind, wie Straßenkreuzer mit V8-Motor, pure Energieverschwender, die für viel Leistung eine Masse Energie verbraten. Überhaupt ist Warmblütigkeit eine sehr ineffektive Erfindung. Während wechselwarme Amphibien und Reptilien 15 bis 30 Prozent der aufgenommenen Nahrungsenergie zum Aufbau ihrer Körpermaterialien verwenden, bleiben Warmblütern davon nur verschwindende 0,5 bis 3 Prozent. Der Rest geht für die Unterhaltung des Körpers drauf – etwa, um die eigene Temperatur zu halten, aber auch zur rastlosen Nahrungssuche. Wirklich effiziente Tiere sind solche mit extrem niedrigem Kreislauf – festsitzende Kaltblüter, wie etwa die Seelilien der eiskalten Tiefsee.

DIE ERSTEN MENSCHLICHEN ZIVILISATIONEN – und die letzten, die noch nicht von der Globalisierung verschlungen worden sind – folgten dem großzügigen Muster natürlichen Haushaltens. Der Ethnologe Marshall Sahlins rekonstruierte, dass prähistorische Menschen nur wenige Stunden – etwa vier oder fünf – am Tag mit »Arbeit« beschäftigt waren. Sie jagten oder sammelten Speisen aus nur ihnen bekannten üppigen Vorräten – und das nicht einmal an allen Tagen. Schlaf am Tag war weit verbreitet, Freizeit und Arbeit ließen sich kaum auseinanderhalten, und selten hat sich jemand überanstrengt. Die frühen Menschen haben viel weniger geschuftet als wir – und erst recht viel weniger als ihre direkten Nachfolger, die ersten Bauern nach der neolithischen Revolution, die von ungewissen Ernten abhängig waren und einer plötzlich als feindlich empfundenen Natur die Nahrung »im Schweiße ihres Angesichts« abringen mussten. Nicht so die

Jäger und Sammler, wie die letzten dieser Völker heute noch zeigen.[45]

Auch hier zeichnet der evolutionär-ökonomische Mythos, den die populäre Presse unaufhaltsam wiederkäut, ein falsches Bild. Ewig hungrig, gierig und lüstern sei der Affenmensch durch die Savannen geschlichen, liest man. Nur so ist im Rahmen unserer Optimierungs-Ideologie scheinbar zu klären, warum etwa die Grammatik unserer Sprache entstehen konnte, deren Ausdrucksreichtum zu mehr als einem bloßen Informationsaustausch befähigt. Im ewigen Krieg um den besten Partner zeichnete sich angeblich das Männchen aus, das die schönsten Sätze drechseln konnte: Poesie als Kriegsgewinn. In solchen Zerrbildern der eigenen Geschichte zeigt sich noch einmal in aller Deutlichkeit der gefährliche Zirkelschluss unserer Zivilisation. Sie bildet auf ihre eigene Vergangenheit (und auf alle Natur) die gerade gültigen Regeln der Gesellschaft ab – und erklärt dann die Gesellschaft evolutionsbiologisch mit genau diesen angeblich objektiven Gesetzmäßigkeiten. Weil – schon seit Malthus' Zeiten – unser Alltagsleben offenbar ein Krieg um knappe Mittel ist, muss der Mensch sich eben als Sieger in einem äonenlangen Kampf um ein begrenztes Angebot herausgebildet haben. Und weil somit das Leben als Krieg um Ressourcen zu verstehen ist, müssen wir uns heute für den erbarmungslosen Wettstreit wappnen und können nur dann weiterkommen, wenn wir immer wieder siegen, wenn unsere Gier und unsere Selbstsucht sich nicht ablenken lassen. Schöner hätte diese Form von Logik auch ein scholastischer Theologe beim Disput im Kapitelsaal nicht hinbekommen können.

Folgt man aber Sahlins und anderen Ethnologen, so war offensichtlich das Gegenteil der Fall: Zu Vorzeiten herrschte demnach der ursprüngliche Überfluss. Fast mag es darum so scheinen, als hätte sich der Mensch beim Übergang vom Jäger- und Sammlerleben zum Ackerbau selbst des Paradieses verwiesen. Er aß vom Baum der Erkenntnis – er löste sich aus der unbewussten Verwobenheit mit der Umgebung, wie sie Tiere und Pflanzen zeigen – und handelte sich damit eine Menge Arbeit ein.

Wie erstaunt war der Ethnologe Sahlins, als er erlebte, dass die von ihm untersuchten Völker auch in knappen Zeiten keinen Vorrat anlegten, wenn sie eine Nahrungsquelle aufgetan hatten. Sie aßen alles auf und ließen die Reste verderben. »Morgen ist ein neuer Festtag!«, riefen Sahlins' Gesprächspartner. Und wenn nicht? »Dann eben übermorgen! Irgendwann werden wir schon wieder reichlich Nahrung finden!« Die australische Anthropologin Josephine Flood hat beobachtet, dass solcher Optimismus durchaus berechtigt ist: Archaische Völker kennen ihre Ökosysteme oft so genau, dass die Menschen kaum jemals unterernährt sind, häufig aber in der Fülle einer reichen Ernte schwelgen können. So labten sich Aborigines in manchen Jahreszeiten wochenlang an den gefüllten Vorräten der Honigtopfameisen. Die süßen Leckerbissen wuchsen ihnen quasi in den Mund.

»Die Eingeborenen lassen ihre ökonomischen Möglichkeiten ungenutzt«, staunte Sahlins – sie könnten eine florierende Naturalienwirtschaft aufziehen und mit Rohstoffen handeln, liegen aber stattdessen lieber in der Sonne und machen Späße. Und sie kümmern sich um ihre Kultur. Sie sind einfach nur da – aber sie suchen den Ausdruck, die Symbolik, die Poesie. Auch das ist möglicherweise nichts als eine Verfeinerung der Grundtendenz des Lebens, sich zu zeigen, mit sich selbst und seiner puren Gegenwart zu prunken – nicht im Dienste eines Nutzens, sondern *nur so*, als Spiel. Wohl in keiner Gesellschaftsform ist der geistige Kosmos ein so wichtiger Bestandteil des Lebens wie in den prähistorischen Gemeinschaften. Ritual, Feier, Kunst sind tägliche Praxis. Die Welt ist beseelt – und sie ist weniger ein Kampf als vielmehr ein Fest. Das, was die Ökonomie als ihr Grundaxiom begreift – die Notwendigkeit, knappe Mittel zwischen konkurrierenden Interessen aufzuteilen –, war für die meiste Zeit der menschlichen Geschichte, für die erste Million Jahre, in der es die Spezies und ihre direkten Vorläufer gibt, überhaupt nicht Bestandteil der Wirklichkeit.

Wie sehr zwecklose Fülle die Vielfalt des Lebens dominiert, hat der US-Evolutionsbiologe Stephen J. Gould immer wieder herausgestellt. Von ihm stammt die Hypothese, dass die meisten Eigenschaften, die von den Ökonomen des Lebens heute in ihrer Nützlichkeit für die Selektion erklärt werden, *einfach so* entstanden sind, als Beiwerk, weil eine andere Eigenschaft sie zufällig mit sich brachte. So wie die Gewölbezwickel, die Halbbögen zwischen den Säulen mittelalterlicher Kirchen zunächst nur aus statischen Gründen eingesetzt wurden, später aber zu einem zentralen Element in der Bildersprache des Gebäudes avancierten, ließen sich viele biologische Eigenschaften aus dem Überschuss erklären, aus der Fülle. Folgt man Gould, dann ist die Sprachkunst nicht als Mittel zum Zweck des besseren Überlebens entstanden, sondern hat sich erst als ein neues Spielfeld des Ausdrucks gebildet, sobald das Vermögen zur basalen Verständigung einmal da war.

VIELE BIOLOGEN SIND DER MEINUNG, DASS sich ihre Wissenschaft schon immer vor allem um ein einziges Thema drehte: um das Überleben angesichts knapper Ressourcen im Haushalt der Natur. Darwin hat in seiner Evolutionstheorie diese Ökonomie des Lebens als einen Krieg beschrieben, bei dem die einen gewinnen und die anderen notwendig untergehen müssen. Für den Darwinisten gibt es keine Eigenschaft, kein Körpermerkmal, kein Verhalten, das nicht von der gnadenlosen Selektion auf seinen Nutzen und seine Effizienz hin geprüft worden ist. Aber dieses Bild zeichnet nur die *eine* Biologie – jener Kapitalismus der Natur, der zugleich mit der Physik des Marktes im viktorianischen England geboren wurde.

Doch es gibt auch noch die andere Biologie. Diese lange Zeit versteckte Wissenschaft des Lebens erkennt mittlerweile, in welchem Maße alle organischen Vorgänge schöpferische Prozesse sind, wie wenig bereits die Zelle einer Maschine oder einem Computer gleicht, wie sehr sie vielmehr beständig darum bemüht ist, sich als Individuum neu hervorzubringen und sich gegenüber den wechselhaften Einwirkungen der Umgebung zu erhalten. Wesen erfahren die Welt so von Anfang an gefärbt von Werten. Alle Begegnungen sind förderlich oder bedrohlich, gut oder schlecht. Darum kann man sagen: Organismen *fühlen*, weil sie keine Maschinen sind, sondern Fleisch gewordener Antrieb, zu sein, ein Zentrum des Interesses, das jederzeit scheitern kann und dem darum an seiner Weiterexistenz unendlich gelegen ist.

Ich habe diese neue Lebenswissenschaft, die sich in den Forschungslabors der Entwicklungsbiologen ebenso abzeichnet wie in den Simulationen der Kognitionsforscher, in meinem Buch *Alles fühlt* als *Schöpferische Ökologie* bezeichnet: »Schöpferisch«, weil alle Lebensleistungen sich als ein Hervorbringen verstehen lassen, ein Streben hin zur eigenen Verwirklichung und zum Ausdruck, zu einem unversehrten Körper, zu Blüte und Vermehrung. Als »Ökologie« lässt sich diese neue Sicht der Dinge beschreiben, weil sich die einzelnen Wesen nicht als voneinander getrennte Einzelkämpfer durchschlagen, sondern weil die Grenzen zwischen den jeweiligen Subjekten fließend sind: Schon der Körper jeder Zelle ist kein dauerhafter Block, sondern steht in einem ständigen Austausch, wechselt seinen Stoff mit den anderen Lebewesen eines Ökosystems, nimmt seine Materie von anderen auf und gibt seine Atome dann weiter an ein neues Wesen, das sich von ihm ernährt.

Der Haushalt der Natur ist ein zutiefst poetischer Prozess, eine dauernde Verwandlung von allem in alles. Er ist ein Zusammenhang, der sich beständig neu herstellt, und kein Krieg von jedem gegen jeden. Evolutionsforscher wie Lynn Margulis und Steven Rose haben in den letzten Jahren entdeckt, wie sehr Kooperation und Symbiose das Reich des Lebendigen kennzeichnen, wie tief verflochten die Lebenslinien unterschiedlicher

Arten sind und wie selten es Sinn ergibt, einzelne Spezies und Individuen aus dem Gewebe der Natur herauszutrennen. Bereits unsere Zellen wie die aller höheren Wesen, der Eukaryonten, sind ein Verbund aus einst unabhängig voneinander existierenden Bakterien. Die einzelnen Zellsubjekte handeln miteinander eine friedliche Koexistenz aus, die nur in seltenen Fällen durch egoistisches Wuchern, »bösartige« Geschwüre nämlich, zerstört wird. Jeder Körper, bevölkert von Billionen unterschiedlicher Selbste, gleicht in vieler Hinsicht einem Ökosystem. Und auch dort sind die Grenzen zwischen den einzelnen Mitspielern so wenig klar gezogen, dass ein Wald etwa viele Gemeinsamkeiten mit einem einzelnen Körper hat, der sich selbsttätig in einem Gleichgewicht zu halten vermag, Schwankungen ausgleicht und ein optimales Gedeihen anstrebt. Bäume und andere höhere Pflanzen können überhaupt nur Nährstoffe aus dem Boden aufnehmen, weil ihre Wurzeln mit weitläufigen Pilzgeflechten umwickelt sind, der Mykorrhiza, ohne die der überirdische, grüne Teil des Gemeinschaftswesens Pflanze-Pilz nicht existieren würde. Der Wettstreit um knappe Ressourcen – um Nahrung, um Brutplätze, um Licht und Wasser – ist somit *ein* Element der organischen Wirklichkeit. Die Untrennbarkeit aller Individuen und ihr Zusammenhalt mit der Materie, aus der sie hervorgehen, ein anderes.

DIE BIOLOGIE, DIE WISSENSCHAFT VOM LEBEN, hat die Befreiung der Ökonomie begonnen. Forscher erkennen, dass sie mit den Denkschemata des 19. Jahrhunderts nicht die Probleme von heute lösen können. Sie begreifen Leben aus der Sicht einer fühlenden Individualität, die nicht allein auf Ressourcenoptimierung zu reduzieren ist, und kritisieren daher die einseitige Interpretation biologischer Fakten. Sie entlarven so den größten Irrtum des Abendlandes: zu glauben, in der Natur lägen die Fesseln, und das wahre Heil sei nur in einer prometheischen Auferstehung zu finden. Im 6. Jahrhundert vor Christus schon sagte der chinesische Weise Laotse: »Mensch, wage nur eines nicht, wider die Natur zu handeln.«[46] Für die humanistische Ökonomie, die wir suchen, müssen wir darum eine Naturgeschichte der Freiheit schreiben. Oder vielmehr: Wir müssen ihre versprengten Indizien neu entdecken, in den Labors avantgardistischer Biologen wie Francisco Varela, Jesper Hoffmeyer und Lynn Margulis, in der »Orphischen Wissenschaft« der Dichter Johann Wolfgang von Goethe und Samuel Taylor Coleridge, der Bio-Philosophen Hans Jonas und Jakob von Uexküll, in der Wirklichkeit lebender Wesen um uns herum und nicht zuletzt in unseren eigenen Gefühlen. Wir müssen, um dem bewundernden Lob des russischen Schriftstellers Leo Tolstoi für den Kritiker, Philosophen und sozialen Vorkämpfer John Ruskin zu folgen, *mit dem Herzen denken.*

Die Leitfrage dabei lautet: Welche Antworten hat die Natur unter dem Blickwinkel einer schöpferischen Ökologie auf die Leitsätze der Wirtschaftswissenschaften? Was wir suchen, ist eine Naturtheorie schöpferischer Freiheit. Diese wäre für die Biologie *und* für die Ökonomie gültig – so wie auch die Optimierbarkeit von Newtons Kosmos im 19. Jahrhundert ein universelles Erklärungsmuster für jede Art von Fortschritt darstellte. Darwinistische Evolution ist nur ein Unterkapitel, nur eine Art und Weise, wie sich Vielfalt selbst herstellt. Andere Wege sind Kooperation, Verflechtung, gegenseitige Katalyse, spontanes Aufschießen neuer Strukturen und der Wechsel von Hierarchieebenen – was in einer Nährlösung eine individuelle Zelle ist, verhält sich in einem Körper als Teil eines Gewebes.

Die Selbstorganisation in einem Ökosystem kann nur stattfinden, wenn die Gesamtbedürfnisse des Systems ausbalanciert sind. Nicht alles organisiert sich selbst – auch die Selbstorganisation hat einen Rahmen, nämlich die physikalischen und chemischen Grundgesetze. Der Raum, in dem sich ein System entwickeln kann, folgt also Vorgaben und kann überhaupt nur darum eine geordnete Struktur hervorbringen. Jede produktive

Entfaltung hat Grenzen. Freiheit kann sich nur in diesen Grenzen organisieren. Der Biologe Geerat Vermeij stellt fest: »Die Formen biologischer Organisation, die sich über die Zeit bewährt haben, sind solche, bei denen Flexibilität, Irrtumstoleranz und Auftrennung in halbautonome Teile erlauben, rasch auf viele verschiedene Umstände zu antworten.«[47]

Der Kapitalismus freilich vermischt auf unglückliche Weise ein vages Verständnis der Selbstorganisation mit der hierarchischen und zielgerichteten Sicht der Evolutionstheorie. Dies ist das Erbe von Adam Smiths 18. Jahrhundert, das uneingeschränkt positiv dem Verheißungsethos einer Wissenschaft folgte, die eigentlich Religion war. Doch Selbstorganisation, das haben die letzten vierzig Jahre Forschung gezeigt, ist nicht auf Perfektion hin gerichtet. Sie schafft und verändert Strukturen. Selbstorganisation optimiert nicht und erhöht nicht beständig den Effizienzdruck. Sie strebt vielmehr einem »Prinzip der Fülle« zu: der höchstmöglichen Dichte von Strukturen im Raum. Dies führt zu wachsender Komplexität – aber nicht im Sinne eines gewonnen Wettbewerbs, sondern eher als beständiges Ausprobieren, Herumspielen, Gelegenheiten-Ergreifen.

Die Kognitionsforscher Humberto Maturana und Francisco Varela haben den Satz von der Natur als Künstlerin geprägt, die ziellos ihre Fundstücke zusammenfügt und neu kombiniert, so dass sich Reichtum ergibt und Schönheit, aus der dieses zugrundeliegende Spielen und Sich-selbst-Erfahren spricht – und gerade nicht der sklavische Drang zum Zweckhaften. Viele Forscher meinen darum heute, dass die Evolution durch Wettbewerb um begrenzte Ressourcen nur ein spezieller Sonderfall einer allgemeinen kosmischen Tendenz zur Selbststrukturierung sei.

PLANLOSE FÜLLE – DARIN LIEGT DIE ANTWORT der Natur auf die Tendenz des menschengemachten Marktes, Monopole und zunehmend uniforme »global players« zu bilden, mächtige, aber öde Strukturen, die angeblich der Optimierung Vorteile bieten. Im sich selbst hervorbringenden Haushalt der Ökosysteme stellen wir dagegen einige ganz anders geartete Grundtendenzen fest. Ihr wichtigstes Merkmal besteht darin, dass Lebenssysteme stets auf dem schmalen Grat zwischen zu viel Autonomie und zu viel Abhängigkeit balancieren. Folgt man einer Naturtheorie der schöpferischen Freiheit, dann lassen sich für deren Haushalt wenige, aber zentrale »Axiome« aufstellen. Es sind Leitlinien, nach denen sich die Funktionsweise gesunder Ökosysteme interpretieren lässt. Auf ihrer Grundlage ergeben sich die Richtlinien unseres Haushaltens – aber auch die Werte, denen unsere menschliche Natur folgen muss.

Dazu gehört als Wichtigstes die Forderung nach *Fülle, das heißt nach Überfluss statt Optimierung.* Wir erkennen in der Welt – warum auch immer – eine Tendenz zur Diversifizierung, Differenzierung, Aufspaltung, Vermehrung. So wie die Keime neuer Meereswesen das Wasser der Hochsee füllen, ist das Sein offenbar bestrebt, jedes denkbare Volumen auszuloten, alle leeren Räume mit Formen zu füllen. Alles geschieht, was geht – in Freiheit. Neues entsteht – nicht nur das Bessere, sondern schlicht alles, was irgendwie Platz hat.

In größeren Systemen trennen sich kleinere voneinander ab und beginnen eine eigene Identität auszubilden. Lebewesen innerhalb von Ökosystemen sind dafür die besten Beispiele. Alle Lebensprozesse entwickeln sich in einem Wechselspiel aus *Autonomie und Begrenzung.* Auch experimentell ist das nachzuspielen: Lässt man nur die chemischen Reaktionen in einem Gefäß komplex genug werden, so beginnt das Innere ein Eigenverhalten und gewinnt Autonomie. Zugleich ist diese Freiheit des Lebendigen – der Keim auch unserer eigenen Freiheit, die wir täglich erleben – an eine gut funktionierende Grenze gebunden: Nur wenn eine Zelle sich als kompakten, eigenständigen Körper hervorbringt, ist sie lebensfähig. Wenn sie ins Unermessliche wächst, geht sie ein. Jeder Organismus ist derart begrenzt:

Er hat eine bestimmte Struktur. Wird diese missachtet, wie beim Krebs, muss das Wesen sterben. Die Freiheit und Aktionsfähigkeit des Organismus ist also immer mit einer genauen Beschränkung verbunden.

Zwischen allen Beteiligten herrscht intensive *Bezogenheit*. Weil sich alle Ökosysteme aus Modulen zusammensetzen, entsteht Sinn auf einer höheren Ebene immer nur dann, wenn kleinere Einheiten sich in irgendeiner Weise austauschen. Die Schlüsselbegriffe für diese Bezogenheit lauten *Stoffwechsel, Kooperation und Recycling*. So laufen die Nahrungsmoleküle in einem Ökosystem durch alle Lebewesen wieder und wieder in einer zyklischen Kette hindurch. Vögel und Insekten verteilen nährstoffhaltige Samen und lassen so die Pflanzen wachsen, die sie am Leben halten. Konflikt und Kooperation sind zwei Dimensionen dieses Stoffwechsels. Hier liegt die Basis der Konkurrenz – und doch ist sie nicht die ganze Wahrheit. Denn auf der Ebene der Stoffflüsse, aber auch durch die Vielzahl der Symbiosen in einem Organismus und in einem Ökosystem sind die Individuen eines Lebensraumes gar nicht endgültig und unerbittlich voneinander getrennt. Die grundsätzliche Bezogenheit aller Mitglieder des Lebensnetzes hat eine entscheidende Folge: Alle Lebensprodukte sind wiederverwertbar. Es ist ein von uns viel zu wenig gewürdigtes Wunder, dass wir in einem Universum der Essbarkeit leben. Jeder andere Organismus kann von jedem anderen – zumindest im Prinzip – verzehrt werden. Die Durchlässigkeit ist fast vollständig. Ja, auch fast alles, was ein Wesen als Abfall ausscheidet, ist für ein anderes erneut Rohstoff, Baustoff, Nahrung. So leben etwa vom Dung großer Grasfresser viele Insekten, die ihrerseits Vögeln zur Nahrung dienen. Deren Kot wird von Bakterien »gefressen« und wieder in jene Ausgangsmaterialien verwandelt, von denen genährt die Pflanze mittels Sonnenlicht und CO_2 ihren Körper hervortreibt.

Alle Stoffflüsse der Ökosysteme sind an die Leistungen einzelner Organismen gebunden. Es gibt keine Industrien, die etwas herstellen. *Einzelne* verfolgen ihre Interessen und werden so zu einem Teil des Ganzen. *Ein entscheidendes Element des Lebens ist seine Individualität.* Alle natürlichen Produktionsprozesse sind hochredundant, weil ihre Leistungen immer auf der Basis einzelner Individuen erfolgen, die gedeihen und sich erhalten wollen. Wo in der menschlichen Ökonomie der Ausfall eines Kraftwerks Tausende von Haushalten lahmlegt, juckt in der »Sauerstofffabrik« Wald der Ausfall eines Baums wenige. Diese Dezentralisation macht es der Natur möglich, von selbst, ohne Plan optimal zu reagieren. Wenn ich mir in den Finger schneide, gibt es keine zentrale Notrufstelle – sondern die Zellen der betroffenen Gewebe tun von selbst schlicht das, was zu ihrem Überleben nötig ist. Der Rest folgt von allein – wie von »unsichtbarer Hand« gesteuert.

Die Natur ist hierarchisch geordnet, weil alle Systeme aus kleineren Einheiten bestehen und sich ihrerseits zu größeren Gebilden zusammenschließen. Es herrscht das Prinzip der *Subsidiarität und Rückkopplung.* Körper sind nach »unten« hin aus Geweben zusammengesetzt, diese aus Zellen. Nach »oben« hin schließen sich Körper zu Ökosystemen und Gesellschaften zusammen. Diese *Hierarchie* ist zugleich allerdings höchste *Anarchie*: Die höheren Ebenen (etwa der Körper) geben den unteren (den Zellen) nicht die Regeln vor, nach denen sie sich zu verhalten haben – ebenso wenig übrigens wie die »Information« der zellulären DNA befiehlt, wie der Bauplan eines Körpers auszusehen habe. Im Gegenteil: Für die jeweils untere Ebene gibt es nur wenige Regeln des gesunden Gedeihens, bei deren Missachtung der Tod folgt. Der Rest steht den Zellen frei, indem sie ihrem eigenen optimalen Wachstum folgen. Wir haben in dieser Welt der Ökosysteme, Organismen und Zellen einerseits generelle Richtlinien, ohne die kein Gedeihen möglich ist, andererseits aber anarchische Freiheit, wie mit diesen Regeln umgegangen werden kann. Eindrucksvoll funktioniert das etwa beim Aufbau des Adernsystems. Genetisch ist nämlich die Anlage der

Adern nicht vorgegeben, ihre verschlungenen Windungen nicht in einem Skript der DNA kodiert. Vielmehr formt sich Bindegewebe von selbst immer dort zu Gefäßen, wo der Sauerstoffbedarf eines Muskels oder eines anderen Organs am höchsten ist. So kann jede erdenkliche Körperform mit Blut versorgt werden, ohne dass es der vorherigen Planung bedarf. Darum wird auch während des Wandels von Arten in der Evolution ein mutierter Körperbau immer mit dem passenden Adernnetz versorgt. Nach einem ähnlichen Schema finden die Arbeiterinnen von Ameisenstaaten mittels scheinbar erratischer Suchbewegungen den schnellsten Weg zu einer Futterquelle. Diese Form der subsidiären Selbstorganisation ahmen Verkehrsplaner inzwischen nach. Die Biologie wird von dieser Form von Subsidiarität regiert – wenige, existenziell strenge Regeln auf der Ebene des Gesamtsystems, Freiheit auf der Ebene des Individuums. Der »Markt« des Lebens – die in Konkurrenz zueinander stehenden Bedürfnisse der Untereinheiten, der sauerstoffhungrigen Muskelknospen im Embryo etwa, auf die hin die Adern selbstorganisiert zuwachsen – ist so in ein umfassendes Regelwerk eingebunden. Dieses greift zwar nicht nach unten steuernd ein, gibt aber gleichwohl feste Gesetze für das Überleben vor: Der Zusammenhalt des übergeordneten Systems darf durch die Aktivitäten der unteren Ebene nicht zerstört werden. Vielmehr ist die vorgegebene Richtung immer die der größeren Fülle – denn je höher die Komplexität eines Ökosystems, desto stabiler ist es meist.

Die Lebenswelt bevölkern nicht rational kalkulierende Automaten, sondern fühlende Subjekte. Auch das fühlende Selbst, das in allen Wesen schlummert, geht daraus hervor, wie sich der Haushalt der Natur organisiert, wie sich die Stoffe und Energien verteilen und ihre Vielfalt von Mitspielern hervorbringen. *Subjektivität, Fühlen und Ausdruck* sind darum Grundgesetze der Biosphäre. Der Naturhaushalt, die Ökologie des Seins, hat von Anfang an einen Wertaspekt: Wenn die Flüsse der Lebensstoffe gelingen, sind sie *gut*, weil der Organismus so sein Leben, den

Urwert aller Werte, zu erhalten vermag. Die seltsame Polarität zwischen dem in alle Lebewesen eingebauten Bestreben, ihre inneren Möglichkeiten in Fülle zu entfalten, und der Begrenzung, die sie sich dabei geben müssen, weil ja doch jedes nur ein bestimmtes Individuum ist, weil alle, angewiesen auf Nahrung und Energie von einer unberechenbaren Außenwelt, jederzeit mit ihrem Ende zu rechnen haben –, diese Polarität bringt einen Standpunkt hervor: eine Art Selbst, dem seine eigene Existenz etwas bedeutet.

Dieses vage fühlende Selbst ist die Begleitmelodie aller Lebensvorgänge. Organismen sind keine Maschinen und auch keine Nutzenmaximierer, die, wie die Ökonomen glauben, immer einem rationalen Kalkül folgen. Auch nicht der Mensch. Im Gegenteil. Es gibt nichts in unserer Umgebung, das nicht ein Aroma von Gut oder Schlecht im Hinblick darauf trüge, wie es zu unserem Leben steht. Auch die menschliche Psyche ist ein Bestandteil der Welt des Lebendigen. Gerade weil unsere innere Welt nicht von der Natur getrennt ist, kann sie überhaupt an ihrer Freiheit teilhaben. Darum ist sie keine Maschine, kein Computerprogramm, kein subjektloser kybernetischer Algorithmus, kein Sprachspiel.

DAS GELINGEN DIESER FREIHEIT IST SICHTBAR. Weil das Schicksal jedes Wesens niemals eine »rein geistige« Angelegenheit ist, sondern immer an die Materie eines Körpers gebunden, bleibt alles Leben Ausdruck. Mögen die von unserem Bewusstsein am weitesten entfernten Subjekte vielleicht auch gar nichts bewusst empfinden – wenn sie kein Gefühl *haben*, so *sind* sie doch Gefühl. Ein Baum fühlt sich nicht mächtig und stark, aber er *ist* dieses Fühlen als Gestalt. Der natürliche Haushalt des Gedeihens ist darum auch in dieser Hinsicht keine abstrakte Größe. Das Bruttoinlandsprodukt eines Ökosystems ist seine Schönheit, seine Fülle, seine Vielfalt. Wer durch ein noch erhaltenes Korallenriff schwebt, wer durch die sommerliche Wiesenwelt wandert, deren unbotmäßiges Überschießen nicht im Namen des rationalen Nutzenmaximierers gestutzt wurde, der sieht, riecht, schmeckt: All das sind eben keine abstrakten Qualitäten – es sind erfahrbare Wirklichkeiten.

Hier treffen sich die verschiedenen Rechenwege, auf denen sich der Wert der natürlichen Vielfalt summiert. Wirtschaftlichkeit, Vielfalt, Fühlen: Wenn Leben gedeiht, ergeben seine unterschiedlichen Dimensionen am Ende immer den gleichen Saldo unter dem Strich. *Nur ein gutes Ökosystem ist schön, und nur ein schönes Ökosystem vermag langfristig das Überleben unseres Haushaltens in ihm zu sichern.* Nur in einer solchen Welt kann auch die menschliche Wirtschaft mehr erbringen als neues Klingeln in den ohnehin gut gefüllten Taschen derer, die mit der ökonomischen Unwahrheit weiter ihren persönlichen Vorteil nähren. Was gut für die Fülle der Biosphäre ist, muss darum auch gut für den Menschen sein. Die Wirtschaft des Lebens bringt ihre Ethik mit sich: Der gute Haushalt fördert das Gedeihen des Gesamtsystems, so dass dort Überfluss und Verschwendung die Regel werden.

Der amerikanische Pionier des Naturschutzes und Öko-Philosoph Aldo Leopold hat schon vor mehr als einem halben Jahrhundert betont, wie sehr die verschiedenen Dimensionen von Werten letztlich ein einziger sind. Leopold sah die Ökonomie der Natur als eine »Quelle von Energie, die durch einen Kreislauf von Böden, Pflanzen und Tieren rinnt«.[48] Weil wir durch unseren Stoffwechsel und durch die Bedürfnisse unserer Seele mit dem Land verbunden sind, werden die guten Regeln für den Haushalt der Natur zu einer moralischen Norm. Ihr Ziel ist Gesundheit.

Auch die Gesundheit, die wir anstreben, vereint in sich viele Dimensionen: Sie ist nur vollkommen, wenn Körper und Seele gesund sind, wenn die körperlichen und psychischen Bedürfnisse gestillt sind, wenn die Existenz sowohl ökonomisch (genug zu essen, ein Dach über dem Kopf) als auch ökologisch (sauberes Wasser zum Trinken, keine Gifte und Keime) gewährleistet ist.

Gesundheit ist der Urtyp dessen, was wir als Richtschnur benötigen, um unser Verhältnis zur Natur, zu ihren Gütern, Diensten und Dingen auf eine neue Grundlage zu stellen. Zu einer solchen »Landethik«, wie sie Leopold vorschwebte, gehört nicht länger der absolute und nicht weiter auflösbare Widerstreit der Interessen: Ich gehorche meiner Gier und du deiner, und dazwischen ist keine Vermittlung möglich, nur ein schmerzhafter Kompromiss. Vielmehr ist das Gute das, was die Bedürfnisse der Einzelnen in das Gedeihen des gesamten Ökosystems einbettet.

So gibt es in der lebenden Landschaft niemals einen endgültigen Sieg der pflanzenfressenden Insekten über die Blumen, aber auch keinen einsamen Triumph der Vegetation über ihre Fraßfeinde. Was stattfindet, ist ein endloses Mäandrieren, in dem die Gefressenen immer neue Körperformen entwickeln, um sich zu schützen, und die Räuber andere innovative Werkzeuge, um satt zu werden. Was dabei gewinnt, ist das Ganze, indem die Vielfalt zunimmt, indem neue Arten entstehen, indem die Schönheit, die Tiefe und die Stabilität durch endlos viele Details weiter wachsen. Schließlich webt sich aus dem, was manche Biologen immer noch für einen Rüstungswettlauf halten, ein symbiotisches Geflecht, in dem Pflanzenfresser sich so auf ihre Nahrung spezialisiert haben, dass sie nur noch diese zu sich nehmen können und von ihrer Beute vollkommen abhängig werden. Hier lässt sich nicht mehr sinnvoll von Siegern und Verlierern sprechen.

INDIVIDUALITÄT UND GEMEINSCHAFT SIND in Leopolds Landethik zwei Dimensionen der gleichen Realität. Zwischen ihnen ist eine Entscheidung unmöglich. Gelingen können sie nur miteinander. Ich glaube, Leopold hat damals in den 1940er Jahren, als er zu Fuß in langen Tagen die Schluchten und Wälder Wisconsins durchwanderte und ein Bild des Gelingens mit seinen ganzen Sinnen *erfuhr*, das zu Adam Smiths unsichtbarer Verteilungsregel komplementäre Gesetz gefunden. Es beinhaltet, dass die

Freiheit des Einzelnen immer nur innerhalb von Regeln und Grenzen wirklich werden kann. Dieses – die Angewiesenheit auf den anderen, die Grenzen des Wachstums, das sich sonst gegen den Wachsenden selbst richtet, weil es das System beschädigt – sind die Regeln und Grenzen des Lebens.

Auch in einer so erweiterten biologischen Variante der »unsichtbaren Hand« von Adam Smith folgen die einzelnen »Unternehmer«, die Zellen, ihrem persönlichen Wohl und ermöglichen erst so das Gesamtwohl eines Körpers oder eines Ökosystems. Lebewesen folgen einem komplexeren Ziel, als Smith einst annahm – nämlich dem, sich in der Fülle ihrer Möglichkeiten zu entfalten. Ihrem Eigensinn, der – entfesselt – die Schönheiten der Biosphäre hervorbringt, geht es weniger um das Stillen von materieller Not als um produktives Gedeihen. Zu diesem aber gehört immer auch, dass ein Individuum in Bezüge eingebunden bleibt. Der Egoismus des rationalen Nutzenmaximierers will aber gerade das zuletzt: Er sucht vor allem monetären Gewinn, und darin Status und Macht. Doch die Lebensgemeinschaften der Biosphäre streben anders als der »Verbraucher« im Kapitalismus keinen Konsum an, sondern sein Gegenteil, nämlich Produktion. Sie wollen sich selbst als Körper erhalten und vermehren. Tiere und Pflanzen setzen ihre Ressourcen zum Selbstaufbau ein. Der biozentrische »Egoismus« ist somit von einem zunächst positiven Drang erfüllt; der Egoismus auf dem Markt dagegen trägt inhärent die Gefahr, andere zu dominieren.

Der schottische Nationalökonom setzte die natürliche Grenze, die Gemeinschaft dem Egoismus des Einzelnen zieht, als gegeben voraus. Die Gesellschaft zu seiner Zeit war noch so verflochten, Verstöße gegen die Gemeinschaft waren noch so sehr tabu, dass Smith gar nicht einfiel, das könnte sich je wandeln. Für ihn gab es noch eine Ethik des Lebens, die den Markt überspannte. Darum versäumte er, in die »unsichtbare Hand« einen Korrekturmechanismus einzubauen. Gerade das aber ist unsere Aufgabe heute. Wir dürfen in unserer Wirtschaft nicht länger

135

der engen, lebensvernichtenden Auslegung der Selbstorganisation als Kampf und Sieg folgen, sondern müssen sie zur Teilhabe und Verwobenheit zurückführen. Wir brauchen für unseren Handel nicht nur den Markt, sondern eine Moral des Handelns.

JEDES ÖKONOMISCHE MODELL BIRGT in seinem Inneren bereits Wertentscheidungen, eine versteckte, nicht ausgesprochene Ethik. Die wahre Ökonomie der Natur schlägt sich in Leopolds Landethik nieder. In dieser lassen sich die verschiedenen Aspekte der Wirklichkeit nicht trennen. Gesundheit ist nicht ohne Schönheit möglich, die Interessen der Einzelnen versöhnen sich mit dem Gesamtinteresse. Die verborgene Ethik der Marktwirtschaft aber gehorcht der utilitaristischen Maxime, wonach ein Mehr für alle automatisch besser sei, ganz gleich, was das für den Einzelnen bedeutet. Sie folgt der Wertentscheidung, dass Kapitalrendite und Effizienzgewinn die Gefühle der Menschen außer Acht lassen können und dass Solidarität, Heimweh, Nostalgie, Mitleid sentimentale Relikte sind, die einer wissenschaftlichen Betrachtung nicht standhalten. Die niederschmetternden Erkenntnisse der ökonomischen Psychologen über den Verfallsgrad unseres Glücks, der Todeskampf der übrigen Lebewesen, die Hunderte Millionen Hungernden und unser eigenes gehetztes Leben haben diese Sichtweise widerlegt. Ein gelingender Haushalt kann nicht ohne ein Modell der menschlichen Gesundheit gedacht werden – genauso wenig, wie er ohne eine Verankerung in den dahinter liegenden großen Stoffströmen der Biosphäre vorstellbar ist.

Was ist aus der Perspektive der Landethik das Gute für das biologische Subjekt Mensch? Grundsätzlich das Gleiche wie für jedes lebende System: das Potenzial seiner Möglichkeiten in Freiheit und in Geborgenheit zu entfalten, also zu werden, was er ist. Der Humanist, Tiefenpsychologe und Anthropologe Erich Fromm hat wie kein zweiter Denker des 20. Jahrhunderts an einem positiven Bild des produktiven Menschen, des gelingenden Lebens gearbeitet. Und wohl wie kein zweiter der wichtigen

Philosophen unseres zerrissenen letzten Jahrhunderts wird Fromm unterschätzt, nicht ernst genommen von der Gilde der wissenschaftlichen Denker, die sich seit Langem schon versagt haben, über die menschliche *Natur* zu sprechen. Die meisten von ihnen lehnen bis heute ab, dass wir mehr seien als das, was die gerade herrschende Kultur aus uns macht – und spielen damit in der Hände der »Megamaschine«, wie der britische Öko-Philosoph Lewis Mumford die wissenschaftlich-technisch-ökonomische Optimierungsutopie nannte.

Fromm stellt im Grunde die alte Frage des Philosophen Friedrich Nietzsche neu: »Was bedeutet, unter der Optik des Lebens gesehen, die Moral?« Indem er den Menschen in den Rahmen eines größeren Zusammenhangs stellt, lehnt er explizit die Utopie ab, dass wir jemals in der Lage seien, uns von den Zusammenhängen mit der Biosphäre zu lösen und uns so zu *erlösen*. Fromm bezweifelt die »wichtigsten psychologischen Prämissen des Fortschrittsglaubens: dass das Ziel des Lebens Glück, also ein Maximum an Lust sei; dass Egoismus, Selbstsucht und Habgier zu Frieden führen«.[49] Wahre Menschlichkeit steht für ihn – wie alles gelingende Leben – immer in der Balance von Autonomie und Bezogenheit. Ein solches Wohlergehen unterscheidet sich freilich von dem Glück, das die Werbung suggeriert. Es beinhaltet die Fülle menschlicher Eigenschaften, zu denen etwa gehört, trauern zu können, zu verzichten, sich etwas zu versagen. Der griechische Philosoph Aristoteles bezeichnete diesen Zustand als »Eudaimonia«, als eine Balance aus den antiken Tugenden etwa des Maßes, der Tapferkeit, der Hingabe, der Großzügigkeit.

Eine solche Sicht, die ihre Wurzeln in einem jahrtausendealten abendländischen Erbe hat, wäre für unsere himmelstürmende Zivilisation etwas genuin Neues. Denn sie ersetzte die Pflicht zu gehorchen durch die Pflicht zu sein. Erst eine Ethik der Gesundheit bräche mit der im Abendland seit vielen hundert Jahren gängigen Auffassung, dass Moral vor allem Verpflichtung ge-

137

genüber den anderen Menschen sei – und damit letztlich gegenüber Gott. Die christliche Tradition ist immer noch vom Erbe des Gehorsams gegenüber einem Prinzip geprägt, das außerhalb der Welt steht. Sie steht im Fluchtpunkt der Erlösung, nicht in der Solidarität zum Leben.

Erst ein neuer biologischer Humanismus stellt nicht mehr das Ideal einer Verheißung in den Mittelpunkt, sondern die Zerbrechlichkeit des Wesens Mensch, sein Doppelgesicht, das zwischen Autonomie und Abhängigkeit hin und her blickt. Ziel ist nicht Perfektion, sondern Angemessenheit, Maß. Lebewesen zu sein heißt, innerhalb einer gewissen Grenze über sich selbst und den Stoff, aus dem man besteht, zu verfügen. Zu leben heißt, autonom und angewiesen zugleich zu sein. Dieser *double bind* lässt sich nicht entwirren, ohne das Leben zu zerstören, weil er dessen innerer Kern ist. Jede technische oder moralische Vision, die eine endgültige Überwindung dieser Befangenheit verspricht, ist darum gegen das Leben gerichtet und letztlich inhuman. Die humanistische Haushaltslehre, die wir brauchen, muss sich den wirklichen Bedürfnissen des Wesens Mensch stellen.

DER INDISCHE WIRTSCHAFTS-NOBELPREISTRÄGER Amartya Sen, die US-Moralphilosophin Martha Nussbaum und der südamerikanische Ökonom Manfred Max-Neef haben diese grundsätzlichen Bedürfnisse in die unterschiedlichen Varianten eines Katalogs umgewandelt, der kulturübergreifend die Werte von *Homo sapiens* beschreibt – und der sich damit jederzeit in ein politisches oder sozioökonomisches Rahmenwerk übersetzen lässt. Martha Nussbaum nennt ihre Liste – und in diesem Standpunkt folgt sie ganz Erich Fromm, der unser Bedürfnis nach Produktivität so sehr betont – eine Liste der *Fähigkeiten*. Nussbaum spricht von Entwicklungspotenzialen, die in der menschlichen Natur angelegt sind und *die wir entfalten müssen, wollen wir gesund sein.*

Zu den Fähigkeiten, die ein Mensch entwickeln können muss,

wenn er ein »gutes Leben« führen, das heißt, wenn er vielleicht nicht Glück, so doch Wohlergehen erleben soll, gehören nach Meinung von Martha Nussbaum zwingend *Leben, körperliche Gesundheit* und *Unversehrtheit* (inklusive der Fähigkeit, sich frei bewegen zu können), *Sinne, Vorstellung, Gedanke* (also Erfahrungen auf eine »wirklich menschliche Weise« zu erleben), *Gefühle, Praktische Vernunft* (und ein freiheitliches Bewusstsein), *Zugehörigkeit und Verbundenheit* (zu anderen, aber auch zu sich selbst in positiver Identität), *die Gegenwart anderer Lebewesen, Spiel, politische und materielle Kontrolle* der eigenen Umgebung (s. die gesamte Liste im Anhang).[50]

Die so entstandene Ethik ist »essenzialistisch«, weil ihre Axiome nicht von einer bestimmten Kultur abhängen, sondern von den universell vorgefundenen Bedürfnissen des Wesens Mensch. Sie bezeichnet die obere Grenze, innerhalb derer die Autonomie des Einzelnen ihr volles Recht erhält. Die untere Grenze wird durch die Forderungen der Landethik gezogen – sie vertritt jene Rechte des Ganzen, der biologischen Gemeinschaft, die nicht geschmälert werden dürfen, ohne das Leben zu verletzen und damit jede ausgeglichene Haushaltsbilanz zu verhindern. Die kurze Aufzählung oben zeigt, was auch Manfred Max-Neef in seiner Matrix menschlicher Bedürfnisse betont (s. Anhang)[51]: Die Voraussetzungen unserer körperseelischen Gesundheit sind nicht besonders zahlreich, sie stehen für alle Menschen objektiv fest und sie sind begrenzt. Menschen werden nicht von unendlichen Begierden beherrscht. Das, was sie wirklich brauchen, ist übersichtlich, und nicht, wie Ökonomen glauben, unstillbaren und grenzenlos veränderbar – etwa durch die endlose Suggestion eines imaginären Mangels durch Werbung.

UNSERE OBJEKTIVEN BEDÜRFNISSE SIND DIE LEITLINIEN, die wir nicht missachten sollten, damit ein Individuum gedeihen kann – so wie auch die Grenzen des Köpers unversehrt bleiben müssen, um Gesundheit zu gewährleisten. Was Menschen in

Wahrheit brauchen, schlägt sich allerdings nicht unbedingt in ihrem Verhalten nieder und schon gar nicht in ihren Einkäufen – im Gegenteil. So etwas anzunehmen folgt aus der uneingeschränkt positivistischen Sicht auf den »Homo oeconomicus«, der im großen Laborversuch Markt, wenn man ihm nur alles erlaubt, schon seine wahren Vorlieben äußere. Doch der Mensch ist keine Laborratte (deren seelische Dimensionen im Übrigen auch ignoriert werden) und schon gar kein Automat. Er ist keine Bedürfnisbefriedigungsmaschine, sondern ein Wesen, das danach drängt, in produktiver Weise zu sich selbst zu kommen.

Der Mensch lebt nicht so in der Welt, wie ein Baum in seinen Blättern und Wurzeln mit dem Stein und mit dem Himmel verbunden ist. Er lebt auch nicht wie ein Tier, das sich nimmt, was es braucht, aber selten mehr. Der Mensch ist ein Wesen, das die biologische Grundsituation, jenes existenzielle Dilemma aus Freiheitssehnsucht und Bindungsnot, in seinem Verhalten selbst zum Thema macht. Dieses Thema *ist* seine Kultur. Ohne Kultur, in der sich die großen biologischen Widersprüche vermitteln, gibt es keinen Menschen. Niemand behauptet, dass diese stetige Versöhnung der Gegensätze einfach sei. Aber nur sie ermöglicht die Entfaltung der Lebendigkeit – schon von den einfachsten Organismen an.

Vielleicht liegt hier die eigentliche Scheidelinie zwischen Mensch und Tier: Letzteres gehorcht seinen Lebensgesetzen unmittelbar. Dem Menschen hingegen steht es frei, seine Bedürfnisse zu erfüllen – oder sie zu verkennen. Es ist seine eigene Entscheidung, wie sehr er seinen wahren Interessen zu folgen vermag, oder besser: Es ist sein kulturelles Schicksal, das sich im Laufe der Geschichte ständig wandelt. Das Humane zu verstehen und es zu berücksichtigen ist eine Leistung der Kultur. Das, was beim Tier der Instinkt mit schlafwandlerischer Sicherheit ermöglicht, benötigt hier die Weisheit geistiger Traditionen – und selbst die, so scheint es im Augenblick, reicht selten, vielleicht niemals hin.

Das wahre Bedürfnis des Menschen ist es, sich selbst aus den Erfahrungen gelebten Lebens zu erschaffen. Aber dieser Selbstaufbau erfordert, wie das Wachstum alles Lebendigen, Mühe. Hier liegt unser tiefstes Dilemma. Unsere Kultur hat die Abschaffung der Mühe zum Projekt des Humanen erklärt und dabei wieder einmal das Kind mit dem Bade ausgeschüttet: So weise, wie es war, die Überwindung von Rechtlosigkeit, Unterdrückung und Hunger zu fordern, die den Menschen schädigen, so wenig ist es klug, die Schwere des Lebens gleich ganz tilgen zu wollen. Doch am Markt setzt sich heute das als wertvoll durch, was von uns begehrt wird. Gewiss ist es falsch, sich Schmerz zu wünschen – doch sein Gegenteil, Lust, ist kein alleiniger Maßstab dafür, das Richtige gewählt zu haben. »Lust kann kein Wertkriterium sein«, sagt Fromm, »denn es gibt Menschen, die an der Unterwerfung und nicht an der Freiheit Lust finden.«[52]

Die Erfahrung von Wachstum und nicht die von Lust allein ist der Maßstab des Guten. Sicher sind dessen Regeln vage und müssen in jedem Einzelfall ausgehandelt werden. Aber gerade das macht ihre Anwendbarkeit aus: Sie dienen nicht als konkrete Anweisungen von oben nach unten wie sonst Gesetze oder starre Moralvorschriften in Gesellschaften, sondern sie sind nur die Grenze des Erlaubten – auf welche Weise sie umgesetzt werden, ist dem Einzelfall vorbehalten, der Ebene lokaler oder individueller Autonomie. Nicht anders verhält es sich übrigens mit den Menschenrechten, den ersten zwanzig Artikeln auch unserer Verfassung: Sie sind der grundsätzliche Rahmen, aus dem heraus die folgenden Artikel und die auf sie aufbauenden Gesetzbücher sich erst verstehen lassen.

In seiner Kultur erst macht sich der Mensch zu einem Teil der Biosphäre. Genau hier, an der bewussten, freien Entscheidung, versagt die Idee eines einzigen unsichtbaren Marktmechanismus nach Adam Smith, der nach dem Modell der blinden Naturgesetze, der bedingungslosen tierischen Instinkte gedacht ist. Wir Menschen aber, die Einzelnen und die Gesellschaft, müssen selbst zwischen unseren Ansprüchen und unseren Abhängigkeiten vermitteln, zwischen unserer Welt und der Biosphäre. Erst so können wir uns in den Zusammenhang der Biosphäre einpassen. Wir müssen für unser Wohlergehen *arbeiten.*

Dem faszinierten Pessimismus vieler Philosophen einer freudigen Apokalypse kann man getrost entgegenhalten: Wir *müssen* unserem Handeln Grenzen setzen, gerade, damit es frei bleiben *kann.* Die meisten dieser Grenzen liegen vor dem Hintergrund der essenzialistischen Regeln Sens und Nussbaums, Max-Neefs und Fromms schon auf der Hand – auch wenn die wenigsten in der heutigen Gesellschaft sie begeistert und freiwillig auf sich anwenden würden. Aber die Mühe, die mit neuen Werten verbunden sein wird, der Schmerz, an Grenzen zu stoßen, sind Kennzeichen lebender Produktivität. Das Wachstum des Lebens heißt nicht Konsum, sondern Produktion – und zu dieser gehört die Unbequemlichkeit allen Schaffens, der Schmerz in allem Wachsen, das Risiko des Scheiterns, kurz: ein unablässiges »Nimm Abschied und gesunde!«.

Eines unser großen Probleme liegt darin, dass wir nicht verstehen, dass gelungenes Leben beides ist: Mühsal und Glück. Das Leben selbst, wie wir es an allen Wesen erkennen, ist der unhaltbare Drang zur Produktivität. Und produktiv zu sein, das ist auch der Drang unserer Seele. Neurotische Erkrankungen sind zuallererst Störungen der Produktivität eines Menschen: Blockaden des Wachstumsdrangs, die eigenen Fähigkeiten in Freiheit und in Schönheit zu entfalten.

Glück ist darin Äquivalent zur Vielfalt, die wir in einer Landschaft, in der Natur außerhalb unserer selbst beobachten können: das Realisieren aller Entfaltungsmöglichkeiten hin zur Fülle. Deshalb können wir stets erkennen, ob wir richtig leben. Als lebendes Wesen fühlen wir, wenn unser Potenzial unerfüllt bleibt. »Unsere Vernunft ist so organisiert, dass sie die Wahrheit erfasst«, glaubt Fromm. Mit einem solchen optimistischen Satz widerspricht er freilich fast allen heutigen Intellektuellen. Die Überzeugung, dass die kybernetische Maschine Mensch sich selbst nicht verstehen kann, gehört nämlich zu den Gründungswahrheiten der Moderne. Aber diese Moderne will den Menschen eben von vornherein nicht als lebendes Wesen begreifen, sondern als einen Algorithmus der Optimierung.

Unsere wirklichen Bedürfnisse verhalten sich zu unseren falschen wie ein gutes Buch im Vergleich zur Vorabendfernsehserie: Das Lesen kostet Anstrengung, hinterlässt aber für Jahre, vielleicht für das ganze Leben das Empfinden eines nachhaltigen Gewinns. Das Fernsehen hingegen verschafft für den Moment Entspannung, verursacht danach aber ein dumpfes Gefühl der Leere und hinterlässt die bohrende Frage: Was habe ich eigentlich in den letzten zwei Stunden gemacht?

Ein bekanntes und üppig illustriertes Kinderlexikon eröffnet das Themengebiet »Kunst und Unterhaltung« so: »Heute sind wir sehr gut dran, weil wir viele interessante und unterhaltsame Dinge sehen und tun können. Doch lange vor unserer Zeit mussten die Menschen all ihre Zeit und Energie darauf verwenden, Nahrung zu finden, sich warm zu halten und sich vor Angriffen zu schützen. Erst als sie diese Probleme gelöst hatten, begannen sie sich für Dinge zu interessieren, die ihnen Spaß machten. Die frühesten Formen der Unterhaltung waren Zeichnen und Geschichtenerzählen. Später machte man einfache Musik und tanzte manchmal dazu. Heute nehmen uns Maschinen einen Großteil unserer Arbeit ab. So haben wir Zeit, spannende Stücke, Filme, Musik und Ballette sowie Fotos, Bilder und Skulpturen zu erschaffen und zu genießen.«[53]

Hier ist sie wieder: die Verblendung unserer Zivilisation, mit der schon Kinder geimpft werden. Es ist die Verblendung, zu glauben, dass das Nützliche und das Gute voneinander getrennt seien und dass sich ein wirkliches Leben führen lasse, ohne gerade aus der Anstrengung und aus der Not sein eigentliches Wachstum zu schöpfen. Es ist der Mythos, dass die Menschen

143

erst heute, in den westlichen Ländern der »Komfortzone«, eigentlich das tun, was sie wahrhaft zu tun wünschen. Dabei ist das Gegenteil der Fall: Die meisten tun die meiste Zeit das, was sie nicht wünschen. Nicht einmal 20 Prozent der Deutschen gehen gerne an ihren Arbeitsplatz – und wenn sie abends vor dem Fernseher stranden, dann sind auch damit die wenigsten so richtig glücklich.

UNSERE GESELLSCHAFTLICHE THERAPIE MUSS also bei der Einsicht ansetzen: Nicht alles, was wir tun, ist das, was wir wirklich tun wollen, und nicht alles davon ist das, was wir wirklich tun sollen, um human zu werden. Gerade das Beispiel Fernsehen ist für die Frage, wie gut wir unsere wirklichen Bedürfnisse erkennen können, besonders geeignet. Ein Ökonom würde nämlich argumentieren, dass Millionen TV-Zuschauer jeden Abend stundenlang das Fernsehen als für sie beste Freizeitgestaltung auswählen. Für klassisch denkende Wirtschaftswissenschaftler ist das eine ganz klare *Wertentscheidung*. Umfragen aber zeigen, dass die Mehrzahl der Menschen keineswegs mit sich zufrieden ist, wenn sie Stunden vor dem Bildschirm verbracht haben. »Ich wollte eigentlich etwas anderes tun, aber ich konnte mich nicht aufraffen« ist eine oft vorgebrachte Erklärung. Ihr Verhalten hat für sie geringen Wert, *obwohl* die Menschen es wählen. Viele Befragte erkennen ganz bewusst, dass der Fernsehkonsum kein Wohlergehen für sie bringt – und entscheiden sich wie Süchtige doch allabendlich wieder dafür.[54]

Vielleicht kann gesellschaftliche Veränderung heute nur als kalter Drogenentzug ablaufen: Auch hier weiß der Patient unterschwellig genau, was sein Problem ist, will es aber nicht wahrhaben und sein Verhalten nicht ändern. Auch hier denkt der Patient, das eingenommene Gift tue ihm gut, er brauche es, er genieße es – während es doch schleichend seinen Körper zerstört. Im psychischen Leiden wirkt sich die menschliche Schwäche, dass wir auch lieben können, was uns schadet, so fatal aus.

Gerade aus dieser vermeintlich wahrsten Sucht nach dem Falschen besteht ja gerade die seelische Krankheit! Was sind die Kapitalhebel des Derivatemarktes und die magische Macht des Erdöls anderes als Drogen, die uns eine Wirklichkeit vorgaukeln, die niemals von Dauer sein kann und die wie jeder Rausch dem todesähnlichen Schlaf danach weichen muss?

Die Frage ist, ob wir die Kraft haben, uns in eine Entzugsklinik einzuweisen. Bisher kann man auf diese Frage nur eine skeptische Antwort geben. *Surviving the Century*, »das kommende Jahrhundert überleben«, ist der programmatische Titel eines Buches, an dem der Stifter des Alternativen Nobelpreises, Jakob von Uexküll, beteiligt ist.[55] Und doch: Die ersten Menschen haben begriffen, wie viel Qualität das Leben ohne Drogen haben kann – und um wie viel reicher sie dabei werden. Anders wird es nicht gehen: Eine glücklichere Ökonomie muss sich als Lebens- und Geschäftsmodell durchsetzen. Diese Ökonomie hat nur eine Chance, wenn sie zum Anliegen jedes Einzelnen wird, der eine Umkehr auf dem Weg ins Unglück sucht und in die Wirklichkeit zurückkehren möchte. Das ist ihre größte Kraft: Einen Sog zu entfalten, wieder auf menschliche Weise zufrieden zu sein. Wo, wie und womit ihr das gelingen und was sie noch viel stärker machen könnte, das will ich auf den folgenden Seiten beschreiben.

6 ZEHN GEBOTE FÜR EINE HUMANISTISCHE WIRTSCHAFT UND IHRE UMSETZUNG

»Es ist an den Regierungen, die richtigen Regeln zu setzen, damit internationale Großunternehmen eine wichtige Rolle bei der Problemlösung spielen … Es gibt keinerlei wirtschaftswissenschaftliche Entschuldigung dafür, die Unternehmen durch Lobbyarbeit, Wahlkampffinanzierung und beherrschenden Einfluss auf die Politik die Spielregeln selbst festlegen zu lassen.«

Jeffrey Sachs[56]

DIE FATALITÄT DER GEGENWÄRTIGEN WIRTSCHAFT hat eine klare Ursache: Der dem Kapitalismus zugrunde liegende Algorithmus – dass sich Kapital in Form von Zinsen zu vermehren habe – *programmiert* unsere Ökonomie schlicht dazu, Natur zu zerstören, die Ungleichheit zu verstärken und die Menschen unglücklicher zu machen. Die Grundannahmen und fundamentalen Regeln der Marktwirtschaft, wie wir sie kennen, lassen gar keinen anderen Weg zu – selbst wenn wohlmeinende Politiker versuchen, der wütenden Maschine Zügel anzulegen.

Wir brauchen eine neue Wirtschaftsformel – einen neuen Satz sozioökonomischer Verfahrensregeln, unter denen die »unsichtbare Hand« zugunsten einer humanistischen Wirtschaft wirkt und nicht in die Richtung der Selbstzerstörung. Aber dafür müssen wir nicht Tausende von Details ändern, mit denen die Mittel verteilt werden, sondern bloß eine einzige Grundvoraussetzung: dass sich nicht länger das Anwachsen toter Materie am besten verzinst, sondern Leben.

In dem folgenden »Dekalog des guten Wirtschaftens« (Zusammenfassung s. S. 150/151) habe ich versucht, unser Haushalten nach den fundamentalen Regeln der Ökologie zu organisieren, wie ich sie in den letzten Kapiteln skizziert habe. Auf den ersten Blick wirken einige der Punkte vielleicht ein wenig abstrakt – aber das scheinen sie nur darum, weil sie die Strukturen dauerhafter, lebender Systeme beschreiben, nicht weil sie eine unrealistische Fiktion aufstellen wie Ricardo, Walras und Jevons im 19. Jahrhundert über die unbegrenzten Bedürfnisse des »Homo oeconomicus«. Viele der Ideen stützen bereits heute erfolgreiche Projekte in Deutschland, Europa, aber auch in manchen Schwellen- und Entwicklungsländern.

Ich bin der Meinung, dass aufgrund der »weichen« Organisation der Vorschläge, die nicht konkrete Ge- oder Verbote enthalten, sondern Steuerungsvorgaben, die langfristig wirken, jede politische Partei die zehn Grundregeln einer humanistischen Wirtschaft zur Grundlage ihres Programms machen könnte. Sie erfordern keinen Bruch mit dem bestehenden System, sondern sie leiten es Schritt für Schritt über in eine andere Wirklichkeit. Dafür spricht auch, dass etliche der beschriebenen Mechanismen bereits in der Realität funktionieren – etwa die Ökolandwirtschaft –, wenn auch vielfach in einer noch ineffizienten Weise – so etwa der Handel mit CO_2-Emissionsrechten, die in Europa leider kaum versteigert, sondern größtenteils verschenkt werden.

I Freiheit

Man erzählt die Anekdote, dass ein hoher sowjetischer Politiker beim Staatsbesuch in Frankreich morgens eine Bäckerei besuchte und ein frisches Croissant erhielt. Und nicht nur das: An jeder Straßenecke duftete es aus einer Boulangerie. Staunend fragte der Russe seinen französischen Gastgeber: Wie schaffen Sie es nur, das alles so perfekt zu planen? Das Geheimnis besteht natürlich darin, dass niemand etwas plant, sondern die Anwohner die besten Croissants wünschen und der Bäcker Zufriedenheit und ein faires Einkommen.

Es war der westliche Vorsprung an Freiheit und Entscheidungsraum der Einzelnen, die am besten wissen, was sie brauchen und wie sie es bekommen können, der den zentralistischen Ansatz des Sozialismus so hoffnungslos unterlegen machte. Eine größtmögliche Autonomie der einzelnen Beteiligten ist die grundlegende Voraussetzung einer humanen Wirtschaft. Im Stichwort der Freiheit kulminiert die Idee der Menschenrechte. Der Drang, seine Individualität zu bewahren und zu entfalten, ist bereits der Grundzug jedes lebenden Wesens. Die Akteure an Ort und Stelle sind sich über das klar, was sie brauchen – so wie auch ein Gewebe gedeiht, weil die Zellen sich mit dem Nötigen versorgen können und die Blutgefäße automatisch zu ihnen hinwachsen.

Aber die Freiheit der einzelnen Menschen, der Kommunen, der Kreise, der Regionen wird heute durch unzählbare Regelungen erstickt. Die meisten dieser Vorgaben folgen dem alten Paradigma einer auf fossilen Brennstoffen basierenden Wachstumswirtschaft. Viele Beteiligte würden sich anders verhalten – können aber nicht. So erschwert etwa das derzeitige deutsche Steuerrecht die Wärmedämmung eines Hauses.

Was wir brauchen, ist die Freiheit, auf lokaler Ebene die beste Entscheidung treffen zu können – kombiniert mit den richtigen Vorgaben, die der unsichtbaren Hand den Weg weisen. Dieses Wechselspiel zwischen Autonomie der »Zellen« eines wirtschaftlichen Ökosystems und den für eine gesicherte Fortexistenz dieses Systems nötigen Rückkopplungen bringt uns zum zweiten Punkt.

Die zehn Gebote des humanistischen Wirtschaftens (Übersicht):

Gebot	Regel
I Freiheit	Größtmögliche Autonomie aller Beteiligten
II Verbundenheit	Ein der Subsidiarität der Natur abgeschautes Rückkopplungssystem
III Wahrheit	Echte Preise und das Ende aller lebensfeindlichen Subventionen
IV Grenzen	Klare Schwellen für jede das Leben schädigende Aktivität
V Bedingungslosigkeit	Organisation des Gemeinbesitzes in Stiftungen und Treuhandschaften
VI Vielfalt	Verwaltung in Kleinregionen mit weitgehender Autonomie
VII Produktivität	Besteuerung von Praktiken, die der lebendigen Freiheit schaden
VIII Unbestechlichkeit	Entmischung von Kapital und Politik
IX Wirklichkeit	Anbindung des Geldes an die biosphärische Wirtschaft
X Ewigkeit	Einrichtung von Zukunftsräten als fester Bestandteil demokratischer Entscheidungen

Details

Keine Vorgaben von Einzelheiten, alle Lösungen werden subsidiär
auf der untersten Ebene gefunden

Keine bürokratische Kontrolle, sondern Anreize, die so gewählt sind,
dass sie das Gewünschte verstärken, das Schlechte aber bremsen

Eine Zuzahlung zur Kompensation einer zwar unsichtbaren, aber realen Leistung, wie sie etwa von einem Wald erbracht wird, ist in diesem Sinne keine Subvention, sondern führt erst zum wahren Preis

Nicht durch strikte Verbote, sondern durch einen Emissionsmarkt
wie beim sauren Regen und ansatzweise beim CO_2 – »cap-and-trade« – zu erreichen

Aber nicht als Verwaltungsbürokratie des Staates! Zum Gemeinbesitz gehören Atmosphäre, Landschaften, Gewässer, Schutzgebiete, Infrastruktur, Gesundheit, Bildung, Informationswesen, Kultur, Finanzmarkt, genetische Informationen über den Menschen und die anderen Lebewesen. Eine Teilhabe an den Erträgen wird in Form eines bedingungslosen Grundeinkommens gezahlt

Partizipative und direkte Demokratie

Etwa Werbung, (Privat-)Fernsehen, Computerspiele und -konsolen

Verbot von Lobbyarbeit und des Einflusses von »Special Interest
Groups«

Hundertprozentige Kapitalsicherung, Zinssteuer, Realdeckung der
Geldmenge durch Gold oder Land

Größere Ausgewogenheit durch ein nicht von Wahlversprechen
abhängiges Gremium mit Vetorecht

II Verbundenheit

Die Freiheit der Einzelnen kann – so wie die Selbstherstellung eines Lebewesens – nur dann erfolgreich sein, wenn ihr klare Grenzen gesetzt werden: wenn es die Freiheit ist, auf individuelle Weise ein Ziel zu erfüllen, nicht die des krebsartigen Überschießens. Erst die Notwendigkeit gibt der Dynamik Form. Erst die Verbindlichkeit gibt der Freiheit Sinn. Im Grunde sind das die beiden grundlegenden Voraussetzungen, aus denen alles andere hervorgeht: Die Möglichkeiten der individuellen Freiheit, aber auch die Möglichkeiten des Verbundenseins müssen denkbar groß sein. Die Schnittfläche dieser beiden Dimensionen ergibt dann automatisch die Struktur des Gemeinwesens: eine Balance, ein Aushandeln, eine Integration des Möglichen mit dem Notwendigen.

Nur wenn die Wirklichkeit an Ort und Stelle, in der Heimat, im Dorf, im Stadtviertel, auf der lokalen Ebene tatsächlich immer neu und gleichberechtigt ausgehandelt wird, lässt sich vermeiden, dass die eine Dimension die andere überrollt oder aufzehrt: dass das Recht auf Freiheit auf Kosten anderer und Schwächerer gelebt wird oder dass die Allgemeinheit zugunsten weniger und mit dem Argument der Notwendigkeit versklavt wird.

Wir brauchen darum ein gebrochenes System, in dem sich viele kleine Elemente gegenseitig kontrollieren, in dem sie sich Konkurrenz machen und einander beistehen. Miteinander kommunizierende Vielfalt schafft einen lebensfördernden Zwang zur dauernden Überprüfung und Korrektur. Wir brauchen klare Ziele – die aber nicht durch bürokratische Regeln befohlen werden, sondern deren Zustandekommen den jeweiligen Beteiligten selbst überlassen ist. Das ist dann ein *der Subsidiarität der Natur abgeschautes Rückkopplungssystem*.

So liegt ein aktuelles Beispiel für gutmeinende Bürokratie im Versuch mancher Kommunen (etwa der Stadt Marburg), den

Bürgern vorzuschreiben, wie viele Flächen sie auf den Dächern ihrer Neu- und sogar Altbauten zur Sonnenenergiegewinnung einrichten müssen. Das ist eine unflexible gesetzliche Regelung. Im Sinne der Subsidiarität könnte man das gleiche Ziel beibehalten – den Weg dahin aber dem Einzelnen überlassen, zum Beispiel, indem die Gemeinde das kommunale Steuersystem so verändert, dass CO_2-einsparende Maßnahmen belohnt werden, ein Verbleiben beim Status quo aber Geld kostet. Hier könnte der Einzelne entscheiden – über seinen eigenen Weg zur Klimafreundlichkeit, der möglicherweise sehr viel effizienter ist als eine durchgeplante Vorgabe (auf manchen Häusern ist das Dach nicht optimal ausgerichtet etc.). Oder die Gemeinde könnte über gut dotierte Wettbewerbe die effizienteste Art der Solarnutzung herausfinden – wobei es wiederum dem Einzelnen überlassen bliebe, welche Art von Sonnenkraft – thermisch, photovoltaisch, Biomasse – er bevorzugt.

Wie viele Kommunen in Europa, in der Welt könnten den Weg einer nachhaltigen Wirtschaft einschlagen, wenn *alle* Mittel ausschließlich in dem Maße zu ihnen flössen, in dem sie die ökologische und humane Nachhaltigkeit voranbringen? Wenn die Zuweisungen aus dem Mitteltopf des Staates nicht mehr nach einem starren festgelegten Schlüssel, etwa wie heute nach Pro-Kopf-Zahl der Bewohner erfolgten, sondern ausschließlich eine Wirtschaft für das Leben belohnten? Dann hätte man einen Steuerungsmechanismus, wie ihn das Leben selbst hervorgebracht hat, der nicht einen bestimmten, abstrakten Status quo aufrechterhält, sondern lebendige Dynamik, Gesundheit fördert, wie auch immer sie im Detail beschaffen sei.

Erst so wird aus einer Initiative nicht das bürokratische Verwalten einer Normeinhaltung, sondern ein kreatives Spiel mit den in der Zukunft schlummernden Möglichkeiten. Auch die Mitglieder eines Ökosystems kennen keine Vorschriften wie »nur der Bienenart *Apis mellifera* Zutritt zur Blüte lassen«, sondern bloß Verbundenheit, eine einzige notwendige Verkettung von Ereignis und Konsequenz: Je erfolgreicher ein Wesen die Kräfte eines florierenden Systems nutzt, desto stärker wird es dort verankert, desto größer wird die Fülle des gesamten Biotops. Die Regeln der lebendigen Subsidiarität sind denkbar einfach: »Verboten« ist zu sterben – alles, was dazu nicht führt, ist gestattet. So entsteht im Ökosystem ständig Neues. Es könnte niemals vorher geplant werden, weil es durch das Ausprobieren überhaupt erst sichtbar wird.

III Wahrheit

Vor allem verzerrte Preise verhindern, dass sich unsere Wirtschaft über positive Rückkopplungen von selbst auf den richtigen Weg bringt. Im Grunde läuft die Argumentation des ganzen Buches darauf hinaus: Wir machen künstlich Dinge billig, die in Wahrheit furchtbar viel kosten. Aber diese Kosten werden entweder in die Zukunft verlagert – für die überhitzte Erde werden eben unsere Kinder zahlen, nicht wir –, sie werden den Ärmsten aufgebürdet, wie den Klimaflüchtlingen des ausgedörrten Darfur, oder den Allermachtlosesten, den Wesen der Natur. Wir haben schon im zweiten Kapitel gesehen, dass die Zerstörung der lebenden Systeme *in Wirklichkeit* eine finanzielle Katastrophe unfassbaren Ausmaßes darstellt.

Heute ist es so, wie Paul Hawken und William McDonough beobachten: »Der Markt liefert uns die falschen Informationen. Er sagt uns, mit einem Billigticket quer durch das Land zu fliegen, sei billig, obwohl das in Wirklichkeit nicht stimmt. Er sagt uns, unsere Lebensmittel seien preisgünstig, wenn die Produktionsmethode kostspielig und nicht nachhaltig ist. Wenn ein Lebewesen die falschen Informationen erhält, ist das immer eine Form von Vergiftung.«[57] Warum aber setzen Politiker Prioritäten (etwa die Subventionierung des Flugverkehrs), die diese falschen

Informationen liefern? Weil sie glauben, das Wachstum ankurbeln und Arbeitsplätze schaffen zu müssen, etwa bei neuen nationalen Fluglinien oder auf den überall entstehenden Provinzflughäfen. Sie sehen nicht, dass dieses Wachstum sich nirgendwo bemerkbar macht außer in den Taschen einiger weniger – und auch da nur vorübergehend und kurzfristig, wie im Falle des mit Millionen subventionierten Nokia-Werkes.

Adam Smiths Konzeption des freien Marktes hatte eine solche Preisverzerrung nicht vorgesehen. Es war natürlich naiv und gewiss ein typisches Merkmal des damaligen wissenschaftlichen Optimismus, dass Smith annahm, die seinerzeitigen festen gesellschaftlichen Regeln plus die von ihm entdeckte bestechende Physik des Marktes allein würden keine weitere Behandlung erfordern und größtmögliche Fairness und Effizienz im Gütertausch hervorbringen. Der schottische Philosoph ging einfach zu sehr davon aus, dass sich der Mensch wie ein Massepunkt im Raum verhalten würde und nicht wie ein auf Status bedachter Affe – was er freilich in Wirklichkeit ist.

Heute ist klar, und die mit dem Nobelpreis gekrönten Arbeiten des Ökonomen Joseph Stiglitz haben es gezeigt: Der Markt tendiert unvermeidlich dazu, seine eigene Freiheit zu untergraben. Überlässt man ihn sich selbst, geschieht das, was wir auch jetzt wieder beobachten: Es bilden sich Monopole und internationale Konglomerate, die Preise festsetzen – nicht mit unsichtbarer Hand, sondern mit einem sehr sichtbarem Fingerabdruck. Man denke an die Kosten für Saatgut etwa in der Dritten Welt, das vornehmlich von den zwei Agrogiganten Cargill und Archer Daniels Midland vertrieben wird, die den Markt zu 65 Prozent beherrschen. Oder erinnern wir uns an die Weigerung der Pharmafirmen, in Schwellenländern erschwingliche HIV-Medikamente anzubieten.

Es muss also heißen: Kosten »internalisieren«. Wenn die Preise frei widerspiegeln dürften, wo Knappheit und wo Nachfrage herrschten, dann würde sich der Mangel an Stabilität in der Atmosphäre und in den Ökosystemen auch in der Wirklichkeit abbilden. Doch allein der Preis vermag diese Transparenz immer noch nicht ausreichend herzustellen. Denn hier kommt das Problem der Allgemeingüter ins Spiel: Die Leistungen der Natur – sauberes Wasser, gute Luft, fischreiche Meere – sind stumm und bilden von selbst keine Preisetiketten aus.

Es geht somit nicht nur darum, die Zahlungen abzuschaffen, mit denen Menschen aus Eigeninteresse die wahre Wirtschaft verzerren. Es geht auch darum, Preise dort anzukleben, wo von Natur aus keine stehen. Beides sind Leistungen, die nicht von selbst geschehen. Beides sind Eingriffe. Es sind die Leistungen der Kultur, nicht der Naturgesetze im Sinne von Smith, Jevons, Walras und Friedman. Aber es ist diese Kultur, dieses bewusste Besinnen auf sich selbst und seine Umwelt, mit denen sich der Mensch allein als Bestandteil der biosphärischen Kreisläufe erschaffen kann.

Das ist ein entscheidender Gedanke in einer Ökonomie des Lebens: Die Weisheit unseres Haushaltens erst kann uns zu jener nachhaltigen Natürlichkeit bringen, die nichtmenschliche Ökosysteme immer schon haben. Nicht zügelloser Egoismus macht den Menschen zu einem Teil der Biosphäre, sondern die Selbstbeschränkung durch eine Kultur, in der er sich als das erkennt, was er ist. Denn die Natur selbst funktioniert gar nicht nach dem Kriegsrecht. Es sind – so wissenschaftlich Generationen von Denkern der vergangenen 200 Jahre diesen Kampf auch zu begründen versucht haben – bloß die niederen, nicht die edleren Instinkte einer Spezies von Affen, wie wir es sind, die uns der Gier, dem reinen Eigennutz gehorchen lassen.

Die Natur hingegen ist ein austariertes Geben und Nehmen, eine dynamische Spannung zwischen Kooperation und Konkurrenz: das, was gelungene Kultur im besten Fall sein kann. Die Natur ist darum gewissermaßen Kultur der Materie. Wenn wir es der Natur, ihrer Nachhaltigkeit, ihrer Nahrhaftigkeit wieder gleichtun wollen, dann heißt das für uns, dass wir gerade nicht die ungebremste Dynamik des Hauens und Stechens zulassen dürfen; wir müssen vielmehr aktiv ein Gleichgewicht schaffen, eine Vermittlung. Es bleibt uns nichts übrig, als die Preise geradezurücken, die sich von alleine verzerren. Das erst ist Lebenskunst.

IV Grenzen

Die Konsequenz aus der Forderung nach wahren Preisen besteht darin, Grenzen einzuführen, innerhalb derer freies Handeln möglich und jenseits von denen es nicht mehr erwünscht ist. Die ökologischen Ökonomen Herman Daly und Joshua Farley haben nachgewiesen, dass zwei Voraussetzungen gegeben sein müssen, damit der Markt seinen Zweck der »effizienten« Zuteilung der Güter erfüllen kann: Die Größe der Stoffflüsse muss so begrenzt sein, dass auch in Zukunft ein nachhaltiges Wirtschaften in der Biosphäre möglich ist, und die Stoffe und Güter der Erde, die – von der Sonne gespeist – uns alle hervorgebracht hat, müssen zwischen den Bewohnern des Planeten gerecht verteilt werden. Armut lässt sich wie die Zerstörung des Lebensnetzes vor allem als Effizienzproblem begreifen. Reiche vergeuden Güter, Arme verschwenden ihre produktiven Kräfte im erzwungenen Nichtstun. Die Konzentration des Reichtums in der Hand einer Minderheit ist weniger produktiv, als wenn alle einen so großen Anteil vom Reichtum der Biosphäre erhielten, dass sie damit ihren Bedürfnissen gemäß wirtschaften könnten.

Die notwendigen Grenzen für unsere Eingriffe in die Stoffkreisläufe sind nur allzu gut bekannt. So wissen wir etwa anhand des »ökologischen Fußabdrucks«, wie viele Menschen die Erde heute dauerhaft ernähren kann. Zurzeit überschreiten wir die Regenerationsfähigkeit des Globus um ein Vielfaches – würden alle Menschen nach dem Standard der US-Amerikaner leben, bräuchten wir noch vier weitere Erden. Auch der ohne großes Risiko maximal tolerierbare CO_2-Gehalt der Atmosphäre ist eine Größe, über die unter Forschern weitgehend Konsens herrscht. Den zur Aufrechterhaltung von lebenswichtigen Dienstleistungen der Ökosysteme erforderlichen Anteil der natürlichen Vielfalt geben die meisten Biologen mit etwa 20 Prozent der weltweiten Landfläche an.

Der Weg, auf dem wir unsere bisherige Expansion zu solchen Maximalwerten hin zurückfahren könnten, wird bereits halbherzig beschritten. Herman Daly schlägt vor, für jede Form der Verschmutzung oder Beeinträchtigung gerade so viele Zertifikate (»credits«) auf den Markt zu bringen, wie unsere Erde verkraften kann, und diese dann zu versteigern. »Cap-and-trade« ist das Schlagwort für diese Strategie. Sie beginnt mit einer ersten moderat bepreisten Zuteilung und verknappt dann stetig die Menge. Wer mehr verschmutzen will, kann die Zertifikate von denen kaufen, die sich eine weniger schädliche Alternative einfallen lassen und nicht so viele Zertifikate benötigen.

Ein solcher Handel ist bereits ansatzweise mit Kohlendioxid im Gang – obwohl hier die Verschmutzungsrechte immer noch weniger versteigert als verschenkt werden. Aber für andere Stoffe hat das System schon hervorragend funktioniert: Als in den 1980er Jahren klar wurde, dass saurer Regen die Wälder zerstört, musste die Industrie die Emissionsrechte für Schwefeldioxid ersteigern – und rüstete, statt jedes Jahr viel Geld zu bezahlen, lieber schnell ihre Kraftwerke mit Filtern aus. »Das war wahre Marktwirtschaft!«, schwärmt heute der damalige Umweltminister und spätere Vorsitzende der UN-Umweltorganisation UNEP, Klaus Töpfer.

Grenzen auszusprechen ist ein Weg zu wahren Preisen – denn Grenzen signalisieren eine Knappheit. Wenn ein Fünftel der Landfläche Deutschlands wilde Natur sein muss, damit wir langfristig überdauern können, dann lässt sich das entweder lösen, indem der Staat kostspielige Reservate einrichtet und die petrochemische Industrie auf dem übrigen Gebiet ebenso teuer aus Erdöl Nahrung macht – oder aber der Naturverbrauch durch Landbau wird durch den dafür nötigen Kauf von »Zerstörungs-Credits« so unattraktiv, dass sich die Bauern eine andere Lösung überlegen und dafür »von allein« den naturgemäßen Anbau wiederentdecken, ganz ohne Anweisungen. Umgekehrt ist es aber unmöglich, biologische Landwirtschaft auf breiter Fläche über Verordnungen durchzusetzen, solange die petrochemischen Anbaumethoden weiter Vorteile verheißen.

Zwischenfazit: Mit den richtigen Rahmenbedingungen setzt sich das Gewünschte von allein durch

Eines der größten Hindernisse für die Nachhaltigkeitswende besteht darin, dass politische und ökonomische Führer nicht wissen, an welcher der unzähligen Baustellen sie zuerst beginnen sollen. Zu viele Probleme brennen – und noch mehr Lobbyisten wollen jede Änderung verhindern. Ein Vorgehen Schritt für Schritt, das Einzelfälle aufgreift, ist zum Scheitern verurteilt. Anders sieht es aus, wenn nur wenige globale Regeln geändert werden, die aber dafür konsequent – etwa in Form der hier vorgeschlagenen »Zehn Gebote«. Mit den passenden Anreizen würde sich unsere Wirtschaft von selbst auf eine nachhaltige und lebensfördernde Haushaltsweise umstellen, ohne dass wir dieses kostspielig und zeitaufwendig planen müssten. Der freie Markt würde die Aufgabe automatisch übernehmen. Ein solcher Wechsel ist heute bereits möglich. Er kostet uns kein Geld, sondern er macht uns wirtschaftlich stärker und vermag Produktivität dahin zurückzubringen, wo heute Armut herrscht. Vor allem in drei Schlüsselbereichen unseres Haushaltens würde sich von selbst ein umfassender Wandel vollziehen.

Alle Landwirtschaft wird ökologisch
Für die Agrarwirtschaft würden die Konsequenzen aus den letzten vier Punkten zu einer vollkommenen Umkehr führen – und zwar ganz von allein, ohne dass »biologisches Wirtschaften« von oben vorgeschrieben und auch ohne dass es aufwendig organisiert werden müsste. Würde nicht das Marktsystem die Produktivität des Landes mit allen Verzerrungstechniken des vorgeblich freien Handels in eine kapitalistische Unternehmung verwandeln, der natürliche Anbau müsste sofort die Oberhand gewinnen: Er bringt mehr Erträge auf gleicher Fläche hervor und er ist viel billiger.

Diese Überlegenheit der Ökolandwirtschaft haben erst im Mai 2008 die Leiter mehrerer großer Weltagrarorganisationen hervorgehoben. Sie forderten eine Kehrtwende in der Welt-Ackerpolitik – aber nicht etwa, wie man hätte denken können, durch ein Hin zu noch mehr Dünger, Wasser und Technik, sondern eine Abkehr vom petrochemischen Landbau und eine Rückkehr zur möglichst autarken, kleinräumigen Biolandwirtschaft. Statt einer zweiten »Grünen Revolution« für die Entwicklungsländer sei dort vor allem eine wahrhaft grüne, nämlich eine ökologische Revolution nötig.

Heute zeichnet sich ab, dass steigende Energiepreise und eine weiter wachsende Bevölkerung zu einer neuen Versorgungsnot geführt haben. Viele Bauern in den Schwellenländern können sich weder den nötigen Dünger noch die erforderlichen Pestizide leisten, die ihre heute angebauten Sorten verlangen. Zudem wird das Wasser knapp: Aus großen Tiefen heraufgefördertes fossiles Grundwasser hat in den letzten dreißig Jahren den größten Teil zur weltweiten Steigerung der Nahrungsproduktion durch die »Grüne Revolution« beigetragen, weit mehr als alle geballte Agrochemie. Nun gehen die meisten der uralten Wasseradern langsam zur Neige – etwa der »Ogalallah-Aquifer« unter den amerikanischen Great Plains, der nur noch 90 Prozent seines ursprünglichen Volumens führt.

Zum Glück zeigt die ökologische Landwirtschaft gerade in den Entwicklungsländern, welches Ernährungspotenzial noch in den Böden steckt – und das, ohne die Landschaft einer industriellen Agrarproduktion zu opfern. Studien zufolge bringt eine Umstellung auf Ökobau im Schnitt einen Produktivitätsanstieg von über 90 Prozent.[58] Ackerfabriken produzieren zwar mehr Nahrung pro Euro. Sie werden aber auf Kosten der Allgemeinheit und auf Kredit an den planetarischen Lebenserhaltungssystemen finanziert, so dass auch dieser scheinbare Effizienzvorsprung nicht stimmt. Kleine Biohöfe produzieren neben ihrer besseren Kosteneffektivität erheblich mehr Nahrung pro Hektar. Als indonesische Reisbauern in den 1980er Jahren die Verwendung von Pestiziden stoppten, stiegen die Erträge an, die Kosten aber fielen abrupt.[59] Biologischer Mischanbau von Gurken und Kürbissen in Mexiko erbrachte einen 1,7-mal höheren Ertrag als eine industrielle Monokultur.[60]

Oder Bangladesch: Aus Hunger und Not geboren, haben die Bauern der Landgemeinschaft Nayakrishni Andolon eine ökologische Kreislaufwirtschaft entwickelt, die in ihrer Komplexität fast an die Systeme der Natur heranreicht.[61] Sie benötigt so gut wie keinen Energie-Input von außen. Die Bauern füttern ihr Geflügel mit Abfällen aus dem Gemüseanbau. Mit den Exkrementen der Gänse und Hühner düngen sie üppige Fischteiche. Deren Bodenschlamm wird wieder als Nährstoff für die Gemüsekulturen verwendet. Die Organisation Grameen Shakti, ein Ableger der Mikrokredit-Bank des Wirtschafts-Nobelpreisträgers Mohammed Yunus, installiert in armen Dörfern einfache Solaranlagen und effiziente Öfen. Vielleicht ist es ja sogar so, dass manche Entwicklungsländer für die Zukunft ohne Erdöl, die uns jetzt bevorsteht, die besseren Voraussetzungen haben. Sie können die fossile Phase überspringen und gleich mit einer intelligenten Wirtschaft für das Leben beginnen.

All diese Beispiele aus der Wirklichkeit zeigen: Eine auf ökologischen Anbau umgestellte Landwirtschaft ist in Wahrheit kein Zuschussprojekt, sondern die einzig kostendeckende Weise, Nahrung anzubauen. Sie würde auf einen Schlag weltweit Milliarden von Euro verfügbar machen, wenn die bisherigen Subventionen für die industrielle Agrotechnik – Großbetriebe begünstigende Prämien wie in der EU, staatlich gestützte Preise für Treibstoffe wie in vielen Schwellenländern – gestrichen würden. Dieses Geld könnte an die Menschen zurückgegeben werden, um damit Lebensmittel zu kaufen, und man könnte damit Verfahren finanzieren, wie Bauern durch ihr Wirtschaften die Dienstleistungen der Natur wiederherstellen. Eine solche Landwirtschaft würde gesunde Nahrung zur Verfügung stellen und die Regionen der Welt unabhängiger gegenüber dem globalen Markt machen. Sie würde durch naturnahen Anbau CO_2 in die Böden zurückholen und so das Klima schonen, ebenso durch den Verzicht auf Kunstdünger, Pestizide und Treibstoff für Maschinen. Sie würde die Menschen, die dort arbeiten, aus der Vereinzelung der stereobeschallten Ackerschlepperkabine wieder in eine Gemeinschaft führen, würde dem Land Schönheit zurückgeben und mit ihr seinen Bewohnern Freude.

Allein eine solche Umkehr würde schon genügen, unseren Planeten und seine lebende Haut zu bewahren. Heute sind der vielerorts industrielle Ackerbau und die oft fabrikartige Viehzucht für 50 Prozent der Emissionen des Klimagases CO_2 verantwortlich. Aber ein Basisprogramm zum Umbau der Landwirtschaft, in einer neuen, wahrhaft grünen »Revolution« des Ackers, die erst eine wirklich lebensspendende Umwälzung wäre, könnte das Schlimmste verhindern. Wir – alle Menschen, auch die Ärmsten – würden gesünder und reicher.

Eine solare Kultur

Die ökologische Landwirtschaft beweist: Zum wahren Preis zurückzufinden heißt vor allem, den fossilen Faktor herauszurechnen. Es heißt, auf die Zauberei durch den magischen Hebel Erdöl zu verzichten – weil dieser Hebel zwar das, was zuvor rar war, mühelos und in Massen herbeizuzaubern vermag, aber doch nur auf Kosten der Stabilität von Atmosphäre und Biosphäre. Auch der Energiesektor würde sich bei einer Veränderung der wirtschaftlichen Anreize weg von der virtuellen Welt und hin zur realen ziemlich rasch wandeln. Die Konsequenz wäre die Wende zur einzig kostenlosen Energiequelle – zur Sonne. Auch darin läge biosphärische Wahrheit: Allein die Sonne ist es, deren Strahlen alles Leben und auch alles Wirtschaften speist.

Der deutsche Politiker und visionäre Vordenker Hermann Scheer hat ein Szenario entwickelt, wie sich eine solche Wende zur Sonne hin abspielen könnte. »Alle Umweltprobleme resultieren aus der Verbrennung fossiler Stoffe«, sagt der Träger des Alternativen Nobelpreises.[62] Die atmosphärische Krise des Klimas und das durch brachiale technische Möglichkeiten bedingte Schwinden der anderen Lebewesen sind in dieser Sicht letztlich ein und dasselbe. Die Katastrophe würde sich durch den Verzicht auf den fossilen Kraftüberschuss versunkener Jahrmillionen automatisch abmildern, weil dann die Kräfte des Menschen wieder seiner wirklichen Position in der biogeochemischen Stoffkette entsprächen, seinem bescheidenen Platz am Tisch der Biosphäre.

Die solare Wirtschaft, die Scheer und anderen Sonnen-Visionären vorschwebt, ähnelt weniger der Industriestadt aus dem 19. Jahrhundert als einem Ökosystem. Statt riesiger zentraler Kraftwerke würde jeder Mitspieler seine eigene Energie erzeugen – er wäre autonom. Wohnhäuser etwa werden mancherorts heute schon so gebaut, dass sie mehr Energie erzeugen als verbrauchen. Sie sind in der Herstellung kaum teurer als herkömmliche Gebäude – und genau hier ließe sich von der Politik durch das Einführen einer verbindlichen Null-Emissions-Grenze (und dem Verkauf von »Verschmutzungsrechten« an die, die nicht mitziehen) von heute auf morgen ein Umschwung bewirken.

Denkbar ist ein solches Plus-Haus längst, beheizt von einer effizienten Wärmepumpe, mit Sonnenkollektoren auf dem Dach, die überschüssigen Strom ins Netz einspeisen, mit einem Elektroauto vor der Tür, dessen Akku als zusätzliche Speicherbatterie für die vom Haus erzeugen Überschüsse dienen kann.[63] Mehr als 80 Millionen Tonnen CO_2 ließen sich durch dezentrale Heizkraftwerke, die zugleich Strom erzeugen, hierzulande jedes Jahr einsparen.[64] Heute aber verursacht die Stromproduktion in Deutschland fast die Hälfte des gesamten Kohlendioxidausstoßes.[65]

Es sind abermals Schwellenländer, die vorführen, wie sinnvoll die kleinen, halbautonomen Kreisläufe sind – aus der Not geboren, weil dort die Energie heute schon so knapp oder teuer ist, dass nicht alle an sie herankommen. Tausende von kleinen Bauernhöfen in China etwa verwandeln Hausabfälle und Exkremente von Mensch und Tier zu Biogas und Dünger. In unterirdischen Tanks zersetzen Methanbakterien in kürzester Zeit die Fäkalien zu Brennstoff und Humus. Schon der Kot einer einzigen Sau reicht einer Familie zur Deckung ihres Energiebedarfs, viele Haushalte verkaufen sogar Überschüsse.[66] Ähnliches könnte auch hierzulande Standard werden – anstatt Abwässer unter hohem Energieaufwand zentral zu sammeln, zu klären und dann in die Gewässer zu leiten. Vermutlich könnten die Haushalte unter solchen Umständen weitgehend auf Gasprom-Lieferungen verzichten.

Ein solches Energiesystem, das auf unendlich viele Minikreisläufe setzt, aus denen nichts verloren geht, besteht wie ein Biotop aus vielen einzelnen »Zellen«. Haushalte, Unternehmen, dezentral verteilte Biomasseheizwerke für Landwirtschaftsabfälle speisen ihre Überschüsse in ein feinmaschiges Netz ein. Blackout ist out – wenn einige der Zellen versagen, übernehmen andere nahtlos ihre Stromproduktion. Die einzelnen Akteure sind vollkommen frei – aber sie sind zugleich untereinander eng vernetzt. Sie sind redundant wie Blätter an einem Baum, der auch nicht ein einziges Zentralkraftwerk trägt, sondern lauter individuelle Gewebsbereiche, die alle für sich der Maxime folgen, sich so gut wie möglich zu entfalten. Jedes einzelne Blatt trägt zur Ernährung der Pflanze bei. Alle sind lebenswichtig, keines ist unverzichtbar.

Industrie als Ökosystem
Die Idee eines solaren Energiesystems zeigt: Sobald die fossilen Stoffe zu ihrem wirklichen Preis gehandelt würden, drängte das Gebot der Effizienz die Wirtschaft von allein zum Kreislauf. Sie würde auch hierin einem wichtigen Prinzip der Biosphäre folgen: der Maxime, dass es keinen Abfall gibt, weil alles, was ein Teilnehmer ausscheidet oder liegen lässt, für einen anderen Speise ist. Das würde auch für die Industrieproduktion zu einer neuen Perspektive führen, gegenüber der jedes »Recycling« nur ein schwacher Abglanz der eigentlichen Möglichkeiten bedeutete. Eine Produktionsanlage könnte künftig so konzipiert sein, dass sie nicht Energie verbraucht und Abfälle produziert, sondern dass sie mit den im Herstellungsprozess anfallenden Stoffen einen Beitrag zu den Nahrungskreisläufen der Biosphäre leistet.

So etwas mag sich utopisch anhören. Der deutsche Chemiker Michael Braungart und der US-Architekt William McDonough freilich haben unter dem Schlagwort »cradle-to-cradle« – »von der Wiege zur Wiege« – bereits Projekte realisiert, die zeigen, was möglich ist. Dabei muss man immer im Hinterkopf behalten, dass viele Kreislaufideen, die heute utopisch erscheinen mögen, die *natürliche* Organisationsweise der Biosphäre sind und seit Milliarden Jahren ihre Funktionsfähigkeit beweisen. Die heutige menschliche Technik bedeutet dagegen, solche erdzeitalten Wirtschaftsprinzipien zu missachten. So werden bei der industriellen Herstellung eines Produkts heute oft mehr als 90 Prozent der eingesetzten Rohstoffe direkt zu Abfall, der keinem neuen Herstellungsprozess mehr zur Verfügung steht.

Braungart und McDonough haben zum Beispiel für eine Schweizer Firma ein Verfahren zur Herstellung und Färbung von Stoff entwickelt, bei dem das Abwasser sauberer ist als das, was aus der Leitung kommt. Die Fabrik funktioniert damit als Klärwerk, statt als Verschmutzerin aufzutreten.[67] Denkbar wäre auch, dass ein Industrieverfahren, bei dem viele organische Abfälle auftreten, mit diesen ein angeschlossenes Ökosystem »füttert«, das damit (ohne aufwendige menschliche Pflege) dringend benötigte Biodiversität produziert, aber auch so viel Biomasse, dass diese sich für die Energieversorgung des Unternehmens nutzen ließe.

Der Markt ist bereit für solche Ideen. Schon heute ließe sich mit einer schadstofffreien Fabrik Geld verdienen. Würden sich die wirtschaftlichen Bedingungen durch die Grenzen verschieben, die eine humanistisch denkende Gesellschaft setzen muss, wäre die »Ökosystemisierung« der Produktionsanlagen ohnehin der einzige Weg, um wirtschaftlich mithalten zu können. Er würde sich von ganz von selbst ergeben, sobald die finanziellen Anreize einer Volkswirtschaft auf die der Biosphäre zuträglichen Produkte und Dimensionen umgestellt würden.

V Bedingungslosigkeit

Wenn wir verstehen, wie Energie von der Sonne die Lebewesen durchläuft und dabei kostenlos Fülle schafft, wird noch etwas anderes deutlich: Die vom Himmel eintreffende Strahlung gehört uns allen. Das Nahrungsnetz eines Ökosystems ist nicht so aufgebaut, dass immer weniger Monopolisten immer mehr von Pflanzen eingefangene Energie horten, sondern dass diese auf denkbar viele Ebenen verteilt wird. Gerade die faszinierendsten Biotope dieses Planeten – die Riffe, die Regenwälder – haben sich in eine filigrane Fülle von energetischen Schleifen und Kreisläufen aufgespalten. In denen gibt es neben der einfachen Kette Pflanze – Pflanzenfresser – Raubtier eine Fülle von komplizierten Umwegen und überraschenden Kurzschlüssen: Parasiten etwa zehren von anderen und werden von Dritten verspeist; Exkremente geben auf allen Ebenen dem System einen Teil der Ressourcen zurück; Pilze besiedeln diese Ausscheidungsprodukte und werden zu neuer Nahrung.

Die angeblichen »Großkapitalisten« der Natur, die gefährlichsten Räuber, behalten fast nichts für sich: Mit jeder Stufe der Nahrungskette fließen neun Zehntel der Nahrung wieder in die Umgebung zurück. Ein gedeihendes Ökosystem lässt die Energie über möglichst viele Kaskaden von Verbrauchern laufen. Es verteilt sie so breit wie möglich – und bringt gerade damit Fülle hervor. Generationen von Wirtschaftswissenschaftlern haben hier die falschen Analogien konstruiert: In der Natur heißt Erfolg für eine Art, dass sie sich reproduziert – nicht dass sie einen großen Teil der materiellen Ressourcen für sich monopolisiert. Im Gegenteil: Sobald eine Art beginnt, die Stoffströme eines Lebensraums zu dominieren, droht Gefahr.

Das lässt sich sehr eindrucksvoll im Reagenzglas nachspielen: Legt man dort in einer Nährlösung die Kultur eines Bakteriums an, so bringen die zunächst optimalen Bedingungen die Zellen dazu, sich dauernd zu teilen. Aus zwei werden vier, aus vier acht, aus diesen 16, 32, 64 ... Die Kurve steigt zunächst langsam an und geht dann in jenes steile Wachstum über, dass wir auch bei der Erdbevölkerung schon eine Weile beobachten – bis sie, wenn die Nahrung aufgezehrt ist und Stoffwechselabfälle die Lösung überschwemmen, jäh abbricht und die Individuenzahl fast auf null zurückgeht. Im Reagenzglas ist also auch Natur kein unbegrenztes Recyclingsystem. Dafür ist es nötig, dass die Energie maximal verteilt wird.

Auch die gewaltige Masse der heutigen Bevölkerung ist in der Energie-»Blase«, in der wir leben, nur auf Pump möglich. Sie wird wieder sinken, wenn wir uns erneut im Gleichgewicht mit dem Nahrungsangebot in unserem Ökosystem, im Gleichgewicht mit den anderen Arten ernähren. Vorher aber verhalten wir uns wie eine Spezies, die über alle anderen einen Vorteil hat, weil ihr allein ein effizienter Nährstoff zugeführt wird. Wir gedeihen auf ähnliche Weise wie die Grünalgen eines Sees, die das Phosphat aus eingeschwemmten Waschmittelrückständen fressen und zu einer dicken grünen Watteschicht heranwachsen, während die anderen Wesen – Bodenpflanzen, Wirbellose, Fische – verhungern.

Auch in unserem Haushalt führt es zu Schäden, wenn die Wege, auf denen sich Energie und Information verteilen, von einigen wenigen kontrolliert und nach Belieben gesperrt werden. Viele Gesellschaften vergangener Jahrhunderte und auch heute noch haben dieses Problem durch die »Allmende« gelöst. Weiden, Fischgründe und Wälder, deren Erträge für eine Gemeinschaft lebensnotwendig waren, wurden von allen nach strengen Regeln gemeinsam genutzt. Meist waren das gerade solche Teile der Landschaft, die nicht aufwendig kultiviert werden mussten, um etwas abzuwerfen, sondern die ihre Ernten gleichsam herschenkten. Eine Alm in den Bergen etwa wurde einst von allen gepflegt und instand gehalten – und ihre Erträge, die allein von der Sonne ausgingen, kamen auch allen gleichermaßen zugute.

Für den Ökonomen Peter Barnes markiert das Ende der Allmendewirtschaft im England des 18. Jahrhunderts den eigentlichen Beginn des Industriekapitalismus. Unterstützt vom Parlament, hatten die Landadligen die bis dahin allen gehörenden Weiden, Wälder und Felder als eigenen Besitz abzäunen lassen und sie so in Investitionskapital verwandelt. Verarmte Landbewohner, die keine Tiere mehr halten konnten, wanderten als ungelernte Arbeiter in die Städte ab. Die Stunde der modernen Industriekultur hatte geschlagen – durch einen dreisten Übergriff der Mächtigen auf den Besitz von allen.[68]

Aus dieser Perspektive ist die »Tragödie der Allgemeingüter«, die der Verschwendung natürlichen Reichtums zugrundeliegt, wie wir im 2. Kapitel gesehen haben, gar keine Fatalität, mit der man irgendwie klarkommen muss, sondern ein Verbrechen. Einzelne bereichern sich an dem, was allen Menschen gehört, weil es Teil der durch die Sonne genährten Biosphäre ist. Vielleicht wäre es besser, statt von der »Tragödie der Allgemeingüter« vom »Raub am gemeinschaftlichen Reichtum« zu sprechen, wenn Fischtrawler die atlantischen Küstengewässer Afrikas leerfangen, wenn deutsche Grünflächenämter Bäume in geschützten Naturbereichen fällen, um überholten Gesetzen zur Wegesicherung zu entsprechen, wenn wieder eine Straße ein Stück Urwald zerschneidet, ob in Ostpolen oder am Amazonas.

»Meiner Meinung nach ist ein großer Teil dessen, was wir privaten Reichtum nennen, aus den der Gemeinschaft gehörenden Gütern entnommen oder durch sie produziert«, sagt Peter Barnes. »Aber diese Selbstbedienung ist extrem ungerecht: Der Kapitalismus maximiert durch die Art seiner Konstruktion immer die Erträge der bereits Reichen.«[69]

Der Ökonom Herman Daly will Natur daher nicht Privateignern übergeben, sondern in die Hand von Institutionen legen, die für dieses Erbe der Menschheit erträgliche Verbrauchsquoten festsetzen. Und Peter Barnes schwebt vor, die grünen Gemeingüter eigenen »Trusts« anzuvertrauen – wie Stiftungen organisierten Sachwaltern. Barnes, Costanza und andere Vordenker haben ihre Idee Anfang 2008 im Fachblatt *Science* vorgestellt und einen »Atmosphären-Trust« vorgeschlagen. Ihnen geht es zunächst um Klima-, nicht um Biodiversitätsschutz – aber das Prinzip bliebe dasselbe. Finanzieren soll sich eine solche Stiftung dadurch, dass Naturnutzungs- bzw. -verschmutzungsrechte an die betroffenen Unternehmen *versteigert* würden.[70]

Im Modell des »Atmosphären-Trusts« kämen bis zu 3,6 Billionen Dollar pro Jahr zusammen, von denen die Hälfte direkt an alle Menschen der Erde ausgeschüttet würde – mit einigen hundert Dollar pro Kopf gerade für die Ärmsten eine substanzielle Hilfe. Zukunftsutopie? Mit einem derartigen Trust ließe sich auch die Umstellung von Kohle auf erneuerbare Energien für die Menschen praktisch kostenneutral gestalten, meint auch

169

der NASA-Klimaexperte James Hansen: Alle Erlöse aus dem Verkauf der »credits« könnten an die Bürger wieder ausgeschüttet werden, um höhere Heizkosten abzufangen. Weil alle Beteiligten aber ein Interesse an möglichst wenig Kosten haben, würden die Anbieter genauso schnell auf die dann zunehmend billigeren erneuerbaren Energien umstellen, wie die Haushalte diese nachfragen.

Eine Biodiversitätsstiftung, wie sie sich Barnes und seine Mitstreiter vorstellen, bräuchte ihre Entscheidungen nicht mehr am Marktwert zu orientieren und auch nicht an der nächsten Wiederwahl, sondern könnte Werten folgen, die ihre Verwalter für objektiv halten. Die Treuhänder wären keinem marktwirtschaftlichen Kalkül verpflichtet, sondern ihrer Überzeugung. Ähnliche Gremien gibt es längst. So orientieren sich die Verfassungsrichter letztlich an den Menschenrechten, und diese werden auch nicht durch Angebot und Nachfrage auf dem Markt verändert. Eine Treuhänderschaft könnte – wie ein Richter – dem Gesetz, dem Gewissen und der Vernunft folgen. Das würde sie auch von der Organisation des Gemeinbesitzes durch staatliche Verwaltung unterscheiden, wie sie neuerdings wieder lauter gefordert wird. Denn was dem Staat zugehört, wird im Allgemeinen nach den Interessen einer undurchschaubaren Bürokratie bewirtschaftet, und nicht von einem unabhängigen Gremium zum Wachstum gebracht.

Dem Unternehmer und Ökonomen Barnes geht allerdings auch dieser Vorschlag noch nicht weit genug. Für ihn gehören selbst so ungreifbare Dinge wie ein stabiles politisches und gesellschaftliches Umfeld zu den Gemeingütern – und auch sie haben in Barnes' Augen einen finanziellen Wert. So schätzt der Wirtschaftsrevolutionär die Dividende, die dadurch entsteht, dass Unternehmen ihre Anteile auf gut geregelten Aktienmärkten verkaufen und so ihr Kapital vergrößern können, auf 5 Billionen Euro weltweit. Aber der rollende Globalkapitalismus verwandelt auch dieses soziale Gemeingut zu Geld, das sich in den

Taschen einiger weniger sammelt – bei jenen 5 Prozent, denen mehr als die Hälfte des privaten Besitzes weltweit gehört.[71]

Besonders rasant greifen Konzerne inzwischen auf genetisches Wissen zu – also auf den innersten Kern des Lebens selbst. Seit den 1980er Jahren erlaubt ein Gesetz in den USA Forschungseinrichtungen, Patente auf biochemische Strukturen von Lebewesen anzumelden, die erstens von keinem Menschen erfunden wurden und deren Erforschung zweitens Steuergelder gekostet hat. Die betreffenden Gene und Stoffwechselwege sind zu 99 Prozent Werk der Natur.[72] Viele Patente werden überhaupt nur angemeldet, damit andere Forscher, die versehentlich eines davon verletzen, auf hohe Entschädigungen verklagt werden können. Bald gehört ein großer Teil des anwendbaren Wissens über die Physiologie von Menschen und Tieren großen Pharmakonzernen – und steht der Allgemeinheit nicht mehr zur Verfügung. Viele unabhängige Forscher mussten ihre Arbeiten bereits aufgeben, weil sie von einem Chemie-Giganten gerichtlich belangt wurden.

Neben Atmosphäre, Landschaften, Gewässern, Schutzgebieten, den genetischen Informationen über Menschen und andere Lebewesen sollten wir auch die Verkehrsinfrastruktur, die Infrastruktur der Energieerzeugung, das Gesundheitswesen, die Bildung, das Informationswesen, die Kultur und den Finanzmarkt als Gemeingüter betrachten. All diese Bereiche sind zu einem humanen Leben notwendig, einem jeden steht das Recht an ihnen zu – und wenn man diesen Zugang verstellt, verfälscht man die Informationen, die ein Funktionieren des freien Marktes erst ermöglichen.

Noch einmal: Es ist wichtig, gerade bei diesen Kernbereichen der Gemeinwirtschaft den Unterschied zwischen Treuhandschaft und Verstaatlichung zu sehen: Auch der Staat versucht im Allgemeinen, marktwirtschaftlich zu handeln, behindert sich dabei aber selbst durch unvermeidliche Bürokratie. Gerade der Staat neigt dazu, sich als Eigentümer mit Sonderrechten aufzuspielen und im Zweifel wie einst im Ostblock der Allgemeinheit gerade das zu entziehen, was ihr gehört. Eine Treuhandschaft hingegen vermag die Stimme dieser stummen Allgemeinheit zu sein. Sie kann flexibel gerade das entscheiden, was in einer spezifischen Situation angebracht ist. Sie ist so frei wie ein Wirtschaftsunternehmen, ohne dabei ihr wirtschaftliches Überleben stets über alles stellen zu müssen.

MIT DEN ERTRÄGEN DIESES NEUEN GEMEINSCHAFTSSEKTORS ließe sich auch an alle Menschen ein bedingungsloses Grundeinkommen zahlen – ein Unterhalt, der ihnen von Geburt an zusteht, schlicht, weil sie Teil dieser Biosphäre sind, die allen gehört.

Arbeit und Einkommen waren nicht immer so eng miteinander verkettet wie in der bürgerlichen Moderne. In archaischen Stammesgemeinschaften, die das Leben der Menschheit über 95 Prozent ihrer Zeit, zumindest bis zur agrarischen Revolution vor gut 10 000 Jahren geprägt haben, arbeiteten alle für alle. Besitz war weitgehend unbekannt. Wenn die Starken die Schwächeren versorgten, dann nicht, weil diese dafür eine Gegenleistung erbrachten, sondern allein, weil sie Mitglieder der Gemeinschaft waren. Noch der mittelalterliche Feudalismus kannte keinen direkten Zusammenhang zwischen Reichtum und Arbeitsleistung. Erst mit dem Aufblühen der Marktwirtschaft wurde der biblische Satz »Wer nicht arbeitet, soll auch nicht essen« zu einem universellen Wert, dem sich christlich-protestantische Ethik, Kapitalismus und Kommunismus gleichermaßen verpflichteten.

Die Idee eines bedingungslosen Einkommens hat im Laufe ihrer Geschichte Vertreter in allen politischen Lagern gefunden – bei Marktliberalen, Linksliberalen, Sozialliberalen, christlich Orientierten, bei den Grünen und jüngst sogar in der Unternehmerschaft. In der politischen Philosophie geht die Forderung nach einem Grundeinkommen bis zu Thomas Morus zurück und wurde in der Folge von einflussreichen Denkern wie John Stuart Mill und Charles Fourier sowie Anfang des 20. Jahrhunderts von dem Philosophen Bertrand Russell aufgegriffen. Erfahrungen mit ersten Varianten eines Grundeinkommens sind durchweg positiv. Versuchsweise wurde in Teilen der USA eine sogenannte negative Einkommenssteuer eingeführt: Einkommen unterhalb einer gewissen Verdienstgrenze mussten nicht versteuert werden, sondern wurden staatlich bezuschusst. Mit dieser Maßnahme sank – außer bei Frauen mit kleinen Kindern – die Arbeitslosigkeit. Die Menschen erlagen keineswegs, wie befürchtet, dem staatlich finanzierten Müßiggang. Denn nicht der Geldbedarf allein treibt Menschen an, sondern vor allem der Wunsch nach einer sinnvollen Beschäftigung.

Schon heute geben Bund und Länder in Deutschland jährlich rund eine dreiviertel Billion Euro an öffentlichen Unterstützungen aus – das heißt für jeden Bundesbürger etwa 700 Euro im Monat. Die Verwaltungskosten für die Umverteilung eingerechnet, kommen an die 1000 Euro zusammen. 26,5 Millionen sozialversicherungspflichtig Beschäftigten stehen heute 27 Millionen Rentner, Pensionsberechtigte, Arbeitslose oder Bezieher von Arbeitslosengeld II gegenüber – die Empfänger von Kindergeld und Bafög nicht mitgerechnet. *De facto* ist Einkommen in Deutschland also längst nicht mehr an Arbeit gekoppelt. Ein Bürgergeld wird im Prinzip längst aufgebracht und verteilt – allerdings ist es so instrumentalisiert, dass es Arbeit eher vernichtet als fördert.

Mit einem bedingungslosen Grundeinkommen würde sich das soziale Klima verändern – weg von einer Atmosphäre, in der Einzelne das Gefühl haben, nicht gebraucht zu werden oder ein kleines Rad im bedingungslosen Konkurrenzkampf zu sein, und hin zu einer Atmosphäre der grundsätzlichen Angenommenheit und Freiheit. Arbeit wäre in einer solchen Situation weniger Not, um die das Gros der Menschen nicht umhinkann, als das Resultat einer freien Entscheidung.

Weil die Wahlfreiheit des Arbeitnehmers durch seine Grundsicherung steigt, nimmt auch der soziale und ökologische Nutzen zu: Freiwilliges Engagement, das bisher kaum entschädigt wird, würde erheblich lohnenswerter. Unternehmen müssen nicht investieren, um die Steuerlast zu mindern, sondern nur, wenn es wirklich erforderlich ist. In ein solches System lässt sich eine Bilanzierung von Umweltkosten und Dienstleistungen leicht einfügen. Sie folgt der Maßgabe, dass ein hohes Gut, also Arbeit, begünstigt, Verbrauch jeder Art aber besteuert wird.

Ökonomische Vernunft wird so zu einer Teilmenge einer übergeordneten gesamtökologischen Nachhaltigkeit. Diese Idee haben in der Vergangenheit viele Befürworter eines Bürgergeldes geäußert. Sie gründet auf der Überzeugung, dass die Erde und ihre Ressourcen allen Menschen gehören und dass die Produktionsmittel, die sich aus den natürlichen Ressourcen herleiten, niemand allein besitzen kann. Ein neuer Gesellschaftsvertrag könnte somit helfen, Ökonomie und Ökologie miteinander zu versöhnen.

»Auch das allgemeine Wahlrecht wurde anfänglich als ein Phantasiegebilde einiger Exzentriker abgetan«, sagen die belgischen Ökonomen Yannick Vanderborght und Philippe Van Parijs. »Heute jedoch erscheint es allen als eine Selbstverständlichkeit.«[73] So wie der Mensch mit der Anerkennung des Wahlrechts qua Geburt zum vollgültigen politischen Subjekt wurde, würden mit dem neuen Gesellschaftsvertrag und einem bedingungslosen Bürgergeld seine materiellen Bedürfnisse als verbrieftes Menschenrecht anerkannt. Seine Existenz würde zugleich als Teilhabe an den gesellschaftlichen Prozessen und den Lebensprozessen einer Erde verstanden, die allen gegeben und deren Pflege allen zur Schonung auferlegt ist.

VI Vielfalt

Auch wenn die nationale und internationale Politik bislang kaum in der Lage scheint, die Voraussetzungen für einen neuen sozioökonomischen Algorithmus zu schaffen – viele Kommunen haben bereits erkannt, welche Vorteile ihnen aus einer Lebenswende der Wirtschaft erwachsen würden. Aber sie sind unfrei. In Deutschland etwa können die Kommunen kaum etwas allein entscheiden – Umwelt, Energie, Bildung, Infrastruktur unterliegen Landes- oder Bundesrecht. Bei uns plant ein Bundesland seine kommunale Struktur – Politiker und Verwaltungsbeamte legen fest, welche Aufgaben eine Gemeinde erhalten soll, ob sie ein Ober- oder Unterzentrum ist, ob ihre Schulen geschlossen werden, auf welche Weise ihr Land genutzt wird.

Dazu kommt die finanzielle Versorgung: Der kommunale Finanzausgleich macht zusätzliche Geldmittel vor allem von der Kopfzahl der Bürger abhängig. Im gegenwärtigen kommunalen Finanzierungsmodell können die Gemeinden Einnahmen einzig aus Gewerbegebieten und aus der Ansiedlung neuer Bürger, möglichst in Eigenheimen, erwirtschaften – obwohl die Kosten-Nutzen-Rechnungen solcher Erschließungsmaßnahmen bestenfalls neutral sind. Kommunen setzen somit alles daran, wirtschaftlich zu wachsen – auch wenn die Verantwortlichen vielerorts erkannt haben, dass ihrem Dorf oder ihrer Stadt andere Konzepte helfen würden.

Es ist darum entscheidend, dass die Gemeinden mehr Handlungsfreiheit und mehr Selbstverantwortung erhalten und selbst wählen können, auf welchem Weg sie den neuen sozioökonomischen Rahmen erreichen. Eine solche Eigenverantwortung ist auch eine Chance zu mehr Demokratie: Wenn über vieles wieder lokal entschieden werden muss, reicht nicht mehr bloß ein Verwaltungsbeamter als Außenstelle der Regierung, sondern alle Bürger sind zur Mitgestaltung gefragt. Auch diese bietet, so wissen Sozialpsychologen mittlerweile, einen Weg zur Zufriedenheit: In den kleinen Kantonen der Schweiz mit ihrer sehr direkten Demokratie sind die Menschen im Schnitt mit Politik und Verwaltung zufriedener als in großen.

Die brasilianische Millionenstadt Porto Alegre hat es vor einigen Jahren geschafft, ein System der direkten Mitbestimmung, der »partizipativen Demokratie«, einzuführen. Heute beschließen die Bürger selbst über die Verwendung der Finanzmittel. Das Nahverkehrsnetz konnte ausgebaut, sinnlose Geldverschwendung zugunsten einer gezielten Hilfe der Armen abgestellt werden. Damit eine solche Form der Demokratie möglich wird, dürfen die Einheiten nicht zu groß sein – höchstens einige Tausend Menschen können ein selbstverwaltetes Gebiet ausmachen. Das würde eine Rückkehr zur Größe des Dorfes auch in den Metropolen bedeuten. Aber die beliebtesten Viertel haben dort ja genau diesen Charakter: Es sind kleine Städtchen in der Stadt, wo man sich samstags auf dem Markt treffen kann. Ein Land würde sich im besten Falle aus einer Vielzahl solcher selbständiger Untereinheiten humaner Größe zusammensetzen – die alle die ökologische Frage eines nachhaltigen Wirtschaftens auf ihre eigene Weise gelöst haben.

Auch hier ist das zum menschlichen Wohlergehen Nötige bloß die andere Seite dessen, was aus der Perspektive einer ökologischen Wirtschaft wünschenswert ist, nämlich möglichst viel Autonomie. Das eigenständige Dorf, in dem alle zur Mitbestimmung fähig sind, ist die Dimension, in der sich Menschen am ehesten wohlfühlen, *und* es ist die Größe, die am effizientesten auf Veränderungen reagieren kann.

ES IST HÖCHSTE ZEIT, DIESE IDEEN ANZUWENDEN. Wir sollten einige Landstriche zu Modellen einer humanistischen Wirtschaft zu machen, damit wir sehen können, welches Potenzial sie wirklich für Menschen und Natur zu entfalten vermag. Noch haben wir die Zeit dazu, noch gewährt uns die Wirtschaft nach der herkömmlichen Rechenweise einen Aufschub. Wir sind nicht gezwungen, auf katastrophale Knappheiten und globale Krisen nur noch zu reagieren und die richtigen Ideen gegen eine totalitäre Realpolitik einzutauschen. Entscheidend wäre daher, eine Modellregion einzurichten, in der die Menschen das gesamte Spektrum ausprobieren könnten, das ihnen die Kombination aus wesentlich mehr Selbstbestimmung und neuen, nicht länger konzernfreundlich, sondern biokapitalistisch ausgerichteten Bedingungen bieten könnte.

Aus Studien, an denen ich beteiligt war und aus vielen Gesprächen weiß ich, dass gerade die Bürgermeister kleiner Orte in Regionen Deutschlands, denen die Industriebetriebe weglaufen und wo die Bevölkerung schwindet, händeringend nach einer solchen Möglichkeit suchen.[74] Leider stehen ihr alle Belohnungsverfahren des gegenwärtigen föderalen Systems entgegen. Das ist eben das Drama: Selbst wenn es einige gute Anreize gibt, selbst wenn die EU Fördermittel für die nachhaltige Entwicklung ausweist – solange die Großwetterlage auf »Industriewachstum« steht, sind die Schritte in eine andere Richtung sehr schwer.

Vermutlich würde es in der Bevölkerung einiger armer Landstriche Deutschlands auf Zustimmung stoßen, wenn man dort eine lokale Modellregion einrichtete und sich somit endlich etwas bewegte. Gerade in Ostdeutschland gibt es viele Gebiete von großer landschaftlicher Schönheit, in denen die herkömmlichen Wachstumsideen nicht mehr fruchten. Industrieparks stehen leer, Baugebiete überwuchern, Schulen und Postfilialen werden geschlossen, Kinder werden kaum noch geboren, die Menschen wandern ab. In manchen Gegenden Brandenburgs nähert sich die Besiedlungsdichte jener der Zeit der »Wüstungen« nach dem Dreißigjährigen Krieg. Wie die Erfahrung der letzten Jahrzehnte zeigt, vermögen auch noch so reichlich ausgeschüttete Fördergelder dort nichts auszurichten, wo die Realität nicht mehr vom Wachstum bestimmt ist, sondern vom Schrumpfen.

Die Ironie besteht darin: Schrumpfen ist aus der Perspektive einer *Wirtschaft für das Leben* genau das, was wir brauchen.

Nicht der Schwund von Lebensmöglichkeiten, gewiss, aber die Reduktion von Stoffdurchsatz, Landschaftsverbrauch, Zeitfraß und Beschleunigung. Revolutionäre Ökonomen sprechen inzwischen von »De-Growth« – und sie meinen damit nicht ein Einschnurren aller Wirtschaftsdynamik, sondern so etwas wie Gegen-Wachstum, Entfaltung hin in eine andere Richtung: Lebensqualität statt bloßer Quantität.

Im Grunde stehen manche Regionen Deutschlands und Europas heute in einer ähnlichen Situation wie arme Schwellenländer: Dort, wo die Strategie der Industrialisierung gescheitert ist, bleibt nur der Weg der Nachhaltigkeit. Auch hier stecken wir in Wahrheit in einer Win-win-Situation, weil der Planet ja genau diese Nachhaltigkeit zum Überleben braucht. Noch einmal: Die schlechte Nachricht ist, dass das Wachstum vielerorts nicht mehr funktioniert und dass es dort, wo es funktioniert, die Menschen unglücklich macht. Die gute Nachricht aber lautet: Dieses Wachstum ist überhaupt nicht das, was wir brauchen.

In einem Gutachten über die Zukunft der Wirtschaft und der Bevölkerung des Bundeslandes Brandenburg, das ich kürzlich gemeinsam mit einem Berliner Forschungsinstitut verfasst habe, zeichnete sich ab, dass viele Regionen des Landes ihr biologisches Kapital ganz anders nutzen könnten – wenn sie den Schritt zu mehr Autonomie wagen und ihn auch tatsächlich durchsetzen könnten. Die Prignitz etwa – das waldreichste Gebiet Deutschlands ungefähr in der Mitte zwischen Hamburg und Berlin – hat ihre grünen Ressourcen kaum erschlossen. Dieser Kreis wirbt noch immer (erfolglos) damit, dass er seine »wirtschaftliche Zukunft in der Ansiedlung und Entwicklung von Industrieunternehmen« sehe. Doch seit der Wende ist die Einwohnerzahl mit 42 Menschen pro Quadratkilometer auf das Niveau von 1890 gesunken. Die Prignitz ist der am dünnsten besiedelte Landstrich Deutschlands. Über zwanzig Schulen sind hier allein in den letzten drei Jahren geschlossen worden.

Was könnte sich in einer solchen Gegend ändern, wenn Politiker nicht länger dem entfesselten Wachstumsmarkt vertrauen, sondern einem ökologischen Humanismus? Zunächst würde ein solches Land bunter an Ideen. Den Aktiven jeder Gemeinde stünde es frei, eine Schulform und Schulgröße ihrer Wahl zu organisieren und dafür selbst die Lehrer auszusuchen. Teilregionen könnten eigenständige Ziele verfolgen und dafür eigene Regeln definieren – so wäre etwa ein attraktiver Naturpark in den einmaligen Elbauen denkbar, in dem ein großer Teil der Zahlungen für Planung, Pflege und Infrastruktur eingestellt werden könnte und der im Gegenzug national wie international Wildnistouristen anziehen würde.

Die gesparten Mittel – da nicht an einzelne Ressorts gebunden – könnte die Region für die Förderung ausgesuchter vorbildlicher Gastronomie entlang des Elbe-Radwanderwegs nutzen. Durch das Bürgergeld könnte es sich für manche Akteure lohnen, ganze Dörfer zu Modellen eines generationenübergreifenden Wohnens zu machen, für andere, biologische Nahrungsmittel für einen Direktverkauf in der Region anzubauen. Wettbewerbe könnten dazu führen, dass bestimmte Orte mit Initiative und Einsatz in ihrem historischen Stadtbild als kompakte Siedlungskerne neu erstarken würden, gestützt auf umweltverträgliche und regenerative Ver- und Entsorgungssysteme, beliebt bei Touristen und gesucht von Menschen, die, staatlich gefördert, weniger attraktive Winkel des Bundeslandes verlassen haben. Die Mikroregion Pritzwalk-Putlitz würde vielleicht einen Schwerpunkt »alternative Energien« mit Windkraft und nachhaltiger Biomassenutzung aufbauen und könnte den Kreis autonom versorgen.

VII Produktivität

Wir müssen nicht nur Grenzen für das der Biosphäre Zuträgliche setzen – wir müssen auch für solche Aktivitäten ein Maß finden, denen die menschliche Produktivität zum Opfer fällt. Letztlich geht es darum, die Verbindung zwischen Notwendigkeit und Zufriedenheit wiederherzustellen und das Gute, das Glück, nicht länger als etwas zu behandeln, was »irgendwann kommt«, wenn alle Probleme gelöst sind.

Wir müssen darum alles unterlassen, was die Produktivität unseres Lebens mindert. Wir müssen die Notwendigkeit bewahren, uns anzustrengen, uns zu mühen, zu kämpfen, zu scheitern, neu zu beginnen, zu irren, zu lernen – weil das allein Wachstum bedeutet, wirkliche Erfahrung, und nicht als Ware erworbenes Erlebnis. Wir müssen erkennen, dass unsere schöpferische Verbundenheit mit dem Haushalt der Biosphäre kein Wohlstandsphänomen ist, sondern das Ziel unseres kulturellen Handelns, wenn wir Mensch bleiben wollen.

So wie wir Grenzen benötigen, um die Ökologie unserer Wirtschaft wieder ins Gleichgewicht mit der Biosphäre zu bringen, so müssen wir uns auch Maßgaben unterwerfen, um die Ökologie unserer Seele zu reinigen. Bestimmte kulturelle Praktiken der Passivität, der inneren Verwahrlosung, der Fremdkontrolle und hypnotischen Fernsteuerung pervertieren unsere Situation als produktive Lebewesen: Sie verschleiern, dass es Mühe macht, zu wachsen. Sie bieten sofortige Entlastung an, wie ein Schmerzmittel, eine Droge, die milden Rausch bewirkt, wenn doch erst die Resultate echter Arbeit das Glück bringen sollten.

Für unsere Kultur, die im Bann des Erlösungswahns steht, ist die Idee, dass wir das, was wir wollen dürfen, selbst begrenzen müssen, sicher eine Forderung, die zu heftigen Disputen führen kann. Ist nicht das, was ich fordere, eine Beschneidung der Freiheit – ähnlich der Gesetzesherrschaft der Moral, wie sie die Taliban in ihrer mehrjährigen Herrschaft in Afghanistan durchsetzen wollten? Ist es nicht eine Preisgabe der westlichen Identität überhaupt?

Ich denke, nein. Im Gegenteil: Im Reich des Lebens gibt es keine schrankenlose Freiheit. Entfaltung ist stets Entfaltung in Grenzen – und die wahre Kunst besteht darin, herauszufinden, welche die Grenzen des Lebens sind und nicht die Zwangsgedanken einer verstörten Kultur.

Zu den Praktiken, die eingeschränkt werden müssen, wollen wir eine Zukunft für unsere Seele, gehört zunächst jede Form von kommerzieller Werbung. Gegenwärtig fließen jedes Jahr weltweit über eine Billion Dollar in die Vermarktung von Produkten und damit in ein forciertes Wachstum. Werbung, die sich der Status- und Gemeinschaftsreflexe unserer sozialen Affenspezies schon seit Jahrzehnten mit hypnoseartigen Methoden bedient, ist dabei die wichtigste Finanzquelle der medialen Verdummungskette aus Privatsendern und Chatrooms, der sich heute kaum noch entgehen lässt. Die Grenzen sind fließend geworden: In vielen Magazinen lässt sich beinahe nicht mehr unterscheiden, was *content* ist und was *commercial*; viele Showformate des Privatfernsehens schalten mit den Werbepausen bloß auf eine andere Form der Warenpräsentation um.

Die stille Übernahme unseres Bewusstseinsstroms ist auch in scheinbar harmlosen Bereichen weit fortgeschritten: In den USA etwa sind viele private Radiostationen in kontinentweiten Konzernen aufgegangen. Viele einst unabhängige Provinzsender wurden dabei als Relaisstationen zur Verteilung der Einheitssoße auf die sogenannte 66-Sekunden-Minute umgestellt: In Redebeiträgen werden Pausen für Atemzüge, Ruhepunkte im Satzgefüge elektronisch herausgeschnitten, um den *content* von 66 Sekunden in eine einzige Minute zu pressen.

Wie leer aber verhallt bisher jede Kritik an der kommerziellen Hypnose! Wir nehmen sie zur Kenntnis, stellen fest, dass sie ins Schwarze trifft, und machen weiter wie bisher, im Namen einer Freiheit, die wir uns schrankenlos vorstellen. Dabei ist es so: Die brutale Suggestion rein materieller Wahrheiten, die Vertuschung lebendiger Produktivität durch eine Industrie der Verfügbarmachung ist ein Großangriff auf das Leben selbst. Hinter ihrem Rücken fallen die letzten Bäume Borneos, marschieren die Söldner von Blackwater in die Ölraffinerien von Schwellenländern ein. Wir konnten diese Dimension vielleicht so lange nicht sehen, wie wir kein *positives* Bild einer menschlichen Natur besaßen, solange wir unsere Moral oder das, was von ihr übrig blieb, allein nach der Maßgabe »Bleib mir bloß vom Leibe« betrieben. Aber sobald wir eine Vorstellung davon haben, was Leben will, müssen wir hinschauen.

Interessant ist in diesem Zusammenhang eine Szene, die ich kürzlich auf einem hochkarätig besetzten Naturschutzkongress erlebte. Dort ging es um die Frage, mit welchen Mitteln man den Menschen besser klarmachen könne, wie bitter notwendig es sei, Natur zu erhalten. »Wir müssen die Natur verkaufen wie Shampoo«, sagte der dazu geladene *Creative Director* einer namhaften Agentur. »Warum wie Shampoo?« – »Weil das auch so langweilig ist, dass einem dazu nichts einfällt.« So weit sind selbst schon die Naturverbände: Sie glauben, den Menschen ihre ureigenste Natur wie das Fremdeste und Langweiligste aufschwatzen zu müssen, indem sie sich der Suggestionsmethoden der Optimierungswelt bedienen.

Aus einer Ethik der prekären Freiheit folgt, dass wir bestimmte Praktiken *nicht* zulassen dürfen, wenn sie sich gegen das Leben selbst richten. Dazu gehören neben der kommerziellen Werbung alle Medienwelten, die Gewalt verherrlichen oder auch nur verharmlosen – von den piepsenden Gameboys bis hin zu hyperrealistischen Killer-Bildschirmspielen wie *Grand Theft Auto IV*, der großen New-York-Zuhälter-Sage für die Nächte am Hochleistungsrechner.

Wie ließe sich eine solche Forderung realisieren, ohne in totalitäre Verbotsmanie abzugleiten? Peter Barnes, der revolutionäre Ökonom, schlägt vor, einen Gemeinbesitz zu definieren, den er *mind-time,* »Geisteszeit« nennt. Werbejingles, aufpoppende Angebotsfenster für Flatrates, das dünne Dvořák-Mozart-Mendelssohn-Gebräu auf dem einst tiefsinnigen Kulturkanal betrachtet Barnes als Kannibalisierung seiner Lebenszeit, für die ebenfalls »credits« versteigert werden sollten.

Barnes hat zumindest darin recht, dass wir einen Mechanismus finden müssen, solche Aktivitäten nicht plump zu verbieten, sondern anders zu verdrängen – sonst droht der Umschlag ins andere Extrem, die eifernde Diktatur der Werte. Denkbar wäre etwa, Ausgaben für Werbung hoch zu besteuern, anstatt sie zu verbieten. Denkbar wäre auch, für die Zuteilung der Werbe-»credits« ein Gremium einzurichten, das sich wie ein Gericht vor der Verfassung legitimieren muss, aber in seinen Entscheidungen unabhängiger ist als die Organe einer auf Zeit gewählten Regierung.

Ein sehr folgenreicher Schritt wäre es, ein alternatives Informationssystem aufzubauen, das sich überhaupt nicht mehr marktwirtschaftlich finanziert. Damit meine ich nicht das Modell der »öffentlich-rechtlichen Rundfunkanstalten«, das ursprünglich mit dem Ziel gestartet war, gute Informationen für das Volk zu liefern, und diesem Zweck vierzig Jahre erfolgreich gedient hat. Das Ende kam, als die Privaten den Krieg der Quoten ausriefen und sich die staatlichen Sender nicht als geistig unabhängig erwiesen.

Wir bräuchten ein Informationssystem, das noch viel weiter von jedem Wirtschaftsdenken entfernt ist. Etwas, das so flexibel agieren kann wie ein Privatunternehmen und so unabhängig wie ein Privatier: eine Stiftung für Information. Auch so etwas gibt es schon: Etwa die US-amerikanische Zeitschrift *Mother Jones,* längst eine publizistische Legende, oder der neue New Yorker Verlag The New Press, den der Verleger André Schiffrin gründete, nachdem sein altehrwürdiges Haus Pantheon Books von Kapitaleignern dazu gezwungen wurde, nur noch solche Bücher herauszugeben, die mindestens 15 Prozent Umsatzrendite versprachen.

Die gegenwärtig alles dominierende Abstumpfungsindustrie ist kein Naturgesetz – auch wenn wissenschaftliche Ökonomen verkaufen, dass sie aus der Physik des »freien Marktes« resultiere und die Käufer sie angeblich so wollten. Wir haben gesehen, dass dieses Naturgesetz der Popanz einer falschen Natur ist. Wir müssen sie nicht akzeptieren, und wir können sie einschränken, auch ohne damit ins andere Extrem einer Wertediktatur fallen zu müssen. Wir *müssen* Grenzen setzen, um das zu tun, was wir *können*.

VIII Unbestechlichkeit

Ebenso verheerend wie die Werbeindustrie auf unser Bewusstsein wirkt sich die Lobbyindustrie auf das Bewusstsein unserer Politiker aus. Auch hier gestatten wir, dass sich Geldinteressen mit Wahrheiten mischen. Wir gestatten es voll zahnloser Ohnmacht, weil unsere Hintergrundphilosophie längst davon ausgeht, dass ohne Geldwert keine Wahrheit existiert. Die Folge sind die Fehlsubventionen, die weltweit an die Industrie bezahlt werden. Allein mit den mehr als 1000 Milliarden Euro, die ein solches System aus »perversen Zuschüssen« die Welt jährlich kostet, könnte das Funktionieren der Biosphäre für alle Zukunft gesichert werden. Die Lobbyisten der *special interest groups* halten die verantwortlichen Politiker fest umklammert. In Washington »können Sie keinen Schritt machen, ohne mit einem Lobbyisten der Pharmaindustrie zusammenzustoßen«, sagt der einstige Vorsitzende des Finanzkomitees des US-Senates, Chuck Grassley. Jedes Kongressmitglied wird von allein zwei Pharmavertretern in Schach gehalten – eine Manndeckung, intensiver als bei manchem Fußballländerspiel.[75]

Aber auch 15 000 Vertreter spezieller Interessen umschmeicheln die Mitglieder der EU-Regierung und wenden dafür 60 bis 90 Millionen Euro auf. Mehrere Tausend Industrievertreter umringen in Berlin die Abgeordneten des Bundestages.[76] Auf jeden Parlamentarier kommen diverse Interessenvertreter, die ihn mit Gutachten bestürmen, Vorträge und Dinnerpartys organisieren oder sich lautstark beschweren, wenn ein neues Gesetz ihren Zielen zu widersprechen droht.

Lobbygruppen bezahlen Fernsehspots, kaufen Experten und deren Gutachten und setzen Regierungen unter Druck, indem sie mit dem Abzug von Arbeitsplätzen drohen. Der Mineralölkonzern ExxonMobil etwa behauptet in Millionen Dollar teuren Anzeigenkampagnen zum CO_2: »Ihr nennt es Verschmutzung, wir nennen es Leben.«[77] Der Hebel des von Konzernen für die Lobbyarbeit eingesetzten Geldes ist ellenlang: So gab die US-Holzindustrie 8 Millionen Dollar aus, damit die Subventionen für eine Forststraße aufrechterhalten blieben – und verdiente mit den Bäumen, die sie aus dem Waldgebiet abtransportierte, anschließend fast das 60-Fache ihrer Investition: 460 Millionen Dollar.

Flugbenzin ist nur deshalb steuerfrei, weil die Konzernchefs das so wollen; Agrarchemie ist nur darum so weit verbreitet, weil die chemische Industrie sie auf allen Ebenen mit viel Geld in den Markt drückt, weil ihre bezahlten Experten bei den Mitarbeitern etwa von Nahrungsgrenzwerte-Kommissionen andauernd auf der Matte stehen und weil sie die Bauern zum übermäßigen Spritzen überredet – nicht aber, weil marktwirtschaftliche Effizienz im Sinne von Adam Smith dies fordern würde.

Der Begriff »Lobbyist« kommt ursprünglich von der *Lobby* des Hotels, der Vorhalle – er bezeichnete die Abgesandten der Wirtschaft, die Zutritt zum *Vor*hof der Macht hatten. Heute aber sitzen die Konzernvertreter im innersten Regierungssaal. Was wir ihnen im Namen der Freiheit erlauben, gestatten wir indes nur zugunsten der Freiheit der wenigen, die ohnehin schon fast alles besitzen. Wir gestatten es im Namen einer falschen Freiheit, die nicht die fein vernetzte Autonomie des Lebens ist, sondern der selbstherrliche Despotismus, der sich zutraut, die Schöpfung insgesamt neu zu entwerfen. Das heißt aber leider auch: De facto haben wir ebenso wenig eine Demokratie, wie wir einen freien, einen lebenden Markt haben.

»Indem sie die Wahlkampfkassen der Politiker mit Geld gespickt hat, ist es der Erdölindustrie gelungen, das demokratische Prinzip zu unterlaufen«, stellt NASA-Klimaexperte James Hansen fest.[78] Konzerne schreien lautstark nach dem freien Markt und befleißigen sich der undemokratischen Übervorteilung und Bestechung, und das auch noch im Namen der Volksherrschaft. In Wahrheit freilich entspricht einzig die Subsidiarität eines gedeihenden Ökosystems der demokratischen Organisationsform – nicht aber der brachiale Wachstumspfad des sogenannten Marktes, der immer nur die Interessen weniger vertritt.

Wie immer beim Versuch, eine Utopie auf der Erde Wirklichkeit werden zu lassen, hat sich heute eine Kaste gebildet, die von dem objektiv als notwendig propagierten Handeln persönlich profitiert. Darum hat sie ein hohes Interesse daran, die ideologischen Mythen am Leben zu halten, die ihr ständig Geld in die Taschen spülen und ihre Macht über die anderen erhalten. Heute liefert das Volk nicht mehr selbstverständlich einen Teil seiner Ernte am Portal des Klosters ab. Die Priesterschaft des Kapitalismus sind die Ökonomen und Banker, die Zentralbankchefs und Finanzmodellierer – es sind insgesamt wenige 10 000 Menschen auf diesem Globus, die meist in den großen Finanzzentren in den USA und Europa sitzen.[79]

Der US-Wirtschaftskenner Thomas Friedman meint: »Für viele Arbeiter auf der ganzen Welt wurde die Unterdrückung durch ungebändigte Kommissare von der Unterdrückung durch unregulierte Kapitalisten abgelöst, die ihre Produktion von Land zu Land verlagern, immer auf der Suche nach denen, die bereit sind, zu den niedrigsten Löhnen und unter den niedrigsten

Standards zu arbeiten.«[80] Auch das System der kommunistischen Despoten war mächtig. Und wie ihre Untertanen leben auch wir heute unter einer Ideologie, die sich längst überholt hat.

ES IST ENTSCHEIDEND, DEN EINFLUSS einiger weniger und ihrer speziellen Interesen zu stoppen – und zwar so schnell wie möglich. Auch einem solchen Handeln stünde kein Verlust an Freiheit gegenüber. Schließlich darf auch ein Parlamentarier nicht gleichzeitig im Aufsichtsrat einer Firma und im Bundestag sitzen. Bisher aber gibt es kaum Gesetze, die den Einfluss der Konzerne auf die Politik regulieren.

Auch hier ließen sich etwa über eine strikte Steuer auf bezahlte Lobbyarbeit die Möglichkeiten der Großkonzerne stark einschränken. Per Gesetz könnte man Industriekontakte vom heimlichen Händeschütteln in den Ledersitzen der Regierungsjets fortan auf Runde Tische verlagern, an denen auch die neuen Vertreter einer Politik im Einklang mit der Biosphäre teilnehmen – die Zukunftsräte (siehe Punkt X), die Treuhänder des Gemeinwohls. Die schon angesprochene Dezentralisierung und erhöhte Autonomie einzelner Regionen hätte zur Folge, dass Lobbyisten weniger Angriffspunkte haben – eine Weltregierung ist leichter zu beeinflussen als Millionen von Dörfern.

Auch das »System« der östlichen Machtblöcke, dessen Fortdauern westlichen Kennern noch vor Kurzem unbegrenzt schien, wurde gesprengt – durch Menschen, die nicht mehr mit ihm zufrieden waren. Es waren die Menschen auf der Straße, aber es waren auch Menschen im Apparat, die den Umbruch gefordert haben. Das Engagement muss auch heute von oben und von unten zugleich starten. Wir müssen nur endlich, endlich mit dem Widerstand beginnen. Unser Zaudern unterscheidet uns von den einstigen Dissidenten des Ostblocks.

Um den Wandel zu ermöglichen, gilt es *überall* aktiv zu sein. Es heißt, die Konsequenzen aus dem Begriffenen für sein eigenes

Leben zu ziehen, aber es heißt auch, aufzustehen und die Beschneidung der Macht derer zu fordern, die mit ihr den Interessen des Lebenden zuwiderhandeln. Das sind nicht unbedingt »die Reichen« – die »nur« egoistisch sind, so ähnlich, wie wir alle es wären. Es sind jene, die rücksichtslos das Geld weniger vermehren, während sie gleichzeitig wissen, dass sie Leben zerstören, auf breiter Front, menschliches und nichtmenschliches. Es sind die Konzernleiter, die Lobbyisten und Finanzjongleure, denen heute die Macht zufällt – und ihr Verhalten müssen wir ändern.

Bisher sind diese Mitglieder der Priesterkaste, die den Tempel des Geldes regiert, immun gegen jede Veränderung, weil sie alle Kritik mit dem immer gleichen Mantra kontern: »Wir handeln nur in eurem Interesse. Wenn es uns nicht mehr gibt, werdet auch ihr ärmer sein.« Aber das ist falsch. Wir werden reicher sein, wenn die Priester des Geldes wieder zu einer wahren Hingabe zurückfinden. Wir müssen dem bisher unumschränkt bestimmenden Priester-Kaiser ein Parlament an die Seite setzen. Es ist das Parlament des Lebens. Der erste und wichtigste Schritt besteht darin zu sagen, dass der Kaiser nackt ist.

IX Wirklichkeit

Niemals zuvor war auf der Erde so viel Geld in Umlauf wie heute – etwa 2 Billionen Dollar werden täglich auf dem internationalen Finanzmarkt umgeschichtet.[81] Längst sind es nicht mehr internationale Konzerngiganten, sondern die großen Investmenthäuser wie Merryll Lynch und Goldman Sachs, die den Welthandel dominieren. Dabei existiert Geld erst seit wenigsten Tausend Jahren. Das genormte Zahlungsmittel erleichterte ursprünglich das Tauschen, weil die Handelnden die Güter nicht immer mit herumschleppen mussten.

Heute freilich hat sich das Geld von den wirklichen Werten,

an denen sich die Biosphäre orientiert, weiter denn je entkoppelt. Der Finanzmarkt ist zu einem in sich geschlossenen System geworden, das auf Signale aus der Wirklichkeit nur noch bedingt reagiert, das aber mit gewaltigen Hebeln auf diese Wirklichkeit zugreifen und sie schädigen kann. Wir müssen das Geld darum wieder an die Erde und an die lebenden Körper binden. Andernfalls können wir es nicht in unseren Dienst nehmen, sondern laufen wie bisher Gefahr, umgekehrt vom Geld zu einem Zahnrad in der allgemeinen Beschleunigungsmaschinerie degradiert zu werden.

Die Philosophie des Geldes ist freilich Thema für (mindestens) ein eigenes Buch. Darum will ich an dieser Stelle nur die wichtigsten Änderungen skizzieren, die für eine humanistische Wirtschaft geboten wären.

»Geld als Rechnungsmittel ist wie ein Zollstock aus Gummi«, sagt der Exweltbanker Herman Daly. Zwar hat sich unsere Weltgesellschaft weitgehend darauf geeinigt, dass etwas erst dann ein ernstzunehmendes Thema darstellt, wenn es in »harten Dollars« oder noch härteren Euros ausgedrückt werden kann. Ein bezifferbarer Preis scheint zunächst objektiv, ein gemeinsamer Nenner, zu dem jeder Mensch aus jedem Kulturkreis eine Beziehung hat. Und doch: Dieser Geldwert ändert sich ständig. Im zweiten Kapitel etwa haben wir die ökonomische Praxis des »Abzinsens« kennengelernt, durch die der monetäre Gummi-Maßstab zusammenschnurrt: Der Wert, den etwa eine Fabrik in hundert Jahren hat, beträgt in heutigem Geld möglicherweise nur ein paar hundert Euro.

Mehr als elastisch werden unsere Zahlungsmittel durch die Art, wie Banken Kredite vergeben. Hier schlummert eines der großen alchemistischen Geheimnisse unserer Wirtschaftsform. Wer glaubt, dass das Monopol der Geldherstellung beim Staat läge, irrt sich. Geld – in einem buchstäblichen Sinne – *machen* die Banken über die Darlehen, die sie gewähren. Im Prinzip lagern Geldinstitute die Einlagen ihrer Kunden, zahlen ihnen dafür Zinsen, und leihen dieses Geld an Schuldner zu einem höheren Zinssatz aus. Wenn ein Sparer 100 Euro einzahlt, kann die Bank folglich 100 Euro wieder verleihen – im Prinzip. Heute ist die Praxis freilich so, dass Banken mehr verleihen dürfen, als auf ihre Anlagekonten gezahlt wurde. Die Behörden verlangen zwar eine Sicherungspflicht, damit auch mehrere Sparer gleichzeitig ihre Konten kündigen können, ohne dass das Geldinstitut Pleite macht. Heute aber beträgt die geforderte Reserve nicht mehr hundert, sondern im Schnitt zehn Prozent. Das heißt: Wenn in den Büchern der Bank 100 Euro Sparguthaben stehen, kann sie 900 Euro verleihen – und *daran* Zinsen verdienen.

Und damit noch nicht genug: Das so neu geschaffene Geld steht einer weiteren Schöpfungsrunde *ex nihilo* zur Verfügung: Werden mit den 900 Euro etwa Honorare bezahlt, können die kontoführenden Banken wiederum einen Großteil des Guthabens verleihen, nämlich 810 Euro. »Sichtguthaben«, nicht klingende Münzen, machen heute im Euroraum 85 Prozent des Zahlungsverkehrs aus – es ist das Plastikgeld der Kreditkarte, mit der wir im Internet und im Zugrestaurant zahlen, bis die Schuld (wiederum virtuell) auf dem Konto als Minus auftaucht. Münzen und Scheine haben nur einen Ein-Prozent-Anteil an der umlaufenden Geldmenge, der Rest sind Kredite der Zentralbank an die Geschäftsbanken.[82]

Die Entkopplung des Geldwachstums von der wirklichen Welt durch das, was Banker als »fraktionales Reservesystem« und »multiple Geldschöpfung« bezeichnen, hat freilich eine Reihe tiefgreifender Konsequenzen: Zunächst geben unsere Gemeinwesen mit der Geldproduktion eine wertvolle Einnahmequelle aus der Hand: Einst floss das »Geldregal«, die Differenz zwischen den Herstellungskosten der Münzen und Scheine und ihrem Wert, durch staatliche Ausgaben an den Souverän. Heute kann der Staat nur noch durch Zentralbankdarlehen und die Herstellung der Münzen und Scheine verdienen, die im Schnitt wenige Cent pro Stück kosten.

Doch die Staaten haben nicht nur eine Einnahmequelle eingebüßt, als sie das Geldregal an die Banken verschenkten – sie verloren auch ein bedeutendes Stück Macht und Gestaltungsfreiheit auf dem Finanzmarkt. Zwar versucht der Staat in der Theorie die von ihm geschaffenen Finanzinstitutionen zu regulieren – doch zeigen Exzesse wie die Kredit- und Bankenkrise von 2007 und 2008 die Machtlosigkeit der öffentlichen Hand, der am Ende oft nur übrig bleibt, die Scherben wegzukehren.

Als sie die Macht über das Geld abgaben, haben sich die Staaten auf Gedeih und Verderb dem Wachstumszwang ausgeliefert. Weil die Herstellung von neuem Geld an Kredite gekoppelt ist, ist sie immer auch auf eine expandierende Wirtschaft angewiesen. Nur wenn neue Darlehensnehmer auf Kredit investieren und Zinsen zahlen, bleibt der Geldschöpfungsmotor angestellt. Regierungen sind geradezu gezwungen, immerwährendes Wachstum zu forcieren und damit die begrenzten Ressourcen des Lebens weiter aufzuzehren. Denn diese wachsen, anders als das aus dem Nichts geschaffene Geld, gerade nicht mit, sondern werden bei dessen Vermehrung knapper.

Die Bankenpraxis entkoppelt das Geld von allen wirklichen, objektiv in der Welt vorhandenen Werten, von der Fähigkeit der Böden und Landschaften, aus Sonne Lebensmittel zu machen, und von der menschlichen Arbeit. Sie zwingt der Welt dabei einen Wachstumsimperativ auf, dem diese auf Dauer nicht standhalten kann. Die Kapitalwirtschaft macht Geld zu dem einzigen Medium, das den Gesetzen der Thermodynamik hohnlacht: Es wird mit der Zeit nicht immer weniger oder immer schwächer, sondern es vermehrt sich. Der Energiegehalt des Geldes steigt – derjenige der Erde, deren Herzstücke das sich von selbst reproduzierende Geld in einem furiosen *Buy-out* an sich reißt, aber nicht.

Heute steigt aufgrund der Geldschöpfung aus dem Nichts die Klasse der Rentiers, der Zinsverdiener, an und verdient beständig mehr. Das geschieht nicht nur in den USA und in Europa,

191

sondern ebenfalls in Staaten, die bisher mehr oder weniger komplett zu den »Arbeitern« gezählt haben. Denken wir etwa an die vermögende neue Mittelschicht in China, die vom eigenen Auto träumt. Doch in der wirklichen Welt gleichen sich alle Konten aus: Alles Geld, das scheinbar aus dem Nichts verdient wird, stammt aus irgendeiner Liquidation von sozialem, menschlichem oder natürlichem Kapital. Während die Wall Street ungebremst Gewinne einfährt, siechen die zu Shrimpsfarmen verwandelten Mangroven tropischer Küsten vor sich hin, verweigern ihre einst üppig fließenden Dienste und Güter dem umfassenden Markt der Biosphäre. Die Milliardenüberschüsse der Broker werden in ausgeräumten Meeren, leer gespritzten Feldern und abgeflammten Wäldern gegengebucht.

Es ist so wie beim großen Dotcom-Crash vor knapp zehn Jahren: Irgendwer zahlt für die Exzesse – und am Ende wir alle. Es gibt kein Perpetuum mobile. Was für Optimisten aussieht wie die Möglichkeit, dass irgendwann jeder ein Aktienbesitzer ist und allein von Zinserträgen lebt, ist in Wahrheit eine einzige große Umverteilung – von den Ärmsten zu den Reichsten, von den Auenwäldern zu den Autofahrern.

Erst eine Rückkehr zur hundertprozentigen Kapitalsicherung würde diesen Realitätsverlust beenden. Sie brächte dem Staat, und damit der Gemeinschaft der Bürger, die Hoheit über die Geldpolitik zurück, und sie würde das leerdrehende Wachstum stoppen, bei dem in China zerbrechliche Schluchtenökosysteme geflutet und die Lüfte mit schwarzem Rauch gefüllt werden, damit nach einer 25 000-Seemeilen-Containerreise Millionen von kleinen Plastikgeräten in McDonald's-Mülleimer geworfen werden können. Eine vollständige Kapitalsicherung wäre ein weiterer Schritt bei der Rückkehr in eine wirkliche Welt.

Vergessen wir nicht: Es sind nicht du und ich, die an den gigantischen Hebeln der Finanzindustrie viel verdienen. Es ist eine wohldefinierte Gruppe von wenigen zehntausend Menschen. Sie beharrt auf den Weichenstellungen, die zum Ausver-

kauf der Schöpfung führen, weil dieser Ausverkauf sie bereichert. Es geht für eine neue ökologische Ökonomie also keinesfalls darum, alle Besitzenden zu enteignen. Nein, es geht schlicht
darum, nicht auf das Geschrei einiger weniger zu hören, deren
Unersättlichkeit die Heilung des Planeten blockiert.

Es gibt noch ein weiteres Instrument, vor dem sich die Ka-
pitalmärkte fürchten: einen Abschlag auf alle internationalen
Devisengeschäfte. Diese nach ihrem Erfinder benannte Tobin-
Steuer könnte sehr niedrig sein, vielleicht ein Prozent, und würde gleichwohl eine gewaltige Summe Geld generieren – selbst
bei einem Niedrigststeuersatz von 0,01 Prozent im Jahr 125 Milliarden Dollar. Eine solche Steuer würde rasch den finanzwirt-
schaftlichen Hebel etwa für Spekulationen in fremder Währung
verkürzen – und damit den Angriff virtuellen Kapitals auf unsere
realen Lebenssysteme abmildern.

Ebenfalls denkbar wäre eine Steuer auf Zinserträge, die den
Gewinn von Kapitalien wieder an das anbindet, dem er zuerst
geschuldet ist: ein gemeinschaftliches Umfeld, das so viel Vertrauen und Verlässlichkeit garantiert, dass sich Geld überhaupt
verleihen lässt, ohne es zu verlieren. Hier sind wir wieder bei
dem, was uns allen gehört, als Gesellschaft, als lebende Wesen,
als Teile der Erde. »Weder die Erde noch das Finanzsystem sind
das Werk von Arbeit oder Initiative einzelner Personen. Beide
sind vielmehr die Fundamente der Gemeinschaft«, sagen die
Wirtschaftstheoretiker Daly und Cobb.[83]

Es geht in einer humanistischen Ökonomie darum, einen
Blick wiederzugewinnen für das, was einem Einzelnen nicht gehören *kann*, weil es das Werk einer Gemeinschaft ist, die auch
diesen Einzelnen erst hervorgebracht hat. Wir müssen uns klarmachen, dass unser System bislang den Diebstahl von Gemein-
schaftsgütern begünstigt.

193

X Ewigkeit

Unsere Demokratie soll verhindern, dass Einzelne oder wenige die Herrschaft an sich reißen. Darum ist sie ein beständiger Wettbewerb von wenigen um die Gunst der Massen. Um in diesem Wettbewerb zu siegen, das haben die Jahrhunderte demokratischer Erfahrung gezeigt, tendieren Volksvertreter dazu, Pflichten, die auf die Bürger zukommen, möglichst klein zu halten, eher mit Vorteilen zu winken und Lasten lieber zu verschweigen. Anders ist es allenfalls im Krieg. So forderte etwa der britische Premierminister Winston Churchill 1939 von seiner Nation »Blut, Schweiß und Tränen« und bekam sie auch.

Außer in Notsituationen halten Politiker fälschlicherweise Wahrheiten, wenn sie wehtun, für wenig mehrheitsfähig. Die Führer tun oft das Leichte, nicht das Richtige, sie entscheiden sich für die Gegenwart und den schnellen Gewinn – nicht für die Zukunft und das langfristige Investment. So häufig wird beschworen, wie eng Marktwirtschaft und Demokratie miteinander verwandt seien: In ihrer Zukunftsvergessenheit sind sie es gewiss.

Je kleiner eine Gemeinschaft ist, je direkter ihre Mitglieder an Entscheidungen beteiligt sind, desto weniger groß ist freilich die Gefahr, das Allgemeinwohl des gesamten Systems, das fortdauern will, zu vernachlässigen. In einem demokratisch verfassten Dorf trägt jeder ein Stück der Verantwortung. Erst Beteiligung aller verspricht darum, dass auch die Zukunft, die Interessen der Nachfahren, der Kinder, der lebenden Biosphäre, zu der wir jetzt und morgen gehören, gewahrt bleiben. Wir haben gesehen, dass ein zentraler Schritt auf eine humanistische Wirtschaft hin darin besteht, die direkte Demokratie neu zu beleben: dadurch, dass überschaubare Gemeinschaften von höchstens wenigen tausend Menschen in größtmöglicher Autonomie über sich selbst bestimmen dürfen.

Solange das aber nicht erreicht ist – und vielleicht auch dann noch –, brauchen wir eine Instanz, die unsere gemeinsame Zukunft treuhänderisch verwaltet, als wäre sie ein Gut, das allen gehört. Und genau das ist sie auch. Das Gremium, das unserer politischen Organisation fehlt, ist ein »Zukunftsrat«. Darunter ist etwas Ähnliches wie der Ältestenrat in einem Dorf oder einem Indianerstamm zu verstehen: eine Gruppe von erfahrenen, klugen Menschen, die gegenüber wichtigen Entscheidungen der Exekutive ihr Veto einlegen können.

In den Schweizer Kantonen Waadtland und Graubünden sowie in anderen Städten und Regionen der Eidgenossenschaft sind die ersten Zukunftsräte im Gesetz verankert worden. Diese »prospektiven Organe« haben die Aufgabe, die politischen Entscheidungen auf ökologische, soziale und technische Zukunftsfähigkeit auch über eine Legislaturperiode hinaus zu prüfen. Zukunftsräte – in Schulen, Gemeinden, Regionen, Kantonen und dem Bund – sollen langfristig gangbare Strategien vorschlagen und politische Entscheidungen auf deren Auswirkungen auf unser künftiges Leben hin kontrollieren. Ein Zukunftsrat ist also eine Institution zur Selbstreflexion der Politik und ihrer Auswirkungen. Viele andere Schweizer Städte und Regionen planen ein solches Gremium – unterstützt von der dortigen »Stiftung Zukunftsrat«.

Auch der von Jakob von Uexküll ins Leben gerufene internationale World Future Council (WFC) arbeitet daran, weltweit ein Netzwerk von Zukunftsräten in Ergänzung zu staatlichen, aber auch regionalen Parlamenten zu entwickeln. Der WFC hat sich insbesondere vorgenommen, Lösungsmöglichkeiten für Probleme, die bereits lange existieren und längst ausgiebig diskutiert werden – etwa regionale ökologische Wirtschaft, Einsatz erneuerbarer Energien, partizipative Demokratie, Geld- und Steuerreformen –, in die Realität umzusetzen.

Erst ein Zukunftsrat bringt das in die Demokratie zurück, was die demokratisch gewählten Politiker nicht übernehmen wollen, weil sie dann von den Bürgern etwas verlangen müssten:

Verantwortung. Der Zukunftsrat wacht über die Umsetzung einer Wirtschaft im Einklang mit der Schöpfung, wie ein Ältestenrat in archaischen Gemeinschaften darauf achtet, dass die gemeinsamen Lebensgrundlagen nicht zerstört werden. Ein Zukunftsrat ist somit einer der dringend notwendigen Rückkopplungsmechanismen, die in unserer auf Sieg und Durchsetzen bedachten Medien- und Marktdemokratie fehlen. Denn nur eine Politik im Einklang mit der Biosphäre ermöglicht eine humane Gesellschaft, eine wahrhaft demokratische Gesellschaft, das heißt eine Gemeinschaft, an deren Entscheidungen alle teilhaben können und die niemanden ausbeuten darf.

7 ANTI-UTOPIE: EINE POLITIK DES LEBENS

»I have seen it all, I have seen the trees, I have seen the willow leaves dancing in the breeze ... I have seen it all, there is no more to see ... and that is enough, to want more would be greed.«

Björk in *Dancer in the Dark*

DEN MENSCHENRECHTEN, AUF DENEN DIE IDEE der demokratischen Staatsform beruht, ist bereits eine Philosophie eingeschrieben. Sie sind vom Geiste eines emphatischen Humanismus erfüllt. Insofern *hätten* wir bereits einen Zaum für den entfesselten Markt, wenn wir bloß diesem Humanismus gehorchten, wenn wir aus ihm heraus die für unser Wirtschaften nötigen Grenzen realisierten. Aber die Ideologie des gegenwärtigen Marktes ist stärker. Ihre Botschaft behauptet das Gegenteil des in den Menschenrechten eingeschriebenen Humanismus: Bringt Opfer, setzt für eine Weile noch eure Rechte als Menschen außer Kraft, damit ihr sie eines Tages für alle Ewigkeit genießen könnt.

Demokratie und der freie Markt haben viele Berührungspunkte. Beide zielen auf die Gesundheit einer Gemeinschaft in der Balance ab, in der globale Regeln Voraussetzung für die lokale Freiheit des Einzelnen sind, in der Rechte der Individuen und Verpflichtungen gegenüber der Gemeinschaft sich die Waage halten. Es ist dies im Prinzip keine andere Gesundheit als das von Aldo Leopold angestrebte Gedeihen eines Ökosystems in Fülle, für das er seine Landethik formulierte.

Spätestens am Beispiel China, aber auch an den vielen undemokratischen Missständen der westlichen politischen Systeme können wir erleben, dass wirtschaftliches Größenwachstum auch ohne Demokratie funktioniert – vielleicht sogar besser. Erst die humanistische Wirtschaft gibt uns darum eine Chance, auch wahre Demokratie neu zu entdecken. »Es wird kaum reflektiert, welchen Einfluss es auf die Realisierbarkeit von Freiheit und Menschenrechten hat, wenn man die Naturgesetze missachtet«, meint dazu der Solar-Visionär und Politiker Hermann Scheer.[84]

Jede totale Wirtschaft droht totalitär zu werden: Sei es, indem Konzerne beginnen, parallel zum Staat eigene quasistaatliche Strukturen aufzubauen, wie etwa der US-Chemieriese Monsanto. Dieser unterhält die »Monsanto-Police«, eine eigene paramilitärische Truppe, die überwacht, ob Landwirte, die gentechnisch verändertes Saatgut der Firma verwenden, ihre Verträge einhalten. Oder sei es, indem Lobbyisten den Politikern so wenig Luft zum Nachdenken lassen, dass diese keine freien Entscheidungen mehr fällen können und dass *de facto* die oberen wenigen zehntausend Führer der Wirtschaft die politischen Weichen stellen. Bereits heute sind unter den 100 größten *Volkswirtschaften* der Welt 52 keine Staaten, sondern Konzerne.

Die Wirtschaft als Politik greift bei der Sicherung ihrer Interessen zu Machtmitteln – denken wir an die Kriege, die der Westen in den letzten Jahren geführt hat, um die Versorgung seiner Wirtschaft mit Öl sicherzustellen. Eine Politik als Wirtschaft für das Leben würde dagegen eine neue Chance auf eine viel intensivere Form der Partizipation bieten, und eine realistischere Hoffnung auf mehr Frieden. Die solare, dezentrale, ökologische Kultur wäre eine Kultur der Zugehörigkeit und der Mitbestimmung – eine Kultur des Lebens und nicht wie bisher eine Kultur des Toten.

Die Grundidee einer »Politik des Lebens« beruht darauf, dem Einzelnen seinen Platz in der Gemeinschaft der anderen Menschen und aller Lebewesen zurückzugeben. Dieser Ort bietet eine Balance aus größtmöglicher Autonomie des Individuums und dem besten Gedeihen des Ganzen. Die entscheidenden Säulen sind Freiheit und Notwendigkeit. Die Freiheit des Einzelnen zu wachsen wird von der Notwendigkeit eingebettet, dass das Ganze sich entfalten kann. Aus dieser grundsätzlichen Zweiheit, die am Beginn allen Lebens steht, ergeben sich die Gebote des Haushaltens. Beide, Autonomie und Bindung, sind entscheidend für das biologische Überleben. Beide sind Bedingungen des Glücks.

Unsere Zivilisation hat freilich immer versucht, unser Leben auf eines dieser Extreme hin aufzulösen: zur Schrankenlosigkeit oder zum totalitären Zwang. In beiden sahen Menschen jeweils Heil: endgültige Erlösung. *Heilung* aber, die immer vorläufig bleiben muss, ist das Einzige, was wir erreichen können. Sie erfordert die Mühe eines ständigen Ausgleichs, einer dauernden schöpferischen Anstrengung. Das erst ist im besten Sinne Kultur – und damit unsere Form der Naturgeschichte.

Zwei Weisen des Haushaltens: mit der Biosphäre – oder gegen sie

Dimensionen der Existenz	Politik des Lebens	Marktpolitik
materielle Teilhabe	bedingungslos, entsprechend der Rendite der Gemeingüter (Land, Atmosphäre, Kultur)	Arbeitsleistung, Almosen (Sozialtransfers, Nahrungslieferung)
Grenzen	biosphärische Entfaltung	Interessen der Konzerne, staatliche Bürokratie
Organisationsebene	lokal, Bioregion	Großkonzern, Nationalstaat
Energieform	solar, Biomasse, dezentral	fossil, atomar, zentral

Finanzsystem	reale Deckung	fraktionale Reserve
Verfassungsform	direkte Demokratie	repräsentative Bürokratie (EU)
Beurteilungs-maßstab	Freiheit	Sachzwang
Selbstdefinition	fühlende Instanz des Ganzen	biochemischer Roboter
Erfolgskriterium	Entfaltung	Sieg
Ethik	Schöpferische Öko-logie: Balance von Individuum und ge-deihendem Ganzen	Utilitarismus: je effizienter, desto besser für alle
Referenz	Teilnahme	technische Rekon-struktion
Metapher	Korallenriff, Wurzelwerk	Motor, Computer
Weltbeschreibung	Kunstwerk	Algorithmus
Sinn des Kosmos	Ausdruck	Optimierung

UNSER ABENDLÄNDISCHES ERLÖSUNGSPROJEKT ist an sein Ende gekommen. Noch lässt es sich exportieren, noch kaufen es die aufsteigenden Millionen Asiens, aber ihre schiere Masse wird die Verheißung schneller als befürchtet vereiteln. Hier, in der Krise, beginnt die Therapie. So wie viele psychisch Kranke zwar wissen, dass sie leiden, und vielleicht sogar, woran, aber erst den Psychiater brauchen, damit der ihnen sagt, was sie längst wussten, aber nicht wahrhaben wollten (etwa, dass eine Partnerschaft, an die sie sich klammern, sie zerstört); so wie der Alkoholiker konstatiert, dass er die sechste Bierflasche schon am frühen Nachmittag öffnet, aber doch die entlarvende Diagnose braucht, bevor er den Entzug beginnen kann – so steckt unsere Gesellschaft in einer Pathologie der Seele, die sie nicht zuzugeben vermag.

Wir klammern uns an den fossilen Komfortlebensstil, weil wir glauben, dass er zu den unverzichtbaren Notwendigkeiten gehört. Dabei ist er es, wie ein Übermaß an Alkohol, an Kokain, der unsere seelische, physische, planetarische Gesundheit zerstört. Es ist diese Fatalität, die viele dazu verleitet, zu glauben, wir seien sowieso chancenlos: Das gegenwärtige System lasse sich nicht verändern, weil jede Handlung immer wieder Teil seiner zerstörerischen Dynamik werde.

Träumen wir nicht länger – oder träumen wir anders. Suchen wir nicht länger die Erlösung von einer uneigentlichen Existenz – weder in einem verheißenen Später noch lallend vor Wonne im Hier und Jetzt. Träumen wir von der Poesie der Wirklichkeit, die in allem Lebendigen immer sichtbar ist – und betrauern wir ihre stets drohende Hinfälligkeit. Der Jesus der Bergpredigt hätte gesagt, dass wir hier und jetzt ja immer schon erlöst seien. Ein (im schöpferischen Sinne aufgeklärter) Biologe würde vielleicht sagen: Wir sind nicht getrennt vom Jubel und der Begeisterung, von der Angst und dem Vergehen anderer Lebens. All das ist der Spiegel, in dem wir lebendig werden; es *ist* unser Leben und all seine Möglichkeiten, gerade wenn wir allein sie niemals einzulösen vermögen.

Was unsere Zivilisation nach so vielen Jahrtausenden eines utopischen Kurses braucht, der sich von tödlichen Krisen zu immer neuen Verheißungen stürzte, ist das Gegenteil des Utopischen: die Anti-Utopie. Wir benötigen einen Realismus der Beschränktheit. Anstatt alle Anstrengungen zu unternehmen und alle Entbehrungen zu ertragen, damit eines fernen Tages der Erlösung die vollkommene Befriedigung aller Bedürfnisse erreicht ist und der Kampf gegen den Tod gewonnen sein wird, müssen wir die Anstrengungen auf den heutigen Tag richten: auf das Leben, wie es ist, aufgespannt »zwischen der Misere und dem Licht« (Camus), frei, aber zerbrechlich. Es gilt somit, eine Politik des Lebens zu entwerfen. Das wäre nicht eine Politik, die allen das gleiche Recht zur Befriedigung ihrer Bedürfnisse und Wünsche zuschanzt, sondern vielmehr ein Gesellschaftsziel, das jedem Einzelnen jene ausgewogene Balance von Freiheit und Verantwortung auferlegt, die allein der verletzlichen Autonomie der Organismen entspricht.

Hier ist sie, die Moral. Unser neues Wertesystem ist vage, anders als jede Form von autoritärer Ethik in der Geschichte vorher. Es ist eine Ethik der Freiheit – aber anders als die Moral der Beliebigkeit, die der Siegeszug des puren Marktes gefordert hat und die er auch bekam, ist eine Ethik der Freiheit nicht beliebig. Sie ist es darum nicht, weil sie auf der Erfahrung unserer Natur, der Natur allen Lebens beruht, das eine Manifestation schöpferischer Freiheit in realer Gestalt ist. Leben ist Potenzial, aber es ist dessen immer nur teilweise Einlösung in einer konkreten Situation, im einzigen Handeln, in der eigenen Biographie.

Wir können nach den vorangegangenen Überlegungen sagen, dass wir *im Prinzip* wissen, was gut ist – und entsprechend können wir uns auch danach richten. Die Freiheit, die es zu bewahren gilt, darf nicht ausschließlich werden, sonst kehrt sie sich gegen sich selbst. Die Freiheit muss sich begrenzen, sonst wird sie Despotie. Sie muss ein Maß haben, sonst wird sie grenzenlos. Darum wäre es ein Leichtes, auf der Basis unseres postindustriellen humanistischen Menschenbilds etwa die Werbung abzuschaffen, Computerspiele, in denen der Tod geübt wird und seine Externalisierung und Banalisierung. Aber eine solche Entscheidung faktisch zu treffen, bliebe doch immer eine Gratwanderung, vielleicht jedes Mal ein Einzelfall, den ein demokratisches Gremium, ein Ältestenrat etwa, abwägen sollte.

Es ist nicht so, dass es keine Handhabe gegen die unsichtbaren Fesseln gäbe, die unser Wesen gefangen halten. Und es ist auch nicht so, dass unsere neuen humanistischen Regeln einen

Rückfall in Autorität und Unfreiheit bedeuten würden; im Gegenteil. Es wäre die Durchsetzung der Freiheit mit den Mitteln der Notwendigkeit, und somit nichts als die Anwendung des Prinzips des Lebens, das sich immer und überall abgrenzen muss, das sich an jeder Grenze neu erfinden und definieren muss, um zu bestehen.

Wir müssen aber nicht ohne Trost auskommen in dieser bescheideneren Sicht der Welt. Im Gegenteil. Zwar haben die Ideologen der Erlösung die technische Vollendung in die Hände des Menschen gelegt und damit diesen selbst zum Mittelpunkt des Kosmos gemacht. Heute rufen sie zum endgültigen Sturm auf die Ruinen der Transzendenz. Doch die eigentliche Rationalität ist die des fühlenden Lebens. Es entwickelt sich selbst zur Gesundheit hin, wenn man es nur lässt. Es drängt seine Ökosysteme zur überladenen Fülle und bringt dabei gleichwohl die größtmögliche Stabilität hervor. Es füllt im Dämmerlicht der Riffe, im Geraschel des Regenwaldes, im wehenden Meer der Wiesen, Savannen und Steppen Nische um Nische, um mit jedem neuen Mitspieler nicht den verfügbaren Raum zu verengen, sondern die Freiheit zu weiteren Lebensentwürfen zu erweitern. Der Kosmos quillt über von Sinn, das ist seine Wirklichkeit. Sein Herz ist begierig auf Erfahrung, unersättlich darin, immer neu sich selbst zu erleben. Dieses Herz schlägt in uns. Das Leben gibt uns seinen Maßstab; es ist der einzige, der existiert.

WERDEN WIR ZU EINER POLITIK DES LEBENS in der Lage sein? Wird uns als Zivilisation die Suchttherapie gelingen? Blickt man auf die rasante Entwicklung, so stimmt das meiste skeptisch. Fast keines der großen Ziele, die unbestritten nötig wären, um die Biosphäre und ihre Schönheit für uns zu bewahren, streben Politiker und Wirtschaftsführer ernsthaft an. Die großen Biodiversitäts- und Weltwirtschaftsgipfel des Jahres 2008 in Bonn und in Toyako führen uns vor, wie sehr die Weltführer im alten Denken verhaftet sind. Die großen industriellen Schwelleländer, China und Indien, verweigern gar vollständig ihre Teilnahme an der Klimarettung.

Es ist eine Situation, die traurig macht. Nicht um die Erde und ihre lebende Schönheit. Sie wird sich vom Einschlag des industriellen Meteoriten Mensch erholen und sich neu erheben, in einer anderen Form, mit anderen Arten, in erneut strahlender Fülle ihres Haushaltens, das immer ein Haushalt der Schönheit ist. Die Naturgeschichte fürchtet nicht das Aussterben der Arten; es ist ihr Mittel.

Das, was der gegenwärtige Ausverkauf der Lebenssysteme wirklich bedroht, ist nicht die Natur selbst, sondern unsere Hochkultur, die sich über Jahrtausende mit der umgebenden Natur verwoben hat. Es stimmt melancholisch, dass diese Kultur zurzeit nicht in der Lage ist, die schöpferische Biosphäre zu verstehen und sowohl seelisch als auch technologisch auf deren Höhe zu sein. In dem, was wir tun, zunehmend aber auch in dem, was wir fühlen, bleiben wir meilenweit hinter unseren Möglichkeiten zurück.

Unsere Hochkultur wird sich in den nächsten Jahren und Jahrzehnten verändern, schneller noch, als wir es bisher schon erleben. Vieles spricht dafür, dass wir inmitten einer Völkerwanderung stehen, am Beginn eines »dunklen Zeitalters« des Übergangs, eines neuen Mittelalters, nach dem wenig bleiben wird wie zuvor. Es wird eine andere Welt kommen, eine kleinere. Aber es wird immer noch eine sein, die lebt. Das Ende der fossilen Brennstoffe, vor allem des Öls, ist absehbar. Es ist eine physikalische Tatsache. Darum wird auch unsere Wirtschaft sich wieder zur Sonne wenden. Sie könnte es, mit einem Verständnis, wie es auf diesen Seiten beschrieben wurde, schon jetzt.

Vielleicht ist die »Politik des Lebens«, die ich in diesem Buch entwickelt habe, ein Modell für die *Zeit danach*, für die neue Welt nach den Umbrüchen und Krisen, die auf uns warten. Wir sollten schon jetzt für sie planen. Wir, die Menschen, zeigen wie kaum ein anderes Wesen die Flexibilität und Plastizität des Lebens. Gewiss heißt es von vielem Abschied nehmen. Aber es ist auch eine produktive Chance, und wir könnten sofort mit dem Neuen zu beginnen. Die Poesie wird auch auf einer heißeren, kleineren Erde die Wirklichkeit regieren.

DANK

Ich möchte an dieser Stelle all den Menschen meine Verbundenheit aussprechen, die mich ermutigt haben, ein so umfassendes Vorhaben, wie es die Idee einer neuen Ökonomie ist, zu erwägen – und durchzuhalten. Ohne meine Agentin Barbara Wenner, ihren Enthusiasmus, ihre Wärme und ihren Scharfblick wäre es nicht so weit gekommen. Meine journalistischen Kollegen, allen voran Martin Meister und Christoph Kucklick, haben mich in den letzten Jahren stets an die richtigen Orte gesandt und mich mit Großzügigkeit und Nachsicht unterstützt. Reiner Klingholz ist seit Jahren ein inspirierender und kreativer Gesprächspartner. James Aronson hat mit Geduld und Humor meine nicht endenden Fragen beantwortet. Ferdinando Villa, Robert Costanza, Joshua Farley, Herman Daly, Dolf de Groot, Patrick ten Brink, Mark Schauer, Burkhard Schweppe-Kraft und Anna Straton haben sich viel Zeit für Gespräche genommen. Edgar Reisinger danke ich für einige der ungewöhnlichsten Perspektiven auf die Ökologie – wären nur alle Biologen so. Michael Succow hat mich immer wieder ermutigt und mit seiner einzigartigen Fähigkeit inspiriert, die Wahrheit zu sagen und dabei sanft und erschütternd zugleich zu sein. Undine Kurth MdB danke ich dafür, dass sie sich um die Natur als einen schöpferischen Zusammenhang sorgt – und Politik mit dem Herzen versucht. Brigitte Kronauer danke ich für den kontinuierlichen Strom von Austausch, Zuspruch und Unterstützung. In meinem Lektor Ludger Ikas hatte ich wie stets den idealen Mentor und Kritiker. Vor allem aber danke ich Esther – für die Geduld und die fraglose Selbstverständlichkeit, mit der sie immer wieder dazu beiträgt, dass noch die verwegensten Pläne und gewagtesten Ideen Wirklichkeit werden können.

ANMERKUNGEN

1 John Ruskin (1998): »Unto this Last«. In: *The Genius of John Ruskin. Selections from his Writings.* Hg. von John D. Rosenberg. Charlottesville und London, S. 270.

2 John Maynard Keynes, *First Annual Report of the Arts Council (1945–1946)*, zitiert nach Wikiquote.

3 Erich Fromm (1979): *Haben oder Sein. Die seelischen Grundlagen einer neuen Gesellschaft.* München, S. 23.

4 Robert Nelson (2006): *Economics as Religion. From Samuelson to Chicago and Beyond.* University Park, Pennsylvania, S. 65.

5 Erstmals erschienen 2007 im Berlin Verlag, 2008 als Taschenbuch.

6 Siehe http://www.oekosystem-erde.de/html/stern_report.html.

7 James Blignaut, James Aronson (2008): »Getting serious about maintaining Biodiversity«. *Conservation Letters* (1) 1: 12–17.

8 Arild Vatn, Daniel W. Bromley (1994): »Choices without prices without apologies«. *Journal of Environmental Economics and Management* 26: 129–148.

9 Loren Eiseley (1978): *The Star Thrower.* New York, S. 94.

10 Zitiert nach Dietmar Dath (2008): »Wie Maschinen den Menschen versklaven.« *Spiegel Online*, 22. Mai 2008.

11 *Ode ('There was a time').* Zitiert nach William Wordsworth (2000): *The Major Works.* Hg. von Stephen Gill. Oxford, S. 298.

12 Zitiert nach Robert L. Nadeau (2003): *The Wealth of Nature. How Mainstream Economics has Failed the Environment.* New York, S 41.

13 Ebd., S. 44.

14 Ebd., S. 55 f.

15 Norbert Wiener (1964): *God and Golem, Inc.* Cambridge, Mass.

16 Wassilij Leontjew (1982): »Academic economics«. *Science* 217 (9. Juli): 104 f.

17 Herman Daly (1971): »Toward a Stationary-State Economy«. In: *Patient Earth*. Hg. von John Harte und Robert Socolow. New York.

18 Zitiert nach Nelson, a. a. O., S 61.

19 Nelson, a. a. O., S. 16.

20 Zitiert nach Nelson, a. a. O., S. xxii.

21 Zitiert nach E. F. Schuhmacher (2003): *Small is Beautiful. A Study of Economics as if People Mattered*. London, S. 12.

22 Christy Pettey (2007): »Gartner Estimates ICT Industry Accounts for 2 Percent of Global CO_2 Emissions.« *Presseerklärung der IT-Unternehmensberatung Gartner*, online unter http://www.gartner.com/it/page.jsp?id=503 867.

23 Ian Sample (2008): »Final warning«. *New Scientist* 2662 (28.6.), S. 34.

24 Siehe Peter Sloterdijk (2006): *Im Weltinnenraum des Kapitals. Für eine philosophische Theorie der Globalisierung*. Frankfurt am Main, S. 360.

25 Ed Diener und Martin Seligman (2004): »Beyond Money: Toward an Economy of Well-Being«. *Psychological Science in the Public Interest* 5: 1, S. 30.

26 Sharon Begley (2007): »Why Money doesn't buy Happiness.« *Newsweek Web Exclusive*, http://www.newsweek.com/id/43 884.

27 Harald Willenbrock (2006): *Das Dagobert-Dilemma. Wie die Jagd nach Geld unser Leben bestimmt*. München, S. 252 f.

28 Richard Layard (2005): *Happiness. Lessons from a New Science*. London, S. 29 ff. Siehe auch Robert E. Lane (2000): *The Loss of Happiness in Market Democracies*. New Haven und London, S. 20.

29 Ed Diener und Martin Seligman, a. a. O., S. 3.

30 Robert E. Lane, a. a. O.

31 Hartmut Rosa (2005): *Beschleunigung. Die Veränderung der Zeitstrukturen in der Moderne*. Frankfurt am Main, S. 190.

32 Herman E. Daly und John B. Cobb, Jr. (1994): *For the Common Good. Redirecting the Economy toward Community, the Environment, and a Sustainable Future.* Boston, S. 128.

33 Ebd., S. 443 ff.

34 Herman E. Daly und Joshua Farley (2004): *Ecological Economics: Principles and Applications.* Washington D. C., S. 234.

35 »USA: Kluft zwischen Arm und Reich wird immer größer.« *Die Presse* vom 12. Oktober 2007, online unter diepresse.com/home/wirtschaft/economist/336 520/index.do.

36 Christiane Grefe, Mathias Greffrath, Harald Schumann (2003): *Attac. Was wollen die Globalisierungskritiker?* Reinbek bei Hamburg, S. 101.

37 Richard Layard, a. a. O., S. 162.

38 Revkin, Andrew C. (2005): »A New Measure of Well-Being From a Happy Little Kingdom«. *The New York Times,* 4. Oktober.

39 Cathy Scott-Clark, Adrian Levy (2003): »Fast forward into trouble«. *The Guardian,* 14. Juni.

40 Zitiert nach Cathy Scott-Clark, Adrian Levy, a. a. O.

41 Richard Layard, a. a. O., S. 86.

42 Bill McKibben (2007): *Deep Economy. The Wealth of Communities and the Durable Future.* New York.

43 Zitiert nach Carl Amery und Hermann Scheer (2001): *Klimawechsel. Von der fossilen zur solaren Kultur. Ein Gespräch mit Christiane Grefe.* München, S. 117.

44 Jeffrey A. Lockwood (2001): »Good for nothing«. *UU World* XV 2 (Mai/Juni), S. 30–35.

45 Marshall Sahlins (1972): »The Original Affluent Society.« In: Ders., *Stone Age Economics.* Hawthorn, NY, S. 1 ff.

46 Auf diesen Satz machte mich Michael Succow aufmerksam. Interessant ist dazu auch ein anderer Laotse-Ausspruch: »Das Universum ist vollkommen. Es kann nicht verbessert werden. Wer es verändern will, verdirbt es. Wer es besitzen will, verliert es.« (*Dao-de-Dsching,* Kapitel 29)

47 Geerat J. Vermeij (2004): *Nature: An Economic History*. Princeton, S. 314.

48 Aldo Leopold (1966): *A Sand County Almanac*. New York, S. 253.

49 Erich Fromm (1979): *Haben oder Sein. Die seelischen Grundlagen einer neuen Gesellschaft*. München, S. 15.

50 Siehe Martha C. Nussbaum (1999): *Gerechtigkeit oder Das Gute Leben*. Frankfurt am Main, S. 200 ff. Die menschlichen Grundfähigkeiten sind:

1. Die Fähigkeit, ein menschliches Leben von normaler Länge zu leben, nicht vorzeitig zu sterben oder zu sterben, bevor das Leben so reduziert ist, daß es nicht mehr lebenswert ist.

2. Die Fähigkeit, sich guter Gesundheit zu erfreuen, sich angemessen zu ernähren, eine angemessene Unterkunft und Möglichkeiten zu sexueller Befriedigung zu haben, sich in Fragen der Reproduktion frei entscheiden und sich von einem Ort zu einem anderen bewegen zu können.

3. Die Fähigkeit, unnötigen Schmerz zu vermeiden und freudvolle Erlebnisse zu haben.

4. Die Fähigkeit, seine Sinne und seine Phantasie zu gebrauchen, zu denken und zu urteilen – und diese Dinge in einer Art und Weise zu tun, die durch eine angemessene Erziehung geleitet ist, zu der auch (aber nicht nur) Lesen und Schreiben sowie mathematische Grundkenntnisse und eine wissenschaftliche Grundausbildung gehören. Die Fähigkeit, seine Phantasie und sein Denkvermögen zum Erleben und Hervorbringen von geistig bereichernden Werken und Ereignissen der eigenen Wahl auf den Gebieten der Religion, Literatur, Musik usw. einzusetzen. Der Schutz dieser Fähigkeit, so glaube ich, erfordert nicht nur die Bereitstellung von Bildungsmöglichkeiten, sondern auch gesetzliche Garantien für politische und künstlerische Meinungsfreiheit sowie für Religionsfreiheit.

5. Die Fähigkeit, Beziehungen zu Dingen und Menschen außerhalb unser selbst einzugehen, diejenigen zu lieben, die uns lieben und für uns sorgen, traurig über ihre Abwesenheit zu sein, allgemein

Liebe, Kummer, Sehnsucht und Dankbarkeit zu empfinden. Diese Fähigkeit zu unterstützen bedeutet, Formen des menschlichen Miteinanders zu unterstützen, die nachweisbar eine große Bedeutung für die menschliche Entwicklung haben.

6. Die Fähigkeit, eine Vorstellung des Guten zu entwickeln und kritische Überlegungen zur eigenen Lebensplanung anzustellen. Dies schließt heutzutage die Fähigkeit ein, einer beruflichen Tätigkeit außer Haus nachzugehen und am politischen Leben teilzunehmen.

7. Die Fähigkeit, mit anderen und für andere zu leben, andere Menschen zu verstehen und Anteil an ihrem Leben zu nehmen, verschiedene soziale Kontakte zu pflegen; die Fähigkeit, sich die Situation eines anderen Menschen vorzustellen und Mitleid zu empfinden; die Fähigkeit, Gerechtigkeit zu üben und Freundschaften zu pflegen. Diese Fähigkeit zu schützen bedeutet abermals, Institutionen zu schützen, die solche Formen des Miteinanders darstellen, und die Versammlungs- und politische Redefreiheit zu schützen.

8. Die Fähigkeit, in Verbundenheit mit Tieren, Pflanzen und der ganzen Natur zu leben und sie pfleglich zu behandeln.

9. Die Fähigkeit, zu lachen, zu spielen, sich an erholsamen Tätigkeiten zu erfreuen.

10. Die Fähigkeit, sein eigenes Leben und nicht das eines anderen zu leben. Das bedeutet, gewisse Garantien zu haben, daß keine Eingriffe in besonders persönlichkeitsbestimmende Entscheidungen wie Heiraten, Gebären, sexuelle Präferenzen, Sprache und Arbeit stattfinden.

11. Die Fähigkeit, sein Leben in seiner eigenen Umgebung und seinem eigenen Kontext zu führen. Dies heißt Garantien für Versammlungsfreiheit und gegen ungerechtfertigte Durchsuchungen und Festnahmen; es bedeutet auch eine gewisse Garantie für die Unantastbarkeit des persönlichen Eigentums, wenngleich diese Garantie durch die Erfordernisse sozialer Gerechtigkeit auf verschiedene Weise eingeschränkt werden kann und im Zusammenhang mit der Interpretation der anderen Fähigkeiten immer verhandelbar ist, da das persönliche Eigentum im Gegensatz zur persönlichen Freiheit ein Mittel und kein Selbstzweck ist.

51 Manfred Max-Neef (1992): »Development and Human Needs«.
In: Paul Ekins, Manfred Max-Neef (Hg.), *Real-Life Economics*.
London und New York, S. 206f.

Die Matrix der menschlichen Bedürfnisse (a. a. O.):

Bedürfnisse entsprechend Zugehörigkeit zu axiologischen Kategorien	Bedürfnisse entsprechend existenzieller Kategorien			
	Sein	*Haben*	*Tun*	*Interagieren*
Subsistenz	1/ Körperliche Gesundheit, geistige Gesundheit, inneres Gleichgewicht, Sinn für Humor, Anpassungsfähigkeit	2/ Nahrung, Unterkunft, Arbeit	3/ Sich ernähren, sich fortpflanzen, sich ausruhen, arbeiten	4/ lebende Umwelt, soziale Struktur
Schutz	5/ Versorgung, Anpassungsfähigkeit, Autonomie, Gleichgewicht, Solidarität	6/ Versicherungssysteme, Ersparnisse, Sozialversicherung, Gesundheitsversorgung, Rechte, Familie, Arbeit	7/ Kooperieren, verhindern, sich kümmern, heilen, helfen	8/ Lebensraum, soziale Umgebung, Wohnumgebung
Zuwendung	9/ Selbstachtung, Solidarität, Respekt, Toleranz, Großzügigkeit, Empfänglichkeit, Leidenschaft, Entschlossenheit, Sinnlichkeit, Sinn für Humor	10/ Freundschaften, Familie, Partnerschaften, Beziehungen zur Natur	11/ Einander körperlich lieben, zärtlich sein, Gefühle ausdrücken, teilen, sich kümmern, pflegen, wertschätzen	12/ Privatsphäre, Intimität, Heim, gemeinschaftliche Räume

Verständnis	**13/** Kritisches Bewusstsein, Empfänglichkeit, Neugier, Staunen, Disziplin, Intuition, Rationalität	**14/** Literatur, Lehrer, Methoden, Bildungspolitik, Kommunikationspolitik	**15/** Untersuchen, studieren, experimentieren, bilden, analysieren, vermitteln	**16/** Rahmen für gegenseitige Bildung, Schulen, Universitäten, Akademien, Gruppen, Communities, Familie
Partizipation	**17/** Anpassungsfähigkeit, Empfänglichkeit, Solidarität, Bereitschaft, Entschlossenheit, Hingabe, Respekt, Leidenschaft, Humor	**18/** Rechte, Verantwortlichkeiten, Pflichten, Privilegien, Arbeit	**19/** In Verbindung treten, kooperieren, vorschlagen, teilen, missbilligen, gehorchen, interagieren, zustimmen, Meinungen ausdrücken	**20/** Rahmen für teilhabende Gegenseitigkeit, Parteien, Assoziationen, Kirchen, Communities, nachbarschaftliches Umfeld, Familien
Muße	**21/** Neugier, Empfänglichkeit, Imagination, Unbedachtsamkeit, Humor, Ungestörtheit, Sinnlichkeit	**22/** Spiele, Vorstellungen, Klubs, Partys, Seelenfrieden	**23/** Tagträumen, brüten, träumen, sich an früher erinnern, sich Phantasien hingeben, sich entsinnen, sich entspannen, sich vergnügen, spielen	**24/** Privatsphäre, Intimität, Räume der Nähe, freie Zeit, Umgebungen, Landschaften
Kreativität	**25/** Leidenschaft, Entschlossenheit, Intuition, Imagination, Kühnheit, Rationalität, Autonomie, Erfindungsreichtum, Neugier	**26/** Fähigkeiten, Fertigkeiten, Methoden, Arbeit	**27/** Arbeiten, erfinden, erbauen, kreieren, komponieren, interpretieren	**28/** Produktive und rückgekoppelte Rahmenbedingungen, Workshops, kulturelle Gruppen, Publikum, Räume zum Ausdruck, zeitliche Ungebundenheit

Identität	29/ Gefühl der Zugehörigkeit, Konsistenz, Differenzierung, Selbstachtung, Vertrauen	30/ Symbole, Sprache, Religion, Gepflogenheiten, Bräuche, Bezugsgruppen, geschlechtliche Werte, Normen, historisches Gedächtnis, Arbeit	31/ Sich verpflichten, sich integrieren, konfrontieren, entscheiden, sich kennenlernen, sich erfahren, sich verwirklichen, wachsen	32/ Soziale Rhythmen, Alltagsrahmen, Rahmen, zu dem man gehört, Reifestadien
Freiheit	33/ Autonomie, Selbstachtung, Entschlossenheit, Leidenschaft, Vertrauen, Offenheit, Kühnheit, Widersetzlichkeit	34/ Gleiche Rechte	35/ Missbilligen, wählen, verschieden sein, Risiken eingehen, Bewusstsein entwickeln, sich verpflichten, ungehorsam sein	36/ Zeitliche/räumliche Plastizität

52 Erich Fromm (1980): *Psychoanalyse und Ethik.* Frankfurt am Main, Berlin, Wien, S. 29.

53 *Mein großes Buch des Wissens*, Bindlach 1997.

54 Siehe Hartmut Rosa, a. a. O., S. 223.

55 Herbert Girardet, Hg. (2007): *Surviving the Century. Facing Climate Change and other Global Challenges.* London.

56 Jeffrey D. Sachs (2006): *Das Ende der Armut. Ein ökonomisches Programm für eine gerechtere Welt.* München, S. 432 f.

57 Paul Hawken und William McDonough (1993): »Seven Steps to Doing Good Business«. *Inc. Magazine* (November), S. 79.

58 Siehe Bill McKibben, a. a. O., S. 93.

59 Ebd., S. 68.

60 Robert Frenay (2006): *Impuls. Das kommende Zeitalter naturinspirierter Systeme und Technologien.* Berlin, S. 275.

61 Bill McKibben, a. a. O., S. 200.

62 Carl Amery und Hermann Scheer, a. a. O., S. 13.

63 Harald Schumann und Christiane Grefe (2008): *Der globale*

Countdown. Gerechtigkeit oder Selbstzerstörung – Die Zukunft der Globalisierung. Köln, S. 235.

64 Ebd., S. 244.

65 Ebd., S. 248.

66 Nathalie Klüver (2008): »Frau Shang und ihr Energieschwein«. *Spiegel online* 30.04.08, http://www.spiegel.de/wirtschaft/0,1518, druck-550 215,00.html.

67 Michael Braungart, William McDonough (2003): *Einfach intelligent produzieren. Cradle to Cradle: Die Natur zeigt, wie wir die Dinge besser machen können.* Berlin, S. 138 ff.

68 Peter Barnes (2006): *Capitalism 3.0. A Guide to Reclaiming the Commons.* San Francisco, S. 17.

69 Ebd., S. 28.

70 Peter Barnes, Robert Costanza, Paul Hawken, David Orr, Elinor Ostrom, Alvaro Umaña und Oran Young (2008): »Creating an Earth Atmospheric Trust.« *Science* 319 (5864), S. 724.

71 Peter Barnes, a. a. O., S. 107.

72 Ebd., S. 129.

73 Yannick Vanderborght, Philippe Van Parijs (2005): *Ein Grundeinkommen für alle? Geschichte und Zukunft eines radikalen Vorschlags.* Frankfurt am Main/New York, S. 130.

74 Andreas Weber (2006): »Die Zukunft beginnt vor der Haustür«. In: Volker Hauff und Günther Bachmann, Hg., *Unterm Strich. Erblasten und Erbschaften für das Deutschland von morgen. Eine Generationenbilanz.* München, S. 67–74; sowie Andreas Weber und Reiner Klingholz (2007): *Gutachten zum demografischen Wandel im Land Brandenburg. Expertise im Auftrag des Brandenburger Landtages.* Online unter http://www.berlin-institut.org/fileadmin/user_upload/Studien/Brandenburg_Web version.pdf.

75 Zitiert nach Peter Barnes, a. a. O., S. 37.

76 Sabine Kinkartz (2005): »Schwerstarbeit für Lobbyisten in Berlin.« *Deutsche Welle Wirtschaft*, online http://www.dw-world.de/ dw/article/0,2144,1 772 597,00.html.

77 Zitiert nach Jim Hansen (2007): »Special Interests are the One Big Obstacle«. *The Times*, 12. März 2008.
78 Jim Hansen, a. a. O.
79 Schumann und Grefe, a. a. O., S. 85.
80 Thomas Friedman (1999): *Globalisierung verstehen. Zwischen Marktplatz und Weltmarkt.* Berlin, S. 206 f.
81 Darly und Farley, a. a. O., S. 257.
82 Siehe dazu Josef Huber (2004): »Reform der Geldschöpfung. Wiederherstellung des staatlichen Geldregals durch Vollgeld«. *Zeitschrift für Sozialökonomie* 142: 13–21.
83 Herman E. Daly und John C. Cobb, a. a. O., S. 432.
84 Carl Amery und Hermann Scheer, a. a. O., S. 59

WEITERFÜHRENDE LITERATUR

Carl Amery (1976): *Natur als Politik. Die ökologische Chance des Menschen.* **Reinbek bei Hamburg.**
Eines der Bücher, die vor mehr als dreißig Jahren die Ökobewegung ins Rollen brachten, aber von ihr hinsichtlich der geistigen Innovation und der weltanschaulichen Konsequenz bis heute nie eingeholt wurden. Immer noch voller kluger Analysen und unerwarteter Ideen. Ein Klassiker des bayerischen Humanisten Amery.

Carl Amery; Hermann Scheer (2001): *Klimawechsel. Von der fossilen zur solaren Kultur. Ein Gespräch mit Christiane Grefe.* **München.**
Ein Gespräch zwischen drei klugen Denkern, eine Masse technischer Rezepte, die unsere Wirtschaft und mit ihr unsere Kultur in ein neues Fahrwasser bringen würden.

Mark Anielski (2007): *The Economics of Happiness. Building Genuine Wealth.* **Gabriola Island.**
Anielski berät verschiedene Regierungen (unter anderem in China) dabei, ihre Wirtschaftsbilanzen zu erweitern – um ökologischen und seelischen Wohlstand einzubeziehen. Praktisches Manual eines revolutionierten Wirtschaftsdenkens.

Evelyn Hanzig-Bätzing; Werner Bätzing (2005): *Entgrenzte Welten. Die Verdrängung des Menschen durch Globalisierung von Fortschritt und Freiheit.* **Zürich.**
Schon in Bätzings lesenswertem Standardwerk über die Alpen wurde klar, dass Naturgeschichte, Kultur und Wirtschaft stets untrennbar verflochten sind. In diesem Buch beschreibt der Erlanger

Geograph gemeinsam mit seiner Frau, Psychologin und Philosophin an der Universität Bamberg, wie sehr unsere Gegenwart von Menschenvergessenheit gezeichnet ist und wie das Inhumane auf breiter Front unsere Kultur zu dominieren beginnt.

Rudolf Bahro (1987): *Logik der Rettung. Wer kann die Apokalypse aufhalten? Ein Versuch über die Grundlagen ökologischer Politik.* **Stuttgart und Wien.**
Bahros ökologische Philosophie und die daraus folgenden Ideen für eine neue Wirtschaft verstörten in den 1980er Jahren, als der einstige DDR-Dissident auf spektakuläre Weise aus den Grünen ausstieg, Realos und Fundamentalisten gleichermaßen mit ihrer gedanklichen Radikalität. Auch heute noch visionär – und den derzeitigen politischen Debatten erst recht meilenweit voraus.

Peter Barnes (2006): *Capitalism 3.0. A Guide to Reclaiming the Commons.* **San Francisco.**
Barnes, viele Jahre erfolgreicher Gründer und Geschäftsführer expandierender grüner Unternehmen, weist hier nach, warum der herrschende Kapitalismus die Natur und unser Wohlergehen zerstören *muss*, und skizziert seinen Plan, wie die gemeinschaftlichen Güter wieder allen Menschen zugutekommen könnten.

Herman E. Daly; John B. Cobb, Jr. (1994): *For the Common Good. Redirecting the Economy Toward Community, the Environment, and a Sustainable Future.* **Boston.**
Wahrscheinlich das bislang wichtigste Werk einer neuen ökologischen und humanistischen Ökonomie und ein wunderbares Beispiel für die Leuchtkraft wahrer Interdisziplinarität jenseits akademischen Scheuklappendenkens. Der Ökonom und Träger des Alternativen Nobelpreises Herman Daly spannt gemeinsam mit dem Theologen John Cobb den Bogen von der Geldtheorie bis zu Gedanken über die Wirklichkeit des Göttlichen.

Herman E. Daly; Joshua Farley (2004): *Ecological Economics: Principles and Applications*. Washington D.C.
Lehrbuch und schon jetzt Standardwerk der neuen Disziplin, gemeinsam verfasst von ihrem weisen Altmeister und einem ihrer umtriebigsten und kreativsten neuen Verfechter. Der konzis geschriebene und enzyklopädisch ausgreifende Band ist eine erschöpfende Darstellung des neuen grünen Wirtschaftsdenkens – und zugleich eine gute Einführung in die allgemeine Ökonomie.

Erich Fromm (1979): *Haben oder Sein. Die seelischen Grundlagen einer neuen Gesellschaft*. München.
Im Semiologie-, Sprachphilosophie- und Cultural-Studies-Rummel der letzten Jahrzehnte ist die weise Lehre vom Menschen, die der Tiefenpsychologe und einstige Freud-Schüler Fromm ausgearbeitet hat, von den meisten Intellektuellen in Universitäten und Feuilletonredaktionen nicht ernst genommen worden. Dabei zeigt Fromm jenseits aller selbstverliebten Originalität mit viel gesundem Menschenverstand und einem poetischen Herz, dass das Weise oft das Einfache ist. Eines der wenigen Bücher, die auf keiner Insel fehlen dürfen. Unerreicht in seiner Analyse unserer derzeitigen Vergötterung einer Ideologie des Toten.

Paul Hawken; Amory Lovins; Hunter Lovins (2000): *Öko-Kapitalismus. Die industrielle Revolution des 21. Jahrhunderts. Wohlstand im Einklang mit der Natur*. München.
Dem in seinem Plus-Energie-Gebäude »Mountain Institute« in Colorado logierenden Lovins und seinen Mitstreitern ist es trotz bestechender Analysen und zwingender Logik immer noch nicht gelungen, die Politiker zur Nachhaltigkeitswende zu animieren – aber in diesem Buch sind die nötigen Verfahrensdetails alle zusammengetragen.

Maik Hosang; Stefan Fraenzle; Bernd Markert (2005): *Die emotionale Matrix. Grundlagen für gesellschaftlichen Wandel und nachhaltige Innovation.* München.
Die hochinteressante Studie beschreibt das menschliche Haushalten weniger als rationalen, sondern vielmehr als emotionalen Prozess. Hosang, Fraenzle und Markert zeigen, dass nicht nur Wirtschaft, sondern überhaupt Kultur sich richtiger als Gewebe von Gefühlen und seelischen Bedürfnissen verstehen lassen – und nicht, wie in den derzeitigen Kultur- und Geisteswissenschaften nach wie vor en vogue, als Ökonomien willkürlicher Zeichenprozesse.

Richard Layard (2005): *Die glückliche Gesellschaft. Kurswechsel für Politik und Wirtschaft.* Frankfurt am Main.
Einprägsam und kompakt wie wenige weist Layard anhand einer Unzahl empirischer Studien nach, dass die Wachstumsgesellschaften das Wohlergehen der Menschen opfern, um einer unerreichbaren und schädlichen Chimäre von Glück nachzujagen. Dieses Buch sollte bei allen G-8-Treffen auf den Kopfkissen der Minister und Staatschefs liegen – jedes Jahr wieder.

Bill McKibben (2007): *Deep Economy. The Wealth of Communities and the Durable Future.* New York.
Der Journalist und Autor, der mit dem Buch *Das Ende der Natur* bekannt geworden ist, beschreibt in einer Unzahl von Fallbeispielen die Chancen, die eine Rückkehr zu mehr Gemeinschaft und mehr Lebenswirklichkeit für unser Erleben bringen kann.

Hartmut Rosa (2005): *Beschleunigung. Die Veränderung der Zeitstrukturen in der Moderne.* Frankfurt am Main.
Der Soziologe und Philosoph geht in seiner Darstellung der galoppierenden Beschleunigungssucht unserer Zeit weit über die hinlänglich bekannte Kapitalismuskritik hinaus und zeigt, wie sehr alle industriellen Wirtschaftsmodelle der letzten 200 Jahre unserer

Hoffnung folgen, dem Tod davonzulaufen und gerade dabei Lebensfeindschaft hervorbringen.

E. F. Schumacher (1977): *Die Rückkehr zum menschlichen Maß. Small is beautiful. Alternativen für Wirtschaft und Technik.* Reinbek bei Hamburg.

Gandhi goes business: Im Grunde reichen die ersten 50 Seiten in diesem Bändchen, um zu begreifen, wie sehr das wirtschaftlich Sinnvolle und das menschlich Wünschbare voneinander abhängen und dass es einen Maßstab jenseits des BIP gibt. Besonders empfehlenswert ist der Aufsatz »Buddhistische Wirtschaft«. Klassiker einer ökonomischen Tiefenökologie.

Albert Schweitzer (1990): *Kultur und Ethik.* München.

Die Texte dieses erstmals 1923 in zwei Bänden als *Kulturphilosophie* erschienenen Buches lassen den alten Horizont abendländischer humanistischer Werte noch einmal in hellem Licht erstrahlen. Auch Schweitzer ist ein von Philosophen unterschätzter Denker, der seine Einsichten immer mit dem Einsatz seines ganzen Lebens als Arzt und humanitärer Helfer der ersten Stunde hervorbrachte. Vieles klingt so, als würde man nach Jahrzehnten der akademisch verordneten Verunsicherung über das Wesen des Menschlichen altbekannte, aber lange verbotene Wahrheiten zum ersten Mal lesen.

Peter Sloterdijk (2006): *Im Weltinnenraum des Kapitals.* Frankfurt am Main.

Geschliffene Analyse der Globalisierung und ihrer tieferen Triebkräfte und Konsequenzen, die sich mit wohlfeilen Klagen von links nicht aufhält, sondern zielstrebig – aber mit kulturphilosophischer Weltläufigkeit gut getarnt – auf den Kern der geistesgeschichtlichen Verblendung zusteuert, die sich unserer Zivilisation bemächtigt hat.

Joseph Stiglitz (2006): *Die Chancen der Globalisierung*. München.
Stiglitz erhielt den Wirtschafts-Nobelpreis für seine Beweisführung, dass in realen Märkten immer nur wenige ausreichend informiert sind, um gute Entscheidungen zu treffen. Der Ökonom präsentiert hier einen konkreten Plan, wie aus dem ökonomischen Verhängnis vieler armer Länder eine Erfolgsgeschichte werden könnte, und zeigt, dass eine andere, bessere Welt jederzeit um die Ecke wartet – es gelingt uns nur nicht, hinzukommen, wie einleuchtend und leicht die Schritte auch seien.

Andreas Weber (2007): *Alles fühlt. Mensch, Natur und die Revolution der Lebenswissenschaften*. Berlin.
In meinem letzten Buch schildere ich, warum die wirkliche Biologie nicht allein eine blutige Geschichte von Optimierung und Sieg ist, sondern vielmehr die Entfaltung schöpferischer Freiheit. Ich beschreibe, warum Fühlen die physikalische Wirklichkeit jedes Lebewesens aufspannt und weshalb wir ohne die Gegenwart anderer natürlicher Wesen unsere Humanität zu verlieren drohen.

WO SIE MEHR ERFAHREN
UND SICH BETEILIGEN KÖNNEN

Beijer Institute of Ecological Economics
Stockholmer Thinktank, der zu den zentralen Adressen einer neuen Wirtschaftswissenschaft gehört und als Fellows alle maßgeblichen Denker der neuen Disziplin nennen kann. **www.beijer.kva.se**

Carbon Tax Center
US-amerikanische Initiative für den Umbau der weltweiten Energiewirtschaft, die sich zwar aktuell vor allem auf die Lage in den Vereinigten Staaten bezieht – aber auch eine Reihe nützlicher und hierzulande nicht annähernd so gut diskutierter marktwirtschaftlicher Instrumente für den ökologischen Umbau der Ökonomie vorstellt. **www.carbontax.org**

Global Marshall Plan Initiative
Im Aufbau befindlicher Zusammenschluss von Organisationen und Einzelpersonen, die weltweit für eine ökosoziale Marktwirtschaft eintreten. **www.globalmarshallplan.org**

Grist
Leichtfüßige, gut informierte, ironische Online-Zeitschrift zum Thema Ökologie – die Quadratur des Kreises. Praktische Verlinkung zu tagesaktuellen Nachrichten und wichtigen Blogs, Hintergrundgeschichten, Archiv – alles kostenlos, denn Grist ist nonprofit und lebt von Stiftungsgeldern. **www.grist.org**

Lebensgut Pommritz
Auf eine gemeinsame Idee des damaligen sächsischen Ministerpräsidenten Kurt Biedenkopf und des ökologischen Vordenkers Rudolf Bahro zurückgehendes sozialökologisches Projekt. In dem weitläufigen Gutshof werden viele Ideen einer humanistischen und ökologischen Wirtschaft erfolgreich ausprobiert. **www.lebensgut.de**

On the Commons
Gut gebündelte Initiative, immer up to date, die sich der Rückgewinnung des gemeinschaftlichen Besitzes in Natur, Kultur und Gesellschaft verschrieben hat und damit die notwendige Veränderung unseres Weltbilds in der Tiefe vorantreiben will. Klare Zusammenfassungen, viele tagesaktuelle Beispiele, bei denen es einem immer wieder wie Schuppen von den Augen fällt. **www.onthecommons. org**

Resilience Alliance
Netzwerk maßgeblicher Ökologen, die an der Schnittstelle zwischen Biologie und Gesellschaft arbeiten, mitgegründet vom Erfinder des »Kipp-Punktes«, C. S. Holling. Hochinnovative, informationsreiche Seite. Die von der Gruppe herausgegebene Online-Zeitschrift *Ecology and Society* (www.ecologyandsociety.org) ist für jeden zugänglich. **www.resalliance.org**

Restoring Natural Capital Alliance
Zusammenschluss einer Gruppe führender Ökologen und Ökonomen, die den Widerspruch zwischen Naturschutz und Ökonomie auflösen wollen – unter dem Wahlspruch: »Eine Ökonomie, in der die Natur eine Rolle spielt, und eine Ökologie, in der die Menschen eine Rolle spielen«. **www.rncalliance.org**

Strategies for Change
Projekt des WWF Großbritannien, um nicht länger immer bloß gute Verhaltenstipps zu reproduzieren, sondern die Basis zu hin-

terfragen: Warum schaffen wir, so wie wir uns derzeit begreifen, den Weg zur Rettung nicht? Hervorragende Blogseite mit dicht gewebten Verbindungen zu einer Reihe von überraschenden und innovativen Artikeln, Kommentaren und Vorträgen. **www.valuingnature.org**

Utopia
Lustig, aktuell, engagiert, innovativ: Claudia Langer hat 2006 die »Community für nachhaltigen Lebensstil« gegründet. Die Mischung aus Nachrichten, Kampagne, Blog und Grafikkunst gewann 2008 den Lead-Award Medienpreis. **www.utopia.de**

World Future Council
Vom Stifter des Alternativen Nobelpreises Jakob von Uexküll ins Leben gerufene weltweite Bewegung, die in jedem Land den Parlamenten ein neues, handlungs- und denkfähigeres Organ an die Seite stellen soll: einen Zukunftsrat. Gut organisiert, fokussiert, sehr gut wahrgenommen und aktuell. **www.worldfuturecouncil.org**

WiserEarth
Wichtige Webressource, um die immer zahlreicheren Foren, Gruppen und Institutionen im Dienste eines neuen Lebensbildes und revolutionierten Wirtschaftens miteinander zu verweben. **www.wiserearth.org**

GLOSSAR

Abzinsen
→ Diskontierung

Bedingungsloses Grundeinkommen
→ Bürgergeld

Bürgergeld
Bis ins 16. Jahrhundert zurückreichender, aber nie wirklich umgesetzter Vorschlag zur Armenhilfe. Das Bürgergeld ist im Gegensatz zu den meisten anderen Sozialtransfers weniger als Almosen an Benachteiligte konzipiert. Es folgt vielmehr der Auffassung, dass jedem Menschen durch seine Geburt ein Teil des gesellschaftlich erwirtschafteten und von der Natur hervorgebrachten Reichtums zustehe, egal ob er dafür Arbeit leistet oder nicht. Die Idee hat in den letzten Jahren auf der ganzen Welt neue Anhänger gefunden, Sympathisanten sind etwa der deutsche Bundespräsident Horst Köhler und der Ministerpräsident von Thüringen, Dieter Althaus.

Bruttoinlandsprodukt (BIP)
Als Summe aller in einem Nationalstaat gehandelten Leistungen und Güter Maßstab für das in der Marktwirtschaft geforderte Wachstum einer Volkswirtschaft. In das BIP fließen sowohl für die Gemeinschaft positive (etwa steigende Löhne) als auch negative (etwa zunehmende Kosten des Gesundheitssystems) Posten ein. Kritiker halten das BIP daher für nicht aussagekräftig über den wahren Wohlstand eines Volkes.

Cap-and-trade-System

Verfahren zur schrittweisen Vermeidung unerwünschten Verhaltens (etwa Schadstoffemissionen) in einer Volkswirtschaft, das mehrfach mit Erfolg eingesetzt wurde, so auch in Europa zur Reduktion des Schwefeldioxidausstoßes, der Hauptursache für den »sauren Regen«. Es wird eine Obergrenze (»cap«) für das schädliche Verhalten festgelegt und den Verschmutzern eine entsprechende Menge »Rechte« (»credits«) auf Emissionen zugeteilt. In bestimmten Abständen werden die Verschmutzungsrechte weiter verknappt. Für viele ist es daher effizienter, weniger zu verschmutzen und ihre nicht benötigten »credits« an Firmen zu verkaufen (»trade«), die mehr Emissionen produzieren. Weil bei diesem Verfahren diejenigen am ehesten Emissionen vermeiden, denen die Einsparung am wenigsten Kosten verursacht, geschieht die Umstellung auf weniger schädliches Verhalten zu den für die Gesellschaft niedrigsten Kosten – ein klarer Vorteil gegenüber etwa Ökosteuern. Das Verfahren wird oft zur Begrenzung des Klimagases CO_2 vorgeschlagen; so auch in der Variante, dass die Einnahmen aus dem Rechtehandel an die Verbraucher zurückfließen, die so steigende Preise abfangen könnten. Derzeit allerdings werden für Emissionsrechte, etwa für CO_2, in Europa den Firmen großzügig und zumeist kostenlos zugeteilt, wodurch der mögliche Steuerungseffekt weitgehend ausbleibt.

Diskontierung

Ökonomisches Verfahren, mit dem der künftige Wert einer Sache in heutigem Geld ausgedrückt wird. Dadurch, dass es in der Zukunft liegende Kosten und Verdienste systematisch niedriger als heutige bewertet, fordert es die rasche Vernichtung natürlicher Ressourcen geradezu heraus.

Egoistisches Gen

Vom britischen Biologen Richard Dawkins formulierte Theorie, nach der nicht Individuen oder Arten, sondern einzelne Gene miteinander um die häufigste Verbreitung wetteifern. Die physischen Körper der Organismen und ihre Eigenschaften werden dabei bloß als Vehikel betrachtet, mit denen die genetischen Abschnitte von Information ihre größtmögliche Verbreitung durchsetzen.

Essenzialistische Ethik
Von Bernard Williams beeinflusste und besonders von Martha Nussbaum weiterentwickelte Moraltheorie. Grundlage moralischer Urteile ist der Mensch als leibseelisches Wesen, der bestimmte unwandelbare Ansprüche, aber auch Handlungspflichten hat. Die Essenzialistische Ethik kritisiert den Utilitarismus (das Gute ist das, was den größten Nutzen für alle bringt), aber auch die Pflichtethik Kants und die Diskursethik von Jürgen Habermas, wo allein das rationale Subjekt Voraussetzung moralischer Urteile ist.

Evolution
Zentrale biologische Theorie, wonach die unterschiedlichen Arten nicht aus einem göttlichen Schöpfungsakt entstanden, sondern auf natürliche Weise auseinander hervorgegangen sind und somit ein lebendiges Kontinuum bilden. Charles Darwin schlug erstmals einen naturwissenschaftlich plausiblen Mechanismus für die Artentstehung vor, für dessen Formulierung er sich von der Praxis zeitgenössischer Tier- und Pflanzenzüchter inspirieren ließ: Organismen produzieren stets mehr Nachkommen als für den Artbestand nötig. Diejenigen überleben und bringen am meisten Nachwuchs hervor, werden also »selektiert«, die besser an ihren Lebensraum angepasst sind als die Übrigen.

Grüne Revolution
Durch die internationale Entwicklungspolitik und besonders die Weltbank geförderte landwirtschaftliche Ertragssteigerung, die seit den 1960er Jahren besonders in Entwicklungs- und Schwellenländern die Ernte vervielfachte und durch den Einsatz von Hochleistungs-Hybridsorten in Monokulturen, chemischem Dünger,

Pestiziden, Ackermaschinen und vor allem bis dahin ungenutzten unterirdischen Wasseradern möglich wurde.

Halboffene Weidelandschaft

Extensive Viehhaltung (Rinder, Pferde, Ziegen, Schafe, seltener Schweine) mit sehr niedrigen Stückzahlen pro Flächeneinheit (etwa ein Rind oder Pferd auf zwei Hektar). Die Tiere stehen ganzjährig draußen und fressen daher auch härtere Gehölze, wodurch es nicht zur geschlossenen Waldbildung kommt und eine sehr abwechslungsreiche Landschaft mit unerreicht hoher Artenvielfalt entsteht. Wirtschaftlich attraktiv durch sehr niedrige Pflegekosten und hohe Gewinne bei den Natur-Dienstleistungen. Eingesetzt werden oft urtümliche Rassen oder Abbildkreuzungen prähistorischer Wildtiere wie Heckrinder (Auerochse) oder Tarpane (Wildpferde).

»Homo oeconomicus«

Psychologisches Modell der → Neoklassischen Ökonomie für das menschliche Verhalten: Menschen sind rationale Akteure, die bei jeder Entscheidung Kosten und Nutzen kalkulieren; sie sind Optimierer, die keine günstige Gelegenheit zur Nutzenmaximierung auslassen; ihre Bedürfnisse sind per definitionem unersättlich; sie verfügen immer über die vollständigen Informationen in einer gegebenen Situation; ihr Verhalten ist daher in mathematischer Formalisierung darstellbar.

Kipp-Punkt

Schwelle, jenseits derer ein dynamisches System (zum Beispiel das Klima, ein Ökosystem oder eine menschliche Beziehung) schlagartig, unvorhersehbar und unwiderruflich seine Eigenschaften verändert und den vorherigen Zustand meist auch dann nicht wieder einnimmt, wenn die zur Veränderung führenden Einflüsse vollständig revidiert wurden.

Ökologische Ökonomie
Neue Disziplin der Wirtschaftswissenschaft, die sich mit den ökonomischen Voraussetzungen und Auswirkungen der Natur und ihrer gegenwärtigen Krise befasst. Anders als die Umweltökonomie verwirft die Ö. das klassische Modell der Wirtschaftswissenschaftler, nach dem der Markt und die Natur zwei getrennte Bereiche sind. Für die Ö. ist das menschliche Wirtschaften eine Unterabteilung eines gemeinsamen biosphärischen Haushaltes. Manche ökologischen Ökonomen versuchen daher, die Beiträge der Natur zu unserer Wirtschaft zu »monetarisieren« und somit die Leistungen der Biosphäre in Geldwerte zu übersetzen. So würde etwa allein in den USA der Beitrag der Honigbienen für die Bestäubung von Nutzpflanzen pro Jahr über zehn Milliarden Euro kosten, wollte man ihn durch künstliche Bestäubung ersetzen.

Neoklassische Wirtschaftstheorie, Neoklassik
Von William Stanley Jevons (England), Carl Menger (Österreich) und Léon Walras (Frankreich/Schweiz) ab der Mitte des 19. Jahrhunderts maßgeblich entwickelte mathematisch-formale Erweiterung der klassischen politischen Ökonomie von Adam Smith, Thomas Malthus, David Ricardo und John Stuart Mill. Ihre erste Blüte erlebte die Neoklassik bis zur Weltwirtschaftskrise der 1920er Jahre; eine Renaissance findet seit den 1970er Jahren statt, als die staatsinterventionistischen Rezepte nach dem Vorbild von John Maynard Keynes ihrerseits in die Krise geraten waren. Die Neoklassik geht von der Objektivität und Berechenbarkeit der Marktvorgänge und -teilnehmer aus. Sie behandelt den Menschen als → »Homo oeconomicus« und erweitert dessen Prinzip der Nutzenmaximierung auf Haushalte und Firmen. Zudem geht die Theorie von »vollkommenen Märkten« aus, in denen keine Informationsbeschränkungen herrschen. Die Neoklassik erklärt die einzelnen ökonomischen Größen, etwa Preise, Produktion und Konsum, mit Hilfe der an die zeitgenössische Physik angelehnten »Allgemeinen Gleichgewichtstheorie«.

Neoliberalismus
Sammelbegriff für die gegenwärtig dominierende Wirtschaftsauffassung, wonach Wachstum und Wohlstand durch einen vom Staat
möglichst unbeschränkten freien Wettbewerb von privaten Firmen
und Haushalten erreicht werden. Steuererleichterungen für die Industrie sollen zu mehr Investitionen und somit neuen Arbeitsplätzen führen; angestrebt wird zudem die Privatisierung gemein-
schaftlicher Einrichtungen (Gesundheit, Verkehr, Wasser, Energie,
Bildung, Kultur) sowie der weitgehende Abbau von Sozialtransfers.
Nach Ansicht vieler Beobachter verläuft der Prozess der Globalisierung vor allem unter neoliberalistischen Vorzeichen.

Politik des Lebens
In diesem Buch entfaltete sozioökonomische Idee einer »wahren
Wirtschaft«, die von der Forderung der → **Ökologischen Ökonomie** ausgeht, dass gesundes Wirtschaften die lebendigen Kreisläufe nicht zerstört, sondern produktiv zu ihnen beiträgt. Die P. ist
nicht wie die Neoklassik von der Physik des 18. Jahrhunderts inspiriert, sondern von der zeitgenössischen Biologie, die den Haushalt der Natur als die Entfaltung schöpferischer Freiheit betrachtet. Der Mensch als leibliches Wesen hat klare, begrenzte und kul-
turübergreifende Bedürfnisse, die eine → **Essenzialistische Ethik**
nahelegen und entgegen allen Forderungen nach »Wertfreiheit«
eine neue Moral politischen Handels ermöglichen.

rationaler Akteur
→ **»Homo oeconomicus«**

Selektion
→ **Evolution**

Tipping point
→ **Kipp-Punkt**

Unsichtbare Hand
Schlagwort aus dem Buch *The Wealth of Nations* des schottischen Philosophen und Ökonomen Adam Smith, das die Fähigkeit des freien Marktes zur Selbstorganisation von Angebot und Nachfrage beschreibt, indem jeder Mitspieler allein seinem eigenen Vorteil folgt.

Zertifikatehandel
→ **Cap-and-trade-System**

REGISTER

Adam 75 f.
Adorno, Theodor W. 112
Afghanistan 181
Akelei 30, 55
Allgemeingüter 42, 156, 168 f.
Allmende s. Allgemeingüter
Ameisenbläuling s. Bläuling
Anti-Utopie 201
Archer Daniels Midland 155
Aristoteles 137
Arbeitslosengeld II 173
Armut 20, 46, 63, 80, 89, 157, 159
Aronson, James 45, 50, 53
Arunachal Pradesh 46
Atmosphäre 46, 151, 156, 158, 163, 171, 173, 199
Atmosphären-Trust 169
Auerochse 24 f., 27, 231
Autonomie 35, 67, 128, 137 f., 139, 141, 149 f., 176, 178, 186 f., 194, 198 f., 202, 214 ff.

Bachmann, Notburga 106
Bär 28
Balmford, Andrew 40, 48
Bankenkrise 191
Bangladesh s. Nayakrishni Andolon
Barnes, Peter 42, 168 ff., 182 ff., 220
bedingungsloses Grundeinkommen 151, 172 f., 228
Begrenzung 81, 128, 132, 229
Besiedlungsdichte 177
Bezogenheit 129, 137
Bhutan 107 f.
Biodiversitäts-Stiftung 170

Biogas 164
Biologie 21 f., 65, 123, 125 f., 131, 224, 226, 233
Biosprit 36
BIP s. Bruttoinlandsprodukt
Bjergskov 31
Björk 197
Blackwater 182
Bläuling 31, 43, 55
Bley, Heinz 25 f., 29 f., 32, 34, 36
Bodenwertzahl 33, 37
Bohr, Niels 70
Bonn 203
Bornhöved 36
Borreliose 51
Bowlby, John 61
Brandenburg 177 f.
Braungart, Michael 165
Bromley, Michael 51, 54
Bruttoinlandsprodukt (BIP) 17, 19, 43, 46, 95 ff., 107, 132, 228
Buckelwal 59
Bürgergeld s. bedingungsloses Grundeinkommen

Camus, Albert 117, 202
Cap-and-trade-System 158, 229, 234
Cargill 155
Chile 95
China 80 f., 97, 164, 192, 197, 204, 219
Churchill, Winston 194
Clarke, Sir Arthur C. 57
Crawinkel 25 f., 34, 56
Cobb, John B. 98, 193, 220
Coleridge, Samuel Taylor 126

235

Commons s. Allgemeingüter
Computer 82, 98, 107, 124, 200
Constable, John 58
CO_2 17, 20, 36, 38f., 48f., 81f., 116,
129, 148, 151, 153, 158, 162, 164,
185, 229
Costanza, Robert 40ff., 49, 52, 54, 169
cradle-to-cradle 165
Cuneo 89

Daly, John 52f., 72, 98f., 157f., 169,
189, 193, 207, 220f.
Darwin, Charles 57ff., 65, 67, 74, 123,
126, 230
Dawkins, Richard 21, 59, 77, 229
De-Growth 178
Demokratie 54, 151, 175f., 186,
194ff., 200
Depressionen 19, 97
Deutschland 27ff., 40, 44, 47f., 50, 75,
95f., 99, 148, 158, 164, 173, 175,
177f.
DNA 130f.
Downe 57f.
du Bois-Reymond, Emil 68

Economics of happiness 93f., 219
Edgeworth, Francis Ysidro 70
Effizienz 12, 15, 22, 25, 36, 72, 75, 77,
79, 82, 112, 118, 120, 123, 127, 136,
155, 157, 161, 165, 185
egoistisches Gen 59, 229
Einstein, Albert 47, 70
Eiseley, Loren 57
Ehrlich, Paul 47
Elektroauto 164
Ely Lily 46
Energie 36, 64, 68ff., 81ff., 118ff.,
131ff., 143, 161, 163ff., 170, 175,
179, 195, 233
Engels, Friedrich 66, 75
England 57, 62, 83, 123, 168, 232
Entropie 82f.

Erbsünde 75f.
Erdöl 12, 36, 84ff., 86, 145, 159, 161f.,
186, 198
essenzialistische Ethik 139, 230, 233
Evolution 57, 63, 102, 118, 123, 126f.,
131, 233
Eudaimonia 137
ExxonMobil 185

Faraday, Michael 69
Farley, Joshua 40, 44, 53f., 99, 157,
221
Feldlerche 24, 29
Fernsehen 105, 107ff., 143f., 151, 181
Feudalismus 74, 172
Fingerhut 58
Fledermaus 27, 55
Flächenprämien 35, 48
Flurbereinigung 28, 96
Flood, Josephine 122
Forbes 100
fossiler Brennstoff 16, 20, 39, 75, 82,
86, 112, 149, 204
Fourier, Charles 173
fraktionale Reserve 190, 200
Frauenmantel 58
Freiheit 35, 39, 54, 58, 60, 66, 93, 95,
102, 104, 111, 126ff., 132, 135f.,
139ff., 148ff., 152, 155, 173ff.,
180ff., 185ff., 197ff., 202f., 213,
216, 219, 224, 233
Friedman, Milton 21, 156
Friedman, Thomas 15, 186
Fromm, Erich 11, 136f., 141f., 221
Frühe Menschen 120, 143
Fühlen 22, 103, 108, 131ff., 224
Fülle 24, 31, 85, 103, 105, 119, 122f.,
127f., 131ff., 135, 137, 154, 166f.,
197, 203f.

Geflecktes Knabenkraut 30
Geldregal 190f.
Gemeinschaft 53, 72, 101, 107ff., 113,

236

122, 134f., 139, 162, 168f., 172,
181, 192ff., 196ff., 214, 220, 222,
226, 228, 233
Gen 21, 59f., 118, 171, 229
Gepard 28
Gesellschaftsvertrag 174
Gesundheit 15, 19, 22, 67, 73, 97f.,
102, 110, 133f., 136f., 139, 151,
153, 171, 197, 201, 203, 212, 214,
228, 233
Goethe, Johann Wolfgang von 55f.,
126
Goldman Sachs 188
Gould, Stephen J. 123
Grameen Shakti 161
Grasfrosch 31
Grashüpfer s. Heuschrecken
Grasmücke 32
Grassley, Chuck 184
Grassy Stunt Virus 46
Great Depression 78
Grenze s. Begrenzung
Gross National Happiness 107
Grüne Revolution 160, 230
Grundwasser 160
Gutwenger, Theresia 105

Hansen, James 170, 186
Haushalt 131
Hawken, Paul 154, 221
Heisenberg, Werner 70
Helmholtz, Hermann 68
Heuschrecken 117f.
Hochkultur 204
Hohlzahn 58
Hoffmeyer, Jesper 126
»Homo oeconomicus« 14, 69f., 79,
140, 148, 231ff.
Horkheimer, Max 112
Hornisse 31
Humanismus 104, 138, 179, 197

Indien 46, 80f., 97, 204

Individualität 125, 130, 134, 149
Information 72, 81, 130, 151, 154f.,
168, 171, 183, 226, 230f., 232
Ischgl 89, 91
ISEW (Index für nachhaltige ökono-
mische Entwicklung) 98f.

Japan 95
Jesus 201
Jevons, William Stanley 68f., 73f.,
148, 156, 232
Jonas, Hans 126

Kabeljau 44, 49, 52, 119
Karde 29
Keynes, John Maynard 78, 232
Kiebitz 26, 29
Klappertopf 30
Klassenkampf 67
Klee 58
Kleine Eiszeit 75
Klima 13, 16ff., 36, 39, 41f., 45f., 48,
50, 52, 75, 81, 153f., 162f., 169,
173, 204, 219, 229, 231
Klimawandel, Klimaerwärmung
s. Klima
Knöterich 58
kommunaler Finanzausgleich 175
Konkurrenz 20, 32, 51, 72, 75, 129,
131, 152, 156, 173
Kooperation 124, 126, 129, 156
Korallenriff 132, 200
Kornrade 29
Kreuzkröte 32
Krüger-Nationalpark s. Südafrika
Kükenvermuser 86
Kultur 21, 24, 28, 65, 75, 83, 90, 122,
137, 139ff., 151, 156, 162, 167, 171,
180f., 198f., 204, 215, 219f., 222f.,
226, 233
Kunst, Kunstwerk 66, 104, 122, 143,
181, 200, 227

Labkraut 30
Lake District 62
Landethik 134, 136, 139, 197
Lane, Robert E. 97
Laotse 126
Large Herbivore Hypothesis 28
Layard, Richard 103, 222
Lenin 75
Leopold, Aldo 133 f., 197
Leistungen der Biosphäre 38, 232
Leontjew, Wassili 71
Lilie 55
Lobbyismus 147, 151, 159, 184 f.,
    187 f., 198
Lockwood, Jeffrey 117 f.
Löwe 120
Löwenzahn 31
London 58, 61 f., 69

MacArthur, Robert 64
Madagaskar 46
Mädesüß 30
Magie 57, 84, 86, 103
Mair, Peter 91 f.
Mair, Claudia 92
Malthus, Robert 63, 121, 232
Mammut 27
Marder 29
Margulis, Lynn 124, 126
Markt 12, 14, 16, 24, 37, 41 f., 46, 53 f.,
    60, 64 ff., 71 f., 77 f., 81, 85, 111,
    114, 131, 135 f., 140 f., 154 f., 157 ff.,
    162, 166, 170, 176, 185 f., 192, 197,
    232
Marx, Karl 66, 75, 85
Maturana, Humberto 127
Maus 29
Max-Neef, Manfred 138 f.
McDonough, William 154, 165
McKibben, Bill 43, 109, 112, 222
Mehrwert 65, 68, 70, 84 f., 113
Menschenrechte 149
Merryll Lynch 188

Mexiko 95, 161
Midas 102
Miere 30
Mill, John Stuart 173, 232
Mittelalter 11, 60, 74, 81, 101
Monsanto 198
Monsanto-Police 198
Mother Jones 183
Motor 82, 120, 200
Morus, Thomas 172
multiple Geldschöpfung s. fraktio-
    nale Reserve
Mumford, Lewis 137

Nahrungsmittelkrise 80
Natura 2000 29
Nature Deficiency Syndrome 19
Nayakrishni Andolon 161
negative Einkommenssteuer 173
Nelson, Robert 76
Neuzeit 13, 60, 83
Newton, Sir Isaac 61, 66
New York 48 f., 182, 222
Nietzsche, Friedrich 137
Nokia 155
Nordirland 95
Nussbaum, Martha 138 f., 230

Oberstaller Alm 91, 115
Ohrdruf 24
Öko-Bewegung 219
ökologische Landwirtschaft 161 f.
ökologische Ökonomie 14 f., 20 f., 40,
    54, 193, 232
Ökosystemdienstleistungen
    s. Leistungen der Biosphäre
Öl s. Erdöl
Optimierung 21, 70, 74, 128, 143, 200,
    224
Orca 120
Osttirol 90
Owens, Larry 76

Pantheon Books 183
Paradiesvogel 59
partizipative Demokratie 195
Patent 171
Paviane 102
Petite Camargue Alsacienne 31
Pharmafirmen 155
Photosynthese 39, 119
Photovoltaik 119
Physik 16, 47, 61, 65 ff., 76 f., 123,
    155, 184, 232 f.
Politik des Lebens 198 f., 202 ff.,
    233
Porto Alegre 176
postautistische Ökonomie 72
Preis 35 f., 41, 44, 48 f., 53, 63, 65,
    69 f., 77, 81, 95, 103 f., 113 f., 151,
    156, 162, 165, 189
Prignitz 178
Produktivität 14, 35, 49 f., 79, 138,
    142, 150, 159 f., 180, 182
Provence 89
Putnam, Robert D. 108

Quinta essentia 84

rationaler Akteur 70, 233
Rainer, Peter 115 f.
Ratzinger, Joseph 87
Real-World-Economics Review 73
Rebhuhn 29
Recycling 39, 82, 129, 165
Regenwurm 62
Reisinger, Edgar 23 ff., 33 ff., 50, 55,
    207
Religion 7, 74 ff., 127, 212, 216
Ressourcenkampf 80
Ricardo, David 68, 74, 148, 232
Rosa, Hartmut 98, 112, 222
Rose, Steven 124
Rotkäppchen 27
Royal Society 58
Rückkopplung 130

Ruskin, John 126
Russell, Bertrand 173

Sachs, Jeffrey 147
Sahlins, Marshall 120 ff.
Salbei 58
Scheer, Hermann 163, 198, 219
Schett, Joseph 88, 90, 105 f., 115
Schiffrin, André 183
Scholle 49
Schöpferische Ökologie 124, 200
Schweiz 176, 232
Schwerkraft 59, 65 f., 69
Science 71, 169
Seinerzeit 60, 92
Selbstorganisation 22, 65, 126 f., 131,
    136, 234
Selektion 59, 62 f., 66, 123, 233
Sen, Amartya 138
Sibirische Schwertlilie 30
Sillian 87
Sloterdijk, Peter 86, 95, 223
Smith, Adam 17 f., 64 f., 71, 74, 103,
    135, 141, 155 f., 185, 232, 234
Sölden 89
Sonnenenergie 16, 83, 86, 119
Sprache 60, 71, 121, 213, 216
Status 63, 101 ff., 135, 153, 155, 181
Stern, Sir Nicolas 46
Stiegler, Bernard 108
Stiglitz, Joseph 71 f., 155, 224
Stoffwechsel 82, 129, 133
Storchschnabel 30
Straton, Anna 53, 207
Subjektivität 22, 131
Subsidiarität 130 f., 150, 152 ff., 186
Subventionen 34, 38 f., 150, 162, 185
Succow, Michael 47, 207
Sucht 108, 145
Südafrika 24
Südtirol 88, 90
Sukhdev, Pavan 46

Taliban 181
Tarpan 26 f., 231
Thüringen 30, 228
Tipping Point 233
Tennyson, Lord Alfred 60
Tessin 89
The New Press 183
Therapie 144, 200
Thunfisch 120
Tod des Subjekts 109
Tolstoi, Leo 126
Toman, Michael 52
Töpfer, Klaus 158
Toyako 203
Tragedy of the commons s. Tragödie
    der Allgemeingüter
Tragödie der Allgemeingüter 42,
    168 f.
Treuhandschaft 169, 171 f.
Trevithick, Richard 83
Trust s. Treuhandschaft

Uexküll, Jakob von (Biologe) 126, 195
Uexküll, Jakob von (Stifter des Alternativen Nobelpreises) 145,
    227
Ungarn 75
unsichtbare Hand 49, 65 f., 135, 147,
    234
USA 19, 95 ff., 99 f., 108, 171, 173, 181,
    186, 191, 232
Utopie 15, 72, 137, 186, 201

Vanderborght, Yannick 174
Van Parijs, Philippe 174
Varela, Francisco 126 f.
Vatn, Arild 51, 54
Vermeij, Geerat 127
Verstaatlichung 171
Villgratental 87, 89 f., 92 ff., 106, 114
von Neumann, John 70
Wachstum 17 f., 43, 63 ff., 79 f., 82 ff.,
    95, 99, 109, 114, 130, 141 ff., 155,

167, 170, 177 f., 180 f., 191 f., 228,
    233
Wahlrecht 174
Walder, Meinrad 90 f., 105 f.
Wallace, Alfred Russel 63
Walras, Léon 68 ff., 74, 148, 156, 232
Wandertaube 51
Warmblüter 120
Weiße Waldhyazinthe 30
Weltwirtschaftsgipfel 203
Werbung 137, 139, 151, 181 ff., 202
Wert 40, 42 ff., 48, 53 f., 74, 77, 79, 114,
    133, 144, 170, 172, 189, 190, 229
Wertfreiheit 76 f., 233
Wiener, Norbert 71
Wiesenknopf 30
Wilson, Edward O. 56
Wisconsin 134
Wolf 120
Wollnashorn 27
Wordsworth, William 62
World Future Council 195, 227

Yunus, Mohammed 161

Zaunkönig 32
Zecke 51
Zukunftsrat 195 f., 227